アクティベート教育学

02 現代の教師論

汐見稔幸・奈須正裕［監修］

佐久間亜紀・佐伯 胖［編著］

ミネルヴァ書房

## シリーズ刊行にあたって

　近代という特徴的な時代に誕生した学校は、今や産業社会から知識基盤社会へという構造変化のなかで、その役割や位置づけを大きく変えつつあります。一方、2017年に告示された学習指導要領では「社会に開かれた教育課程」という理念のもと、「内容」中心から「資質・能力」育成へと学力論が大幅に拡張され、「主体的・対話的で深い学び」や「カリキュラム・マネジメント」といった考え方も提起されました。

　学習指導要領前文にあるように、そこでは一人一人の子どもが「自分のよさや可能性を認識するとともに、あらゆる他者を価値のある存在として尊重し、多様な人々と協働しながら様々な社会的変化を乗り越え、豊かな人生を切り拓き、持続可能な社会の創り手となること」が目指されています。

　急激に変化し続ける社会情勢のなかで、このような教育の理想をすべての子どもに実現していくことが、これからの学校と教師に期待されているのです。それは確かに要求度の高い困難な仕事ですが、だからこそ生涯をかけて打ち込むに値する夢のある生き方とも言えるでしょう。

　本シリーズは、そんな志を胸に教師を目指されるみなさんが、数々の困難を乗り越え、子どもたちとともにどこまでも学び育つ教師となる、その確かな基礎を培うべく企画されました。各巻の内容はもちろん「教職課程コアカリキュラム」に準拠していますが、さらに教育を巡る国内外の動向を的確に反映すること、各学問分野の特質とおもしろさをわかりやすく伝えることの2点に特に力を入れています。また、読者が問いをもって主体的に学びを深められるよう、各章の冒頭にWORKを位置づけるなどの工夫を施しました。

　教師を目指すすべてのみなさんにとって、本シリーズが、その確かな一歩を踏み出す一助となることを願っています。

2019年2月

監修者　汐見稔幸・奈須正裕

## はじめに

　この本は，教職を志す人のために編まれたテキストです。
　ところが，ミネルヴァ書房の担当者さんは「この本をテキストにしておくのはもったいない」とおっしゃってくださいました。まさに，教職を目指す方だけでなく，「学校の先生は，いったい何をしているの？」「教職ってどんな仕事なの？」に興味がある多くの方に，読んでいただきたい一冊になりました。

〈本書の構成〉
　第Ⅰ部では，教職の魅力を，現役の教師たちの「生の声」でお届けします。いま教師たちは，何を考え，何に取り組み，どんな喜びや困難を感じているのでしょうか。一口に「教職」といっても，幼稚園・小学校・中学校・高等学校の現場の実際には，大きく異なる面も存在しています。どんな点が共通し，どんな点が異なるか，読み比べてみていただければ幸いです。
　第Ⅱ部では，教職とはいったいどんな仕事なのかを，様々な角度から考えます。多くの人が知っている教師の姿は，実は子どもや保護者の立場から見える姿にすぎません。現在の日本の教職の実態を理解するとともに，これからの教職がどうあるべきか，教師として子どもたちと共にどんな社会を築いていくのかを考えるための手がかりをお届けします。
　第Ⅲ部では，「専門職としての教職」には，いったい何が求められるのかを探究します。したがって，暗記する内容ではなく，読んで考える内容へと構成しました。教師とは，単に子どもに知識を教え込む人ではなく，子どもを「いのち」として尊重する人なのだということ。そのために，一人の子どもも切り捨てることなく，子どもの声に耳を傾けようとする人なのだということ。そう訴える各執筆者の力作を，じっくり読み深めていただければ幸いです。

〈本書の特徴〉

本書の主な特徴は3つあります。

①教職の魅力・教師の権利

いま，マス・メディアを通じて，「教職はブラックだ」というイメージが広がっています。そこで，教職の困難さだけでなく，教職ならではの魅力も，しっかり伝わるように構成しました。また，教師が負う責務の大きさはもとより，教師の権利や，教師自身の身体や心の守り方についての情報にも重きを置き，バランスのとれた構成にしました。

②「当事者」の声

知識説明型の叙述に加え，様々な当事者に「生の声」を綴ってもらいました。特に，読み切り型のコラムには，各執筆者の深い思いが込められています。講義中の議論や，講義後の発展学習の題材としてもご活用ください。

③新教育職員免許法対応

本書は，新法および教職課程コア・カリキュラムに対応しています。そのうえで，そもそも教員の「資質・能力」や「専門性」とはいったい何のことかを根源的に問い，これからの教職や日本社会をどうしていくべきかを議論するための内容となるよう構成しました。

以上のように，本書は，ただ社会からの要求に適応する教師を養成するのではなく，逆に，これからの社会を子どもと共に築こうとする構えをもつ人を応援したい，そしてそのまなざしを読者のみなさんと共有したいと願って編まれました。

執筆者一同の願いがあふれたこの本が，あなたに届きますように。

2019年2月

編著者を代表して　佐久間亜紀

# 目　次

はじめに

## 序章　教師を目指す　　1

### 1　教員と教師と教諭の違い …………………………………… 3
- 1　教員とは　3
- 2　教師とは　5
- 3　教諭とは　6

### 2　正規雇用と非正規雇用の違い ……………………………… 7
- 1　非正規雇用教員とは　7
- 2　非正規雇用教員の増加　8
- 3　非正規雇用教員の増加がもたらしたもの　10
- 4　「影法師」の仕事　10
- 5　非正規勤務の利点と注意点　11

### 3　教師を目指す ……………………………………………… 12

## 第Ⅰ部　教職の魅力

## 第1章　初等教育の教師　　17
### その仕事と魅力

### 1　幼稚園教師の仕事とその魅力 …………………………… 19
- 1　幼児教育と小学校教育の違い　19
- 2　幼稚園が抱える複雑な事情　20
- 3　幼児教育の重要性と幼稚園教師の仕事　21
- 4　事例：園では自分を出さない女の子ユウちゃん　22

　　　　5　幼稚園教師の仕事とその魅力　25
2　小学校教師の仕事とその魅力 …………………………………………… 26
　　　　1　なぜ先生になったのか　26
　　　　2　授業をつくる楽しさ——2年算数「かさ」の実践　27
　　　　3　教室をつくる楽しさ——子どもたちも親たちもつながる　30
　　　　4　小学校担任の可能性の大きさ　33

# 第 2 章　中等教育の教師　　35
　　　　　　　　　　　　　　　その仕事と魅力

1　中学校教師の仕事とその魅力 …………………………………………… 37
　　　　1　中学校教師の魅力　37
　　　　2　全員の個性が響き合う学級を目指して　38
　　　　3　学級が劇的に育つ「体育祭」と「合唱祭」　40
　　　　4　学級が育つと何事もうまくいく　43
　　　　5　みんなで生徒を育てていく仕事　44
2　高校教師の仕事とその魅力 ……………………………………………… 44
　　　　1　教育実践のなかで教師として成長する　44
　　　　2　今・これからの教師の役割　46
　　　　3　進路選択を支える高校教師の役割　50

## 第Ⅱ部　教職の特徴

# 第 3 章　日本の教職の特徴　　55
　　　　　　　　　　　　　　　国際比較データを読み解く

1　教員数 …………………………………………………………………… 57
　　　　1　他職種との比較　57
　　　　2　設置主体別の比較　58

            3  国際比較 59
2 教員の性別：「教職」のイメージ ……………………………………… 59
3 教員の勤務形態と社会的地位 …………………………………………… 61
4 給与：他職種との比較 …………………………………………………… 62
5 学級規模 …………………………………………………………………… 63
6 職務内容 …………………………………………………………………… 64
            1  職　務 64
            2  分業制の功罪 65
7 学校文化と社会的背景 …………………………………………………… 66
            1  学校を取り巻く文化 66
            2  雇用慣行 66
8 教職の専門性 ……………………………………………………………… 67
            1  スペシャリストとジェネラリスト 67
            2  プロフェッションの国際比較 68

# 第 4 章　教師像の史的展開　　　71
岐路にたつ教職

1 近代以前の教師像 ………………………………………………………… 74
2 聖職者 (missionary) としての教師像 ………………………………… 75
3 労働者 (worker) としての教師像 ……………………………………… 77
4 技術的熟達者 (technical expert) としての教師像 …………………… 78
5 専門家 (profession) としての教師像 ………………………………… 80
6 公僕 (public servant) としての教師像 ………………………………… 82
7 岐路にたつ教師像：専門職化か脱専門職化か ………………………… 83

コラム①　当たり前に順応するより，何を当たり前にしたいかを
　　　　　考える 86

# 第 5 章 教員の服務　　　　　　　　　　　89

- *1* 教員の設置者による適用法の違い……………………………… 91
- *2* 教員の服務と処分………………………………………………… 92
  - 1　服務の種類と根本基準　92
  - 2　公務員の処分①──懲戒処分　93
  - 3　公務員の処分②──分限処分　95
- *3* 教員の「職務上の義務」………………………………………… 96
  - 1　職務専念義務　96
  - 2　法令等及び命令遵守義務　97
- *4* 教員の「身分上の義務」………………………………………… 99
  - 1　信用失墜行為の禁止　99
  - 2　秘密を守る義務（守秘義務）　101
  - 3　営利企業への従事等の制限　102
  - 4　政治的行為の制限　103

# 第 6 章 教員の権利と身分保障　　　　107

- *1* 教員はどのように守られているのか …………………………109
- *2* 教員の労働条件をめぐるルール………………………………110
  - 1　休暇への権利　110
  - 2　労働時間に関するルール　111
  - 3　教員の労働時間をめぐる特殊ルール──給特法とは？　112
  - 4　教員の労働時間の実態と「働き方」改革　114
- *3* 教員の労働基本権制限をめぐる問題 …………………………115
  - 1　労働基本権　115
  - 2　労働基本権の制限　116
  - 3　教員組合の役割　117
- *4* 教員の身分保障……………………………………………………119

1　公立学校教員の手厚い身分保障　119
　　　2　私立学校，国立学校教員の身分保障　120

## 第7章　学び続ける教師　123
### 教員研修の意義と課題

1　教え手から学びの専門家へ……………………………………125
　　　1　教師の仕事　125
　　　2　学び続ける教員像へ　126
2　教員研修制度…………………………………………………127
　　　1　研修の形態や実施区分　127
　　　2　教員免許更新制　129
3　学校内外での学び……………………………………………130
　　　1　授業研究としての校内研修の歴史　130
　　　2　授業研究・校内研修の課題　132
　　　3　民間の教育研究団体の研究――実践記録とディスコース・コミュニティ　134
4　キャリアの形成と研修………………………………………136
　　　1　キャリア形成とジェンダー　136
　　　2　キャリア形成と教職大学院　137

## 第8章　学校を構成する様々な専門職　139
### チームとしての学校

1　「チームとしての学校」に込められた3つの願い …………141
　　　1　学校と地域や保護者との新しい関係づくり　141
　　　2　多元的で多角的なまなざし　144
　　　3　教員の多忙解消　145
2　「チームとしての学校」の組織構造 ………………………147
　　　1　2015年中教審答申の〈チーム〉　147

2　地域とつながる「チームとしての学校」の協働関係　148
        3　地域の潜在的スタッフたち　152
    3　「チームとしての学校」を担う教師の未来像 …………………153
        1　機能分化の光と影　154
        2　「チームとしての学校」の教師たち　154
        3　〈チーム指導〉のできるチームへ　157

## 第Ⅲ部　専門職としての教職

# 第9章　専門家としての教師　　　　　　　　　　　163

1　教師を呪縛している「教え主義」……………………………………165
    1　教師は「どう教えるべきか」の専門家か　165
    2　「ねば・べき」思考の呪縛　166
2　「教え主義」からの脱皮 ………………………………………………167
    1　ショーンのリフレクション論　167
    2　レディの「二人称的アプローチ」　172
3　1つの事例から ……………………………………………………………175
4　「学びの場」を生み出す教師 …………………………………………179

コラム②　ショーンのリフレクション論の詳解――よくある誤解
　　　　を正す　181
コラム③　「内側から見る」ということ――湯呑みになってみる　183

# 第10章　子どもが〈いのち〉に見える教師　　　185
　　　　　　　　　　　　　　　東日本大震災・被災地からの発信

1　東日本大震災が変えた「子ども観」……………………………………187

　　　　　　　　　　　　　　　　　　　　　　　　　　　　目　次

　　2　生きたかった子どもたち，生き残った人々…………………189
　　3　〈いのち〉と向き合う子どもたち……………………………191
　　　　1　違う風景　191
　　　　2　「母に会いたい気持ちが溢れてきます」　192
　　　　3　「私は，お父さんとお母さんの方に手を伸ばそうとし
　　　　　　ます」　194
　　4　「子どもを理解する」ということ：「生活綴方」の再生………196
　　5　〈いのち〉を真ん中に据えた学校づくり……………………198


## 第11章　いじめに向き合う　　　　　　　　　　　　　　201
　　　　　　　　　　　　　　　　自尊感情を育むということ

　　1　日本の子どもたちは幸せなのか………………………………203
　　　　1　鹿川くんいじめ事件　203
　　　　2　いじめる側も傷ついている　204
　　2　いじめをなくすには……………………………………………206
　　　　1　つるた先生の花丸と肯定語　206
　　　　2　自尊感情とは　207
　　3　自尊感情を培うためには………………………………………208
　　　　1　安易なほめ方3点セット　208
　　　　2　愛を伝える「わたしメッセージ」　210
　　　　3　あるがままを認めるということ　211
　　4　自分をいじめないで：失敗から学んだこと…………………213
　　　　1　自分をいじめ続ける先生たち・親たち　213
　　　　2　私の体験から　213

　コラム④　啓祐への手紙　218

## 第12章　性の多様性をめぐる学校・教師の課題　221

### 1　性の多様な発達……223
- 1　性自認をめぐる多様性　223
- 2　性的指向をめぐる多様性　226
- 3　性表現をめぐる多様性　227
- 4　不可視化された性的マイノリティ　228
- 5　いじめの実態　229

### 2　学校・教師のこれからの課題……231
- 1　学校全体での課題　231
- 2　教師の課題　234

### 3　複合的な「私」と「多様性」……235

コラム⑤　教員志望のトランスジェンダー当事者から，あなたへ　238

## 終章　「教える」ということの意味　241

### 1　「教える」という言葉……243
- 1　習得・育成・涵養　244
- 2　教え3項目の意味　245

### 2　「資質・能力」という言葉の不思議……246
### 3　「資質・能力」とは何か……249
### 4　「コンピテンシー」とは何か……251
### 5　評価観の転換……254
### 6　本来の「コンピテンシー」とは……257
### 7　「教える」とはどういうことか……261

### 本シリーズの特徴

シリーズ「アクティベート教育学」では，読者のみなさんが主体的・対話的で深い学びを成就できるよう，以下のような特徴を設けています。

● **学びのポイント**

各章の扉に，押さえてほしい要点を簡潔に示しています。これから学ぶ内容の「ポイント」を押さえたうえで読み進めることで，理解を深められます。

● **WORK**

各章の冒頭に「WORK」を設けています。主体的・対話的に WORK に取り組むことで，より関心をもって学びに入っていけるように工夫されています。

● **導　入**

本論に入る前に，各章の内容へと誘う「導入」を設けています。ここで当該章の概要や内容理解を深めるための視点が示されています。

● **まとめ**

章末には，学んだ内容を振り返る「まとめ」を設けています。

● **さらに学びたい人のために**

当該章の内容をさらに深めることができる書籍等をいくつか取り上げ，それぞれに対して概要やおすすめポイントなどを紹介しています。

● **カリキュラム対応表**

目次構成と教職課程コアカリキュラムの対応表を弊社ウェブサイトに掲載しています。詳細は，以下の URL から各巻のページに入りご覧ください。

〈https://www.minervashobo.co.jp/search/s13003.html〉

序　章

# 教師を目指す

・・・　●　●　学びのポイント　●　●　・・・

- 「教員」「教師」「教諭」という語句の意味の違いを理解する。
- 非正規雇用教員が増加していることを理解する。
- 進路選択に向けて，自分の考えを深める。
- 非正規で働く場合の利点と注意点を理解し，非常勤講師や臨時的任用教員であっても，一人の教員であることにかわりないことを理解する。

序　章　教師を目指す

● 導　入 ●

　本書のタイトルは,「現代の教師論」です。「教師」という語句が使われています。一方,幼稚園や学校の先生になるために必要なのは「教員免許」です。ここでは「教員」という語句が使われています。そのほか,「教諭」という語句も耳にしたことはありませんか？

　「教師」「教員」「教諭」──この3つの単語には,どんな意味の違いがあるのでしょうか。

　本書の執筆者は,みなさんに「教員」になるだけでなく,「教師」を目指してほしいと願っています。さあ,なぜ本書が「教員論」ではなく「教師論」というタイトルになっているのか,一緒に考えてみましょう。

## 1　教員と教師と教諭の違い

　幼稚園や学校の先生になるには,「教員免許」が必要です。「教員免許」とは言うのに,「教師免許」とは言いません。なぜでしょうか。

### 1　教員とは

①教員の定義

　「教員」は,法律で定義された用語で,「**教育職員**」の略称だと定義されています（以下,下線は筆者による）。

> **教育職員免許法**
> 第2条　この法律において「教育職員」とは,学校（学校教育法（昭和22年法律第26号）第1条に規定する<u>幼稚園,小学校,中学校,義務教育学校,高等学校,中等教育学校及び特別支援学校</u>（第3項において「第1条学校」という。）並びに就学前の子どもに関する教育,保育等の総合的な提供の推進に関する法律（平成18年法律第77号）第2条第7項に規定する<u>幼保連携型認定こども園</u>（以下「幼保連携型認定こども園」という。）をいう。以下同じ。）の<u>主幹教諭</u>（幼保連携型認定こども園の

> 主幹養護教諭及び主幹栄養教諭を含む。以下同じ。），指導教諭，教諭，助教諭，養護教諭，養護助教諭，栄養教諭，主幹保育教諭，指導保育教諭，保育教諭，助保育教諭及び講師（以下「教員」という。）をいう。

「教員」とは，「学校」と幼保連携型認定こども園の「主幹教諭，指導教諭，教諭，助教諭，養護教諭，養護助教諭，栄養教諭，主幹保育教諭，指導保育教諭，保育教諭，助保育教諭及び講師」と定義されているのです。

なお，**学校教育法第1条**で定められた学校のことを，教育の世界では「第1条学校」または「1条校」と呼びます（学校教育法第1条の条文は，以下を参照）。

つまり，学校教員とは，1条校の先生のことだけを意味しています。したがって，法律的には，学校教育法で学校と認められていない塾や予備校，インターナショナル・スクールや朝鮮学校の先生，フリー・スクールの先生などは，「教員」ではないことになります。

②学校の定義

それでは，私立学校の先生は，「教員」でしょうか。つまり，私立学校は，「1条校」に入るのでしょうか。

この問いに答えるために，学校教育法を見てみましょう。

> 学校教育法
> 第1条 この法律で，学校とは，幼稚園，小学校，中学校，義務教育学校，高等学校，中等教育学校，特別支援学校，大学及び高等専門学校とする。
> 第2条 学校は，国（国立大学法人法（平成15年法律第112号）第2条第1項に規定する国立大学法人及び独立行政法人国立高等専門学校機構を含む。以下同じ。），地方公共団体（地方独立行政法人法（平成15年法律第118号）第68条第1項に規定する公立大学法人（以下「公立大学法人」という。）を含む。次項及び第127条において同じ。）及び私立学校法（昭和24年法律第270号）第3条に規定する学校法人（以下「学校法人」という。）のみが，これを設置することができる。
> ② この法律で，国立学校とは，国の設置する学校を，公立学校とは，地方公共団体の設置する学校を，私立学校とは，学校法人の設置する学校をいう。
> 第3条 学校を設置しようとする者は，学校の種類に応じ，文部科学大臣の定める設備，編制その他に関する設置基準に従い，これを設置しなければならない。

第2条に記されている通り、国立学校や公立学校だけでなく、私立学校も、学校として認められています。ただし、どんな私立学校でも学校として認められるわけではありません。第3条に書かれているように、学校の敷地面積や設備、教育内容などが、国が定める設置基準に従っているか審査されなければなりません。こうして認可を受けた学校であれば、私立学校であっても「学校」であり、そこに勤務する先生は「教員」だということになります。

つまり、国に認められた「学校」の先生だけが「教員」であり、その人がどんなに熱心に子どもに向き合っていても、国に認められていないフリー・スクールやインターナショナル・スクールの先生は、法律上は「教員」としては認められていないということになります。

## 2 教師とは

### ①教師の定義

「教師」は、法律用語ではありませんので、厳密な定義はありません。教える人を意味する普通名詞です。フリー・スクールの先生も、塾の先生も、教師だと言えます。

ただし、もう一歩深く考えてみると、「師」という文字は、軍隊を編成するまとまりを「師団」と言ったり、人の集まる都のことを昔は「京師(けいし)」と言ったりしたように、「人の集まるところ」を意味しています。「師匠」や「教師」という語句は、もともと、その人の教えを求めて、まわりに自然と人が集まってくるような人を、意味していたことがわかります。

それでは「教員」の「員」という文字はどうでしょうか。「員」という文字は、「定員」「満員」のように、「数」を意味しています。それゆえ、「教員」といった場合には、「会社員」「駅員」「公務員」のように「組織を数で支える人」としての意味合いを、色濃く含んでいることになります。

### ②教師と教員の違い

「教員」かどうかは、上で検討したように、その人が1条校で教えているかどうかによって決まります。その一方、「教師」であるかどうかは、その人を

慕って，その人の教えを求めて，どれだけその人のまわりに子どもや生徒が集まってくるかによると，言うことができそうです。

逆にいえば，自分から「私は師匠だ」と言うのは，何となく偉そうで，少々おこがましいような感じもします。私自身も，「私は大学教員です」と言うことはあっても，「私は大学教師です」とはあまり言いません。

また，「教員養成」という熟語はありますが，「教師養成」という語があまりなじまないのも，この語の意味の違いに関係がありそうです。その人が教員かどうかが法律によって決まるなら，国が定めた基準に即して「教員をどう養成するか」が問題になるのは必然のことでしょう。しかし，「教師」は国が養成するというよりも，自ら学んで成長していく人，あるいは子どもに育てられ鍛えられていく人というような，そんなニュアンスを含んでいる語のようにも感じられます。

③教師を目指す

教員かどうかは法律が決めるけれども，教師かどうかは学習者が決める——こう考えたなら，みなさんは教員と教師とどちらを目指しますか。

私は，みなさんには，法律で認められた「教員」になることだけを目標にするのではなく，子どもたちに「教師」として認められる先生を目指していただきたいと願っています。

本書が「教員論」ではなく「教師論」という題名になっているのも，この理由からなのです。


## 3　教諭とは

①教諭の定義

「教諭」とは，「校長」「副校長／教頭」「主幹教諭」「教諭」「助教諭」「講師」など，法律で定められた職位の一つを示す語です。職位によって，たとえば給与の基準が異なってきます。一種免許を取得して正規教員として採用されると，通常は教諭の職位になります。

②講師の定義

ところで,「**非常勤講師**」という語はよく聞くのに,「非常勤教諭」は聞きません。なぜでしょうか。

「講師」とは,職階の最下位に位置づけられた職位です。そして,学校教育法施行規則の第64条は「講師は,常時勤務に服しないことができる」と定めています。つまり,「教諭」では認められないが,「講師」に限っては常勤講師でなくともよい,つまり「非常勤講師」という勤務形態で採用してもよいと定められているのです。

教員免許を取得し,その教員免許が有効期間内であれば,教員採用試験にたとえ不合格でも,非常勤講師など,様々な働き方で教壇に立つことができます。非常勤講師は「講師」であって「教諭」ではありませんが,1条校で教える「教員」である点では,まったく変わりがありません。非常勤講師であっても,誇りと責任をもって働く一人の教員として自覚をもつ必要があると同時に,周囲からも一人の教員として尊重される必要があります。

# 2　正規雇用と非正規雇用の違い

## 1　非正規雇用教員とは

講師だけでなく,教諭の職位であっても,正規教諭に比べて給与や待遇が劣る教員がいます。それらの先生の存在は,近年になって問題として認識されるようになりましたが,まだその呼び名すら正確に定まっていません。ここでは**非正規雇用教員**と総称することにします。

2001年以前は,非正規雇用教員のほとんどは非常勤講師か,産休・育休の代替教員でした。しかし同年に「公立義務教育諸学校の学級編制及び教職員定数の標準に関する法律(**義務標準法**)」が改正され,それまではやむを得ない場合のみだった,常勤の講師や教諭を1年以内の期限を定めて採用する雇用方法(**臨時的任用教員**)が可能になり,常態化するようになりました。学校現場では「**臨採**(臨時的採用の略)」などと呼ばれています。

また，定年で退職した教員を再雇用する「再任用」も始まりました。年金支給年齢が引き上げられたのに定年が60歳に据え置かれたため，2001年に地方公務員法が改正され，定年退職者等を1年以内の任期付きで常勤や時短勤務者として採用できることになったのです。

つまり，非正規雇用の代表的なものとして，「非常勤講師」「臨時的任用（講師の場合と教諭の場合がある）」「再任用」の3つがあります。

## 2 非正規雇用教員の増加

文部科学省調査によれば，2005年に8.4万人（12.3%）だった非正規雇用教員の割合は，2011年には11.2万人（16.3%）へと増加しています[*1]。教員の6人に1人は，非正規雇用になったのです。

特に増加しているのが，臨時的任用教員です。2001年に3万4,577人だった公立小中学校の臨時的任用教員数は，2011年には5万8,149人と1.7倍増となっています[*2]。ただし，教員定数に占める臨時的任用教員の割合は，都道府県ごとに大きな差があります。2011年度の全国平均は7.0%ですが，東京都1.9%，山梨県2.4%なのに対して，沖縄県16.8%，三重県14.7%，埼玉県11.1%などとなっています[*3]（図序-1）。

非正規雇用教員の増加は，少ない財源を創意工夫して教育を改善できるように，地方自治体の裁量が拡大された結果です。2001年義務標準法の改正に加え，2004年に義務教育費国庫負担制度[*4]に総額裁量制が導入され，地方自治体は，国から教職員給与費として補助されたお金の総額を超えなければ，何人の先生をいくらで雇うかなどを，自由に決定できるようになりました。さらに，2006年

---

*1 文部科学省「非正規教員の任用状況について」2012年，p. 1 http://www.mext.go.jp/b_menu/shingi/chousa/shotou/084/.../2012/.../1322908_2.pdf（2018年12月26日閲覧）。
*2 同上，p. 3。
*3 同上，p. 4。
*4 義務教育費国庫負担制度：国民の教育を受ける義務を保障し，都道府県ごとの教員数や給与の格差を小さくするために，義務教育の最大の経費である教職員の給与費の3分の1を国が負担する制度。2005年までは2分の1が国庫負担だったが，小泉政権下の財政改革で3分の1に引き下げられた。

序　章　教師を目指す

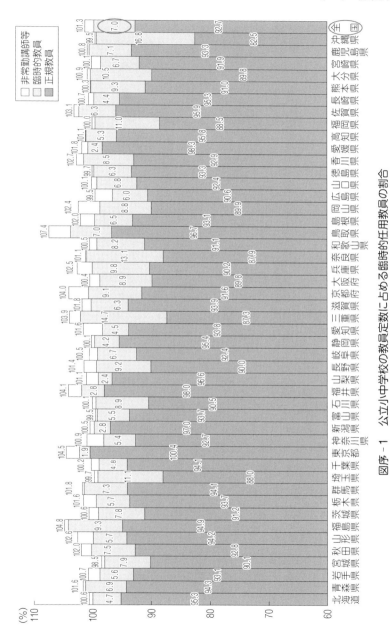

図序−1　公立小中学校の教員定数に占める臨時的任用教員の割合

注：上記の臨時的任用教員数には、養護教諭や栄養教諭が含まれていない。また、正規教員には再任用短時間勤務教員が含まれていない。
出所：文部科学省（2012）。

から**地方公務員**の**定員削減**も始まりました。地方財政が苦しくなったので，公務員数の削減と非正規化によって人件費を削り，財政の効率化が目指されたのです。

## 3 非正規雇用教員の増加がもたらしたもの

つまり，自治体の創意工夫によって，たとえばそれまで正規教員1人分の財源で，非正規教員2人を雇用し，算数の少人数学級を実現したり，少子化に備えた教員採用計画を立てたりできるようになりました。

その一方で，来年も働けるかわからない不安のなかで勤務しなければならない先生が，数万人規模で増えました。同時に，非正規教員を雇用する予算の分，正規教員の数が削減されたことにも注意が必要です。教育実習生の指導など，正規教員でなければ担えない仕事は減らないため，正規教員の負担感が増しました。調査によっても，非正規教員比率が高まると正規教員の精神疾患による休職率が高くなることが指摘され，教員全体の労働環境が悪化したことが懸念されています。[*5]

## 4 「影法師」の仕事

非正規雇用教員も，子どもの前に立つ点で，一人の教員であることに変わりありません。正規雇用教員の急病や産休代替なども含め，戦後一貫して質的にも量的にも学校教育現場を支えてきた，重要な存在です。

しかし，未だその実態さえ正確に把握されておらず，政策的にもその重要性は充分に認識されてきませんでした。学校現場においてさえも，その仕事は充分に評価されず，長い間，とても弱い立場に置かれてきました。

この反省に基づき，近年では非正規雇用教員を助け支える教員組合の動きも広がっています。また，教員全体の労働環境をどう改善するかが，大きな問題

---

＊5 たとえば，高原龍二「公立学校教員の都道府県別精神疾患休職率の要因に関するマルチレベルSEM」『教育心理学研究』63(3)，2015年，pp. 242-253。

となっています。

## 5 非正規勤務の利点と注意点

　なお，教職第一志望なのに採用試験に合格せず，非正規教員として働く場合には，その利点と注意点を理解しておくことが大切です。

　正規教員になりたい人にとっては，非正規であっても，働きながら教員としての経験を積めるのは大きな利点です。教員採用試験では，その経験が評価されたり，都道府県の教員採用試験では，臨時的任用教員の経験があれば一次試験が免除になったりします。採用時には，非正規教員としての勤務実績も教職歴として考慮され，給与にも反映される場合が多いです。

　しかし，非正規雇用は不安感やストレスが非常に強い点に，注意が必要です。臨時的任用教員の場合は，学級担任など正規教員とほとんど変わらない仕事をするのに，給料も少なく，翌年も働けるかわからない不安を抱えながら，なおかつ教員採用試験の準備もしなければなりません。毎年勤務校が変わる場合もあり，目の前の子どもたちへの対応に追われて教員採用試験の準備ができず，採用試験に落ち続けてしまう人もいます。

　非正規教員として勤務する場合は，以下の点に注意し，自分の雇用条件をよく確認する必要があります。

①雇　用　主……雇用主が誰か，都道府県か市区町村か学校かによって，給与や待遇が異なります。
②雇用形態……非常勤として時間雇用なのか，常勤雇用なのかが異なります。常勤の場合は，非正規でも賞与（ボーナス）などが支給されます。
③職　　　階……非常勤なら講師ですが，常勤で期限付きの教諭の場合もあります。逆に，教員でなく職員として雇用され，時給が講師より低い場合もあります。
④職務内容……非常勤講師のように，週に数時間の授業だけを担当する職務

の場合から,正規教員とほとんど同じ職務を期待される場合など,様々です。

⑤採用方法……非正規教員への応募・採用方法は,自治体により異なります。

## 3 教師を目指す

　本章では,教員・教師・教諭の違い,正規と非正規の違いを検討しました。「子どもに向き合う先生になりたい」と願っていた人も,ひとたび「教員」になったとたんに,あまりに仕事が大変で,教室で子どもと出会えることのありがたさなど,忙しくて忘れてしまうことになりがちです。

　ですが,たとえば,ある人がピアノ教室を開いたとしても,その人に教えてほしいという生徒が誰も集まってこなければ,教室は成立せず,ピアノ教師にはなれません。

　子どもたちが毎朝,「今日もあの先生に会いたいな」と学校に通ってくるような教師,休み時間にもあなたの周りに自然と子どもが集まってくるような教師,そして子どもが毎日教室に来ることが,それだけでもう充分にすごいことなんだと感じられる教師。みなさんには,「教員」になるだけでなく,そんな「教師」を目指していただきたいと願っています。

### 📖 さらに学びたい人のために

○イヴァン・イリイチ,玉野井芳郎・栗原彬(訳)『シャドウ・ワーク──生活のあり方を問う』岩波書店,2006年。
　　イリイチというオーストリア生まれでメキシコで活躍した哲学者は,産業経済社会において必要不可欠なのに正当な報酬を受けない,家事や子育てなどの労働を「シャドウ・ワーク」と命名し,光を当てました。この本を読んで,なぜ非正規雇用教員が正当な報酬を得られないのかを,考えてみましょう。イリイチは,真の学びを取り戻すために,学校という制度そのものをなくそうと提言した人でもあります。『脱学校の社会』(東京創元社,1977年)も必読書です。

○苅谷剛彦『知的複眼思考法——誰でも持っている創造力のスイッチ』講談社,2002年。

　考える力をつけるにはどうしたらよいのでしょうか。「考えろ」と人に言うのは簡単ですが,「ではどうすれば？」を教えるのは難しいことです。この本は,考え方や読書の仕方を一から丁寧に教えてくれる良書です。

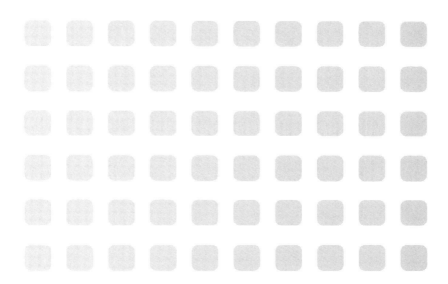

# 第 I 部　教職の魅力

第 1 章

# 初等教育の教師
──その仕事と魅力──

● ● ● 学びのポイント ● ● ●

- 公教育の目的と，その担い手である教師の存在意義を理解する。
- 幼児児童への指導および指導以外の公務を含めた，教師の職務の全体像を理解する。

第Ⅰ部　教職の魅力

# WORK　理想の教師像を相対化しよう

1．今までにどんな教師に出会ってきたか

　自分が今まで出会った教師のなかで，一番好きだった先生・一番嫌いだった先生はどんな先生だったでしょうか。そして，それはなぜでしょうか。それぞれの先生の具体的なエピソードを思い出して，書いてみよう。

| 好きだった先生 | 嫌いだった先生 |
|---|---|
|  |  |

2．議論しよう

　自分が好きだった先生を，嫌いだったという人もいたはずです。周囲の友人と，1．の結果をシェアしてみよう。自分が好ましいと思うタイプの先生を，他の人は嫌だと思うかもしれません。

3．分析しよう

　自分にとって「よい先生」とはどんな先生のことでしょうか。その要素を分析してみよう。

第1章　初等教育の教師

● 導　入 ●

　この章は，幼稚園園長の渡邉先生と，小学校教諭の谷保先生が，教室での教育実践の様子を描いた2つの節で構成されています。
　幼稚園や小学校の先生方は，毎日どのような仕事をしているのでしょうか。なぜ教師になり，何に喜びや生きがいを感じ，どんな苦労を重ねているのでしょうか。じっくり読み取ってみてください。
　また，幼稚園に通う3〜6歳の子どもたちと，小学校に通う6〜12歳の子どもたちとは，どこが連続していて，成長に応じてどのように変化していくのでしょうか。小学校の教員免許だけ，幼稚園の教員免許だけを取得しようとしているみなさんも，ぜひ視野を広げて，子どもの発達の過程をイメージしてみましょう。

# 1　幼稚園教師の仕事とその魅力

## 1　幼児教育と小学校教育の違い

　ここでは幼稚園教師の仕事を紹介します。今回の学習指導要領や幼稚園教育要領等の改訂では，小学校教育と幼児教育の接続が強調されました。幼児教育から小学校教育への接続が円滑になるような配慮が求められる背景には，幼稚園教師と小学校教師の仕事には，子どもを育てるという共通な目的がありながら，その内容や方法に大きな違いがあるからとも言えます。その違いとはどのようなことなのでしょうか。この違いは，私の幼稚園教諭人生にも大きな影響を与えました。
　私が幼稚園教師になったきっかけは，元小学校教師だった母が，私立幼稚園を開園させ，その後継者であったことが大きな理由です。ところが，母が始めた頃の幼稚園にまったくといっていいほど，私は魅力を感じていませんでした。その大きな理由を一言で言い表せば，母の幼稚園教育が，あまりにも当時の小学校教育を模倣したものだったからだと思います。本来，もっとゆっくり子どもたちと関われるはずなのに，行事の準備や，日々の課題をこなすなど，時間

19

に追われて、何かを教えたりさせたりすることが、保育の中心になっていたのです。

　それでもどうしても園を継がなければならない事情があり、再度、大学に編入し、幼稚園教師の免許を取得しようとしたときに、そこで初めて幼稚園の本質を学ぶことができました。授業を通して、幼稚園への見方、考え方ががらりと変わります。今では、徐々に当たり前のことになってきましたが、子どもが夢中で遊び込むことが、幼児教育の本質であることや、一人ひとりの子どもときちんと向き合うことで、そこから見えてくる子どもの自ら成長しようとする力を感じることができるなど、それまで自分がもっていた幼稚園のイメージを、根底から覆させられることが起こったのです。

　この出来事は、母のしている保育が幼稚園だと思っていた私にとって衝撃的なことでした。今回の幼稚園教育要領や学習指導要領等の改訂では、幼児教育と小学校教育の円滑な接続が求められています。子どもが主体的に学ぶという幼児教育の基本は、教育の原点を考えることでもあります。小学校だけでなく、「人が育つとは何か」「人が学ぶとは何か」いう教育の原点を、幼稚園教師の仕事から学んでみてください。

## 2　幼稚園が抱える複雑な事情

　幼稚園教師の仕事に携わっていて感じることは、幼児教育の多様さです。小学校教育ならば、全国どこの小学校も学習指導要領に沿ったかたちで指導が行われ、また研修が充実していて、学校間での教員の移動もあるため、教育の内容、方法については、ほぼ共通化されていると思います。ところが、幼稚園については、幼稚園教育要領があるものの、私立の幼稚園が多いこともあって、その園独自の教育を行っていることのほうが多いとも言えます。

　小学校教育への円滑な接続というと、小学校で教えるべき内容を先取りして、45分座っていられるとか、小学校前に文字や数を教えたほうがいいとか、最近はできるだけ早い時期から英語を教えたほうがいいというような傾向もあって、幼児期に育てるべき「資質・能力」の育成というよりも、園児獲得のために保

護者の関心を集めそうな特色ある保育を行っている園も多々あります。

　さらには，3～5歳児では保育所との関係もあります。最近は，教育機能と福祉機能を備えた幼保連携型認定こども園制度ができるなど，幼稚園，保育所，認定こども園という3つの施設が共存している状況です。働く女性が増え，待機児童対策のニーズが高まり，幼稚園でも預かり保育を行うようになるなど，幼児期の子どもたちの保育時間は長時間化しています。このことは，小学校教育でいえば，教育課程内だけでなく，教育課程外である学童保育のような部分にまで，幼稚園教師としての仕事が広がっているということになります。

　幼児教育が多様で複雑になればなるほど，幼稚園教師の仕事として，何を大事にすべきかが見えなくなっている現実もあります。保護者からいくら「子どもを預かってほしい」と言われても，単に「子どもを預かる」ということが，幼児教育の本質でないことも明らかです。幼児期の子どもの成長を通して，保護者（主に父母）に親としての自覚をもってもらうことも，幼稚園教師の大切な役割なのです。

## 3　幼児教育の重要性と幼稚園教師の仕事

　世界的な研究成果として，乳幼児期の教育や保育の重要性が明らかになってきています。2000年にノーベル経済学賞を受賞したジェームス・ヘックマンは，40年以上にもわたる「ペリー就学前プロジェクト」という子どもの追跡調査を行った研究結果として，「5歳までの教育が，人の一生を左右する」ということを明らかにしました。[1]この調査は，アメリカの貧困家庭を対象に，3～4歳児に対して，幼児教育を受けたグループと受けないグループに分け，その教育的効果や経済効果を調査したものです。その結果は，14歳時点での基礎学力の達成度，高校卒業率，40歳になった時点での月収や持ち家率が，幼児教育を受けたグループのほうが高かったということが明らかになったのです。

　ヘックマンは調査結果から，就学前教育においては，認知能力よりも，非認

---

＊1　ジェームズ・J.ヘックマン，古草秀子（訳）『幼児教育の経済学』東洋経済新報社，2015年。

知能力を高めることが重要であると分析しています。ヘックマンの主張した非認知能力を育てることが重要であるという考え方は，今回の幼稚園教育要領等の改訂にも反映されています。特に，小学校教育との円滑な接続を図るために，「幼児期の終わりまでに育ってほしい姿」が明確化されましたが，その7割は非認知能力についてでした。

ここでは，その内容に詳しく触れるというよりも，幼稚園教諭として，どのように子どもと関わることが，子どもの育ちにつながるのかについて，事例から考えてみたいと思います。

### 4　事例：園では自分を出さない女の子ユウちゃん

①年少，年中時のユウちゃん

年少から入園しきたユウちゃんは，入園当初から，トイレにも行かず，給食も食べず，行事やプールにも参加せず，園で言葉を発することもほとんどありませんでした。家では活発に行動し，言葉も話すのですが，園では，保育者が遊びに誘っても，拒否されてしまうことがほとんどでした。

年中になっても，この状況にあまり変化はなく，一斉での活動にはほとんど参加しませんでした。ただ，3学期になって，大好きな友達イズミちゃんと出会い，イズミちゃんとの遊びのなかでは会話をすることも出てきて，ユウちゃんの笑顔が多く見られるようになりました。年少，年中と，ユウちゃんに関わってきた担任は，ユウちゃんの気持ちをできるだけ受け止めるようにして，無理にみんなと一緒にさせることはしませんでした。そのため，ユウちゃんも担任に心を許していたのですが，残念ながらその担任が，その年度で退職するこ

---

\*2　**非認知能力**：数がわかる，字が書ける，IQなど，比較的簡単に数値化できる力を「認知能力」と呼ぶ一方で，IQなどで測れない，目標に向かって頑張る力，他の人とうまく関わる力，感情をコントロールする力といった内面的な力を「非認知能力」と呼ぶ。

\*3　「幼児期の終わりまでに育ってほしい姿」とは，「健康な心と体」「自立心」「協同性」「道徳性・規範意識の芽生え」「社会生活との関わり」「思考力の芽生え」「自然との関わり・生命尊重」「数量や図形，標識や文字などへの関心・感覚」「言葉による伝え合い」「豊かな感性と表現」という10の姿である。「幼児期の終わりまでに育ってほしい姿」を小学校の教師と共有するなど連携を図り，幼稚園教育と小学校教育との円滑な接続を図ることが求められている。

とになってしまいました。

②年長になったユウちゃん

　進級したユウちゃんは，これまで2年間の経験もあったことで，仲良しの友達と一緒ならば遊びのなかで会話をするようになりました。クラスが変わって新しい環境に戸惑うかと思っていた年長の担任は，遊びに参加するユウちゃんを見て，引き継ぎで聞いていた「ユウちゃんは表現しない子，行動しない子」という固定観念を捨てて，自分なりにユウちゃんと関わるように見方を新たにしました。

　この担任の気持ちの切り替え，そして関わり方がよかったのか，年長になったユウちゃんは，できることが増えていきます。保育者が心配してさりげなく様子を見ているなかで，給食も友達と一緒に食べられるようになりました。また園庭で流行っていた泥団子づくりにも参加している姿が見られました。クラスで取り組んだ，野菜の栽培やかいこの飼育など，楽しそうに遊ぶ姿やクラスのなかで生き生きと行動する姿が多く見られるようになったのです。

　とはいえ，年長は行事も多く，ユウちゃんにとって苦手なことはまだまだいっぱいあります。6月生まれのユウちゃんは，誕生会に向けて誕生色紙に手形を押さなければなりません。3歳，4歳のときは，まったく色紙に手形を押すことができず，担任が手の形をこっそり写し取ったこともありました。年長でも手形はやらないのかなと担任は心配していました。しかし，手形の絵具を選ぶときに，ユウちゃんなりのこだわりの色があることに，担任が気づき，その色を担任と一緒に何度も色を混ぜることで完成させると，その絵具を使って，自分なりに緊張しながら手形を押すことができたのです。手形を押すだけなのですが，ユウちゃんにとっては大きな挑戦でした。ただ，手形を押したユウちゃんの表情は，そのことがうれしいのかどうかがよくわからない，はにかんだ表情だったことに，担任の保育者は無理やりやらせたのではないかと，少し心配していました。

　ところが，のちに，退職した年中のときの担任に送った手紙には，「ゆうすずみかい，きてね。てがたできたよ」という文章がありました。ユウちゃんが手形を押すことができたことを喜んでいる気持ちが書かれていたのです。ユウ

ちゃんなりの表現ではあったのですが，手形が押せたことも，ユウちゃんにはうれしいことだったのです。

③できないことがあっても挑戦しようとするユウちゃん

このことをきっかけに，ユウちゃんのよさは，様々なところで発揮されていきました。泣いている子にそっと寄り添ったり，クラスで流行った制作を必要とする遊びにも一生懸命取り組んでいるユウちゃんがいました。またユウちゃんのよさを認めてくれるクラスの友達も増えていったのです。

ただ，プールは苦手で，保育者の行うプール掃除は手伝ってくれるものの，プールには入ろうとしませんでした。また2学期になると，園行事の運動会があります。年長の競技として，リレーや踊りがあるのですが，そのどちらもユウちゃんは苦手です。

リレーの練習になると，ユウちゃんは園庭に出ようとしません。みんなが手を引いて，園庭までいくのですが，自分の番が来ても走ろうとしません。当然，女の子のリレーは負けてしまうのですが，ユウちゃんの走りたいという気持ちは，担任もクラスの友達にも伝わってきました。走りたくても走れないのがユウちゃんなのです。

その後，徐々に運動会の練習にも自分で参加するようになり，4分の1周から2分の1周，そして1周すべてを走れるようになっていきます。ただ，一人で走ることは難しく，友達や担任が一緒に伴走するのですが，そこには走ることに前向きになるユウちゃんがいました。

ユウちゃんの「踊りをやりたいけどできない」「リレーもがんばりたいけどドキドキする」という気持ちを，クラスの話し合いで担任から子どもたちに伝えました。その後，リレーをしようと外に出たときに，クラスの男の子がユウちゃんの手を握り，歩きながらユウちゃんに声をかけます。

「がんばって負けたらしかたがないよ。でも，がんばらないで負けたら，それはもったいないよ」。

ユウちゃんの後ろにいた担任には，このときのユウちゃんの表情を見ることはできませんでした。ただ，この言葉も含め，クラスの子どもたちの温かい励ましもあって，ユウちゃんは，走ることに徐々に抵抗感がなくなっていきまし

た。

運動会当日,「一人で走る?」と聞くと,「一人で走るけど,なかを一緒に走ってほしい」と言います。担任が円の内側で一緒に走ると,ユウちゃんはしっかりとバトンをつなぐことができました。家では「女の子の勝負が負けて悔しかった」と大泣きをしたそうです。また,「私,どうだった?」「すごかったよね?」と家族に聞く日々が続いたそうです。

運動会後の10月に,姉妹園の年長クラスと一緒に5クラス対抗でリレーを行う機会がありました。そのときは,運動会のような緊張感がないためなのか,初めて一人で自信をもって1周走るユウちゃんの姿がありました。その頃から,クラスのなかでは,普通に話をするユウちゃんの姿も増えていったのです。

## 5　幼稚園教師の仕事とその魅力

事例を読んで,これが幼稚園教師の仕事だと言われると戸惑う方もいると思います。幼稚園も教育機関である限り,幼稚園教育要領等の内容を教えることが幼稚園教師の仕事ではないかという疑問が出てきても当然のことでしょう。

ところが,事例を丁寧に読んでもらうと,担任の保育者は,ユウちゃんに対して,自発性や主体性が発揮されるような機会をつくり,ユウちゃんとの信頼関係を築くことを大事にしていることがわかると思います。ユウちゃんが自然に遊びに参加できるような環境を構成したり,友達関係も含め,クラスでの居場所づくりを大事にしています。何事に対しても,うまく参加できないユウちゃんを決して追い込むような関わり方をしていないのです。[*4]

担任の関わり方を身近に見ているクラスの子どもたちも,ユウちゃんへの対応をいろいろ試行錯誤していきます。特に運動会のリレーでは,ユウちゃんが走らないことで,クラスが負けてしまうという現実がありながら,ユウちゃん

---

*4　「幼稚園教育要領」では,第1章「総則」第1「幼児教育の基本」において,教師の役割について,「教師は,幼児との信頼関係を十分に築き,幼児が身近な環境に主体的に関わり,環境との関わり方や意味に気付き,これらを取り込もうとして,試行錯誤したり,考えたりするようになる幼児期の教育における見方・考え方を生かし,幼児と共によりよい教育環境を創造するように努めるものとする」と示されている。

の走りたい，走ろうとする気持ちを，子どもたちも受け入れていったのです。

　幼児教育は，幼稚園教育要領だけでなく，教育基本法のなかでも，「生涯にわたる人格形成の基礎を培う」(第11条)とされています。

　一人ひとりの子どもに対してきめ細かく関わりつつ，その一方で，ユウちゃんのように，うまく自分を出せない子には，少し長い目で成長を見守りながら，人と人とが関わり合って生きていく楽しさや，未知なことに挑戦して，自分の世界を広げていくおもしろさなどを，十分感じていくことが，その子どもの生きる力となっていきます。

　個々の子どもがこのような力を発揮するためには，何よりも幼稚園教師としての力量が求められます。子どもによって，その関わり方が変わっていく分，難しさもあるのですが，その一方で，子ども自身が自ら成長しようとする場面に出会えたときの喜びは幼稚園教師でなければ味わえない醍醐味とも言えます。幼稚園教育要領や学習指導要領が改訂され，小学校以上の教育でも，「主体性」や「学びに向かう力」等が重視されています。幼児期の子どもへの関わり方を踏まえて，小学校以上の教育がより丁寧に一人ひとりの子どもに関わるようになっていくことを願っています。

## 2　小学校教師の仕事とその魅力

### 1　なぜ先生になったのか

　「なぜ，小学校教員という職業を選んだの？」と質問されたら，答えはいくつもありますが，その一つに「私自身の小学3，4年生の担任の先生との出会い」があります。初任の女性教師で，男子たちがやんちゃをするので，よく泣いておられたのを覚えています。けれども，その先生の授業はいつも工夫されていました。算数では自分たちで工作用紙を切ってつくった「小数タイル」の操作で，小数の仕組みを学んだこと。国語の教科書には載っていない，原爆を受けた親子の物語を印刷してくださり，それに書き込みをして発表しながら読み合ったこと。転校してきた友達に，男子が「東京ボンカレー」と囃し，私を

含めてみんなが笑ったら，先生に泣きながら叱られたこと。そんな小学校生活の思い出が，私のなかで，とても温かなものとして今もあります。

このように教師という仕事は，子どもの心のなかに長く生き続ける仕事なのかもしれません。私自身も先日，教え子の結婚式に招待され，主賓のご挨拶をさせていただくという，教師冥利につきる幸せな思いをさせてもらいました。その子から「いくつになっても小学校時代の楽しかった気持ちがよみがえり，戻りたくなり，私にとってのよりどころになっています。先生は，私の気づいたこと考えたことを認め，がんばりを見ていて自信をつけてくれました。私のアイデンティティは先生と過ごした日々に大きく影響を受けています」と結婚式の日にお手紙をもらい，涙しました。

今，教師という仕事は大変だと言われていますが，それでも，子どもたちと過ごす時間には，楽しさや喜びもたくさんあります。授業は子どもたちと共につくりあげていくもので，その過程はまさにクリエイティブでわくわくするものです。「モンスターペアレント」などという言葉もありますが恐れることはありません。保護者とつながれることも小学校教員の大きな喜びなのです。

## 2　授業をつくる楽しさ──2年算数「かさ」の実践

2年生7月頃の算数の単元「かさ」では「リットル（L）」「デシリットル（dL）」などを勉強します。どう工夫すると楽しくてよくわかる授業ができるでしょう。

まず，お家の方が参観する授業の45分で，こんなふうにやってみました。

第1問
　この頃，とっても暑くなったから，たくさん入る水筒がないかなと探したら，2つの水筒がありました。赤（左）と黄色（右）。どっちがたくさん入ると思いますか？

子どもたちとお家の方に予想をしてもらいました。
私「どうやってしらべるといいかな？」
子「水を入れてみたらいいよ。」
黄色い水筒に水をいっぱい入れて，それを赤い方に入れたら水があふれました（これを直接比較と言います）。

> 第2問
> 　暑いので，先生はたくさんお茶を飲みました。森川先生（学習支援の先生）と谷保（私），どっちがたくさんお茶を飲んだでしょう。

子どもたちは予想を言い合いました。
「では森川先生に聞いてみましょう。お茶を何杯のみましたか？」
森川「1杯です。」
谷保「私は8杯です。」
子「え～っ。8杯?? 負けた～。」「でも，森川先生のコップ，大きいかもしれんよ。」「うん。1杯でも大きかったら勝つかもしれんよ。」「でも，谷保先生の8杯には負けるやろー。」「うーん。」
というわけで，2人のコップを見せあうことに。じゃじゃーん！

谷保のは左で，森川先生のは右です。
「え～っ」「ウオー!!」「そんなあ。」「うっそお。」「ちっちゃい！」「そんなので飲んでるの？」「ゼリーのカップやん？」などなど大さわぎ。お家の方も大笑いです。
「やっぱり，ちがう入れものでは，比べられない！」。そこで登場，「世界中で

第1章　初等教育の教師

使える，かさの単位，1 dL（デシリットル）」。
プラコップに線を書いた「1 dL マイカップ」
を全員に渡しました。そして，1 dL マイカップで，1 dL のお茶を飲んでみました。

　私「1 dL は，どうだった？」
　子「ごくん，ごくん，ごくん，ごくんって，
　　4回 "ごくん" があった。」「ごくん，うーん，ごくん，て感じ。」「ごくごくごく……10回」「もっと飲みたいくらい。」「ちょっと多すぎた。」

それぞれ楽しい言い方でしょう？　こんなふうにクイズ感覚で楽しみながら「かさ」の理解を深めていきます。体を通して「1 dL」を感じ，自分の言葉で表現しながら，量感を育てることを大切にします。

---

第3問
　みんなでつくった梅ジュース（原液）。1 dL を 4 dL の水でうすめます。全部でどれだけのジュースができるでしょう。
　1 dL + 4 dL = ?

---

実際に梅ジュースをうすめて，本当に5 dL あるか測ってみたあと，「1学期の算数，がんばったね〜乾杯！」して，この日の授業を終わりました。そして，「1 dL マイカップ」を使って，1日に飲んだものの量を測ってみる探究活動を宿題に出しました。題して「1日にどれだけのむかな？しらべ」です。翌日の日曜日に，お母さんもお父さんもお姉ちゃんも協力してくれたお家がありました。「パパはビールを飲んだから，一番たくさん飲んだよ！」と報告がありました。

これはほんの一例です。小学校の担任はいろいろな教科を教えるので，教材研究は大変です。けれども，どの教科も工夫しがいがあ

り，こちらが準備をした分だけ，子どもたちも生き生きと反応してくれます。子ども自身の気づきや成長や学びへの感動が大きいほど，その時間を共有できる教師の喜びも大きいのです。

### 3　教室をつくる楽しさ──子どもたちも親たちもつながる

①タクヤさんとの出会い

ところで，いつも楽しい授業がすぐにつくれるわけではありません。たいていの学級は，様々な課題を抱えた子どもたちがいます。楽しい授業をするにはまず，子どもたちが安心して過ごせ，学び合える教室をつくっていく必要があります。

ある1年生の学級のことを書きます。入学式の日から，落ち着かない男子が何人も目立ちました。そんななかにタクヤさんはいました。タクヤさんも，入学式の翌日から，周りにいる友達に，蹴る・たたく・頭突きをするなど，乱暴な行動が目立ちました。まずは，頻発するトラブルのたびに，子どもたち両方の思いを聞き，言葉での伝え方や謝り方を丁寧に教えました。学級全体でも，みんなが気持ちよく過ごすためのルールを，話し合いながら決めていきました。

②保護者と共に歩む

低学年は特に，保護者の理解や協力を得ていくことがとても大切です。この学級も入学時は子どもだけでなく保護者の気持ちもバラバラでした。あるお母さんは「このクラスはどうしようもない乱暴者が多いから，きっと授業が成立しない」と不安を口にされました。タクヤさんのお母さんは，「保育園のときはいつもうちの子が悪いせいにされた。私はもう孤立していてもいい，と思っているんです」と孤立感を募らせておられました。

タクヤさんは人との関わり方がわからなくて，まだ上手に言葉で表現できないけど，みんなと関わりたい，いろんなことをやりたいというエネルギーをいっぱいもっているのだと思いました。トラブルを起こすほかの子どもたちも同じです。この子どもたちのよさを伸ばしながら，子どもたち同士つながってほしい，お家の方同士もつながってほしいと思いました。

③授業で育てる

　授業づくりは学級づくり。学校生活のなかで一番長い授業時間をこそ，子どもたち一人ひとりが輝き，学び合い，共に楽しむ場にする必要があります。それが，子どもたちの関係性を新しくつくっていくものだと考えています。
　1年生1学期の国語は，ひらがなの学習からスタート。子どもたちのエネルギーを活かしながら子ども同士・親同士がつながる授業をつくりたいものです。
　　私「明日は，との字を勉強するよ。とのつくもの，お家から持ってきてくれる？」
　　子「とうさん持ってくる！」
　　子「おじいちゃんの名前も，とがつくよ。」
　　私「おお！　お願いするわ！」
　　子「ぼく，図書館持ってくる。」
　　私「ええっ!?」
　次の日，朝から持ってきたものの見せ合いっこで教室は大さわぎ！
　Aさんは「先生，とのつくもの持ってきたよ。『ともだち』！」とBさんの手を握っています。「わあ，いいね。ともだちね」。2人のうれしそうな顔に，朝から気持ちがほんわかします。
　毎日たくさんの物が持ち込まれました。前日の夜，家族であれこれ探しまわった様子が伝わってきます。おばあちゃんが蔵から出してきてくれた物，赤ちゃんのときの髪の毛でつくった大切な筆，お父さんの素敵なネクタイ，かわいいパジャマなどなど。それを見せ合いながら，休み時間まで会話がはずみます。タクヤさんも生き生きとそのなかに溶け込んでいきました。
　また，机に向かって鉛筆を動かすだけでなく，「♪くのつくものは，なんだろな〜」と歌ったり体を動かしたりして勉強しました。書き順を間違えやすい文字は何度も空書き（みんなで一緒に空中に書く）をします。頭えんぴつ・鼻えんぴつなどと名前をつけ，体のいろいろな部分を使って大きく空書きします。「先生，おしりえんぴつやりたい」「ちんちんえんぴつもやりたい」と，前へ出てくる男子に大笑いです。おしりえんぴつは，宿題にしたり，参観日にお母さんたちにもしてもらったりもしました。

タクヤさんのお母さんからのお便りです。

「昨日の授業参観でのお母さんたちのおしりえんぴつには，思わず赤面してしまいました。でも，教室のなかが一つになったようで本当に楽しかったです。『お母さんの字が一番上手だったよ。』とほめてもらいました。」

子ども一人ひとりが生き生きすると，親もつながっていくのです。
　こうしてずいぶん落ち着いてきた頃に，タクヤさんがまた友達にひっかき傷をつくってしまいました。タクヤさんを呼んで真剣に私の想いを伝えると，涙をぽろぽろ流しながら聞いてくれました。翌日，お母さんからお便りが届きました。

「今まで私が叱ったときも泣くことがなかったタクヤが，昨夜は私にしがみついてオンオン泣いていました。手を出してしまったと後悔がいっぱいだったようです。大好きな先生を裏切ったという気持ちもあるようです。友達には痛い思いをさせて申し訳なく思っています。でも，タクヤにとっては，とっても勉強になった事件です。人を傷つけてはだめなこと。言葉で伝えるってこと。これからまた頑張ってくれると思います。先生と同じ考え方で育てていきたいと思います。」

お母さんも困っているのです。共に考え，共に歩む姿勢でいればお家の方は強い味方になってくれます。そして，我が子が学級に位置づき，友達と共に生き生きと学ぶ姿を見ると，マイナスの行動も成長への材料になるものだと，前向きに捉えてくれるようになるのです。タクヤさんはこれ以降，乱暴をすることはありませんでした。
　３学期末に，ほかの子のお母さんがお便りをくださいました。

「子ども達は優しく素直に，個性もちゃんと残したまま，一人一人違う花を咲かせ，集まるとトゲもなく，素敵なブーケとなって輝いてくれています。子どもたちが泣ける場所，笑える場所，怒れる場所をつくってくださった先生に心から感謝いたします。」

このように小学校の教員は，子どもの成長を見せてもらえると同時に，保護者とのつながりを得られることも大きな喜びとなります。

## 4 小学校担任の可能性の大きさ

さて，ここには低学年の実践しか書けませんでしたが，高学年になると，子どもたちと共につくれるものがもっと大きくなります。[*5] 田んぼにおける生物多様性保全の重要性を学んだ学級の子どもたちは，自分たちで休耕田を探し，生物多様性を保全しながらの米づくりに挑戦しました。この子どもたちは，それを高校生まで継続し，その経験を国際会議でスピーチしました。また，歴史を深く学んで，平和の大切さを発信した学級もあります。高学年になれば，今の社会の課題に向き合う学びを積み上げ，発信をしていくこともできるのです。小学校の学級担任は多くの教科を担当しているので，子どもたちの興味・関心や課題に合わせ，ダイナミックに実践をつくっていくことができます。可能性はどんどん広がっていく，とても夢のある仕事なのです。

**まとめ**

　幼稚園や小学校の教員免許は，中学や高校のように教科別ではなく，全領域・全教科を教えられる力量を証明するものになっています。これは，初等教育の時期は，子どもの学習を指導することと，子どもが安心していられる友達との空間をつくること，保護者と信頼関係を築くことが，総合して求められると考えられているからです。渡邉先生や谷保先生の事例からは，友達とトラブルを起こす子どもに，トラブルのたびに忍耐強く指導するだけでなく，クラス全体に対して自分の意見や考えをどう表現すればよいか，共に生きる作法とはどのようなものかを育てていく，指導の具体が伝わってきます。それはまた，保護者と信頼関係を築く作業をも必要としていました。

　教職は保護者や子どもの日々の生活とまるごと関わる仕事であるだけに，子どもの人生の礎を築く有意義な仕事と言えるでしょう。その分責任も重いため，生涯学び続けていこうという意欲と覚悟も求められる仕事です。

---

＊5　高学年の授業実践については，谷保裕子「田んぼは未来を救うヒーローだ！――地域の人，自然，産業に出会い学ぶ」『生活教育』728，2009年，pp. 78-87を参照。

さらに学びたい人のために

○吉村真理子『保育実践の創造――保育とはあなたがつくるもの』ミネルヴァ書房，2014年。
　「保育」という営みがどういうことかを，具体的に豊富な事例を通して教えてくれる本です。子どものおもしろさや健気さが伝わってくるとともに，保育者として，どんなことを大事にしたらいいかも教えてくれる本です。

○横浜市こども青少年局『横浜版接続期カリキュラム　平成29年度版　育ちと学びをつなぐ』横浜市，2017年。
　横浜市では，幼稚園，保育園，認定こども園，小学校の先生方が集まって，乳児から幼児期，児童期を見通して，どのような子どもの育ちや学びが大事なのかを「接続期カリキュラム」としてまとめています。特に小学校の教育の在り方が大きく変わってきていることに特徴があります。

○行田稔彦ほか（編著）『いのち輝く――つながりが生んだ本物の学び』ルック，2008年。
　「困った子は困ってる子」「なかまとつながり学びを創る」等の章立てで，様々な学年や教科領域等，多岐にわたる実践を報告しています。本文で取り上げた１年生のひらがなの学習の実践は，第３章「易しいことは，深いこと」のなかで「１年生，文字との出会いを楽しくつくる」として詳しく紹介しています。

○行田稔彦ほか（編著）『希望をつむぐ教育――人間の育ちとくらしを問い直す』生活ジャーナル，2018年。
　人とつながり希望をつむぐことを追究した実践集です。本文で少しだけ触れた，高学年（５年生から６年生にかけて）の総合の実践「田んぼは未来を救うヒーローだ！」について，第４章「自分が見え，世界をよみとく学び」のなかで紹介しています。

# 第2章

# 中等教育の教師
―― その仕事と魅力 ――

● ● ● 学びのポイント ● ● ●

- 公教育の目的と,その担い手である教師の存在意義を理解する。
- 生徒への指導および指導以外の公務を含めた,教師の職務の全体像を理解する。

## WORK 一口に「教職」とはいうけれど……

1．教職の違いを考える

① 義務教育の先生とそれ以外の先生の違いとは？

　義務教育である小学校・中学校の教員と，義務教育にあたらない幼稚園・高等学校の教員とでは，その仕事に，どのような共通点と相違点があるでしょうか。第1章・第2章の内容から読み取って，周囲の人と議論してみよう。

② 初等教育の先生と中等教育の先生の違いとは？

　初等教育段階である幼稚園・小学校の教員と，中等教育段階である中学校・高等学校の教員とでは，その仕事に，どのような共通点と相違点があるでしょうか。第1章・第2章の内容を参考にして，議論してみよう。

③ 公立学校と私立学校の違いとは？

　公立学校の教員と，私立学校の教員とでは，その仕事に，どのような共通点と相違点があるでしょうか。調べて，議論してみよう。

2．複眼的に考える

① 第1節では，公立中学校では体育祭や合唱祭といった学校行事が重視されることが描かれています。あなたは，たとえば「学級を団結させる」ことについて，どう考えますか。周囲の人と議論してみよう。

② 第2節では，公立高校で進路選択を支える教師の役割が重要だと描かれています。あなたは，大学進学以外の進路について，どう考えますか。周囲の人と議論してみよう。

● 導　入 ●　●　●　●　●　●　●

　第1節では，中学校の理科教諭の原先生が，学級担任としてクラスをどう指導したのか，その軌跡が描かれています。第2節では，高校の公民科教諭の池田先生が，社会科の学習指導を通して生徒とどうかかわったか，先生の半生が描かれています。
　教科担任制となる中学校や高校の先生方は，毎日どのようにして，学級担任の仕事や教科指導の仕事をしているのでしょうか。原先生は，教科担任制だからこその安心感があると書いていますし，池田先生は，義務教育ではない高校ならではの注意点があると書いています。幼稚園や小学校と比べて，教師としての喜びや苦労，働き方にどのような共通点や相違点があるでしょうか。じっくり読み取ってみてください。

●　●　●　●　●　●　●

# *1* 中学校教師の仕事とその魅力

## 1　中学校教師の魅力

　私がはっきりと中学校の理科の教師を目指そうと思ったのは高校生の頃です。高校の理科は物理・化学・生物・地学の4分野に分かれて深く学びます。私はどの分野も好きで，どれか1つを教えるのではなく，広く理科のおもしろさを伝えられる教師になりたいと思いました。
　公立の中学校を選んだのは，公立の教師は数年ごとに必ず異動があるため，たくさんの人とのかかわりを通じて，多くのことを学べると考えたからです。また，私立校はある程度，学力や経済力が同じ生徒が集まると思いますが，公立校の生徒は学力だけでなく，家庭環境，価値観なども多様性に富んでいます。公立の中学校に通うどんな生徒にも，理科が好き，学校が楽しいと感じさせられる教師，中学卒業後に社会人として生きていくための様々な力を伸ばせる教師になるため，日々自己研鑽に励んでいます。
　中学生はたった3年間で，個人も集団も飛躍的に成長します。その姿は，さなぎの殻を破り，大空へ羽ばたいていく蝶のようです。人はみな，誰かが成長

する瞬間に立ち会うことに喜びを感じると思います。中学校教師は毎日，その瞬間に立ち会えるのです。子どもでも大人でもない不安定な中学生は，勢いがあってエネルギッシュで魅力的。そんな中学生と共に充実した日々を送ることができて私は幸せです。

## 2　全員の個性が響き合う学級を目指して

「クラス替えをして，初めて2年7組の教室に入ったとき，自分の中学校生活はこの先真っ暗だと思いました。でも，今はこのクラスになれて本当に良かったと思っています。ありがとうございました」。

これは，卒業式前日の生徒の言葉です。ほとんどの生徒がこの言葉と同様の話をしました。それだけ，このクラスの始まりには乗り越えなければならない壁がいくつもありました。しかし，生徒たちはこれらの壁を乗り越え，晴れやかに胸を張って，笑顔で卒業していきました。

ここでは，教師の仕事の魅力を伝えるために，私が今まで担任したクラスのなかで一番成長した"7組"に対する取り組みについて話したいと思います。

①担任としての目標を決定

私は音楽が好きなので，目指す学級像を交響曲にたとえ，学級通信の題名を「Symphony#7」としました。交響曲（Symphony）を奏でる楽器は様々で，それぞれ音域も音色も違いますが，個々の楽器が心をそろえて1つの曲を演奏すると，豊かな響きが生まれ，心地良い音楽となります。私は学級もそうあってほしいと思っています。一人ひとりが個性を発揮し，互いに認め合い，心を1つにすることができれば，調和のとれた居心地の良い学級になり，豊かな中学校生活を送れると思います。当時勤めていたこの学校では2年生から3年生へ進級する際にクラス替えは行わないので，2年間かけてこの学級を「全員の個性が響き合う学級」に育てていこうと心に決め，生徒にも伝えました。

ところが，私が担任をした2年7組の始まりは，私の目指す学級とはほど遠い状況でした。人を馬鹿にすることで笑いをとる生徒がいて，何かすると笑いのネタにされるのではないかという不安からか，生徒同士が心を開かず，常に

びくびくしており，お互いの顔色をうかがいながら生活している。給食中の会話もない。授業中の発言もない。クラス全体に，何をやっても無駄といったあきらめのムードが漂っていて覇気がない。安心感もまったくない。

そこで私は，何とかこの状況を変えて，「全員の個性が響き合う」という目標に向かえるように，学級に対して様々なかかわりや仕掛けを行いました。その一つとして，学級レクの機会を多くとるように心がけました。いろいろな学級レクを通してクラス全員で一緒に楽しむという経験が，クラスへの所属感や一体感につながり，少しずつ友達の輪が広がりつつあることを感じました。また，生徒たちの日常のなかで視覚的に訴えることで学級の雰囲気をつくっていければと，クラス内の掲示物にも工夫をしていきました。

②クラスの生徒全員と"1日1会話"——毎日が教育相談 Day

このような，クラスとして生徒たちの団結力を高める工夫をするとともに，担任として，クラスの生徒全員と，1日に1回は会話する機会をつくり出すように努めました。中学校は教科担任制なので，クラス担任は学級の生徒と多くの時間を別々に過ごしています。毎日かかわれる時間は，朝の会，給食，掃除，昼休み，帰りの会のときです。朝の会はその日の連絡と健康観察や提出物の確認等で慌ただしく過ぎてしまうので，「給食・掃除・昼休み」の時間を生徒との大切な交流の時間と捉えて一緒に過ごすようにしたのです。

本校は教室で給食を配膳し，班ごとに向かい合って自分の席で食べます。生徒はトレーを持って配膳台の前に1列に並ぶので，1か所に立っていれば，全生徒が私の前を通過することになります。これは生徒と会話をする絶好のチャンスです。生徒が連絡帳に書いた日記だけは，数ある仕事のなかでも優先して午前中にチェックするよう心がけました。生徒の様子を把握しておくと，「部活の調子はどう？」「テスト勉強がんばっているね」など，いろいろな声かけ

ができます。そして，給食を食べるときも生徒の班に混ざって会話を楽しみました。

掃除の時間は，生徒と一緒に掃除をすることが大切だと初任の頃は思っていました。しかし，自分も一緒に掃除をしてしまうと生徒の様子が見えないので，今は，入り口に立って生徒の様子を見ていることが多いです。そして，隅々までよく拭いている生徒や，自分の担当が終わって他の場所を手伝っている生徒を見つけて褒めるようにしました。掃除に意欲を示さない生徒が，少しでもがんばっている姿を見つけたら大いに褒め，掃除を当たり前に行う雰囲気づくりを心がけました。

昼休みは，生徒と触れ合えて，生徒の実態を把握できる大切な時間です。生徒の会話に参加する日，ただ教卓から生徒の様子を眺める日，廊下や他のクラスへおもむく日，校庭で一緒に遊ぶ日など，その日の自分のコンディションや生徒の様子を見て判断して決めます。なるべく会話をする生徒が偏らないように意識をして過ごしました。積極的に話しかけてくる生徒はいつでも会話できるので，それ以外の物静かな生徒と，1日1会話できるように心がけました。

### 3　学級が劇的に育つ「体育祭」と「合唱祭」

このように，教師は日々の生活を通して，生徒たちの学びと育ちを支えていくのですが，行事は生徒が育ち，学級が育つ最大のチャンスです。そして，中学校教師の醍醐味でもあります。球技大会，職場体験，校外学習，修学旅行などは学年集団を育てるのに重要ですが，学級を育てるという点では，体育祭と合唱祭は特に重要です。7組は，6月の体育祭でも10月の合唱祭でもドラマが生まれました。

①体育祭を通して育った思いやりの心――インクルーシブ

7組には，診断こそないものの，田中さん（仮名）という特別な配慮が必要な生徒がいました。田中さんは走るのが苦手で，学級全員リレーではあっという間に最下位になってしまいます。人間いかだでは，筋力が弱いので馬跳びができず，背中に人が乗るとつぶれてしまいます。学級35人全員が並んで跳ぶ大

縄跳びでは、他のクラスが100回近く跳べるようになるなか、いつまでたっても7組は1回も跳べません。「田中さんがいるから絶対勝てない」。生徒たちは絶望していましたし、田中さんを責める気持ちが生徒のなかに沸いているのを感じました。

そこで、7組陸上部を発足し、学級の数人に協力してもらい、田中さんとの個人的なトレーニングを行うことにしました。田中さんは、苦手なことも投げ出さずに立ち向かえる長所がありました。田中さんは、大縄跳びの練習ではいつも引っかかるので、足にみみず腫れがたくさんできました。それでも、練習を途中で投げ出さないのです。田中さんの努力する姿を7組に見せることがねらいでした。

トレーニングの効果は、すぐに田中さんにも7組にも現れました。田中さんは見ちがえるほど早く走れるようになりました。そして、毎日努力をしている田中さんを見て、温かい声かけをして応援する生徒が増えました。人間いかだも、大縄跳びも、諦めずにベストを尽くそうと、生徒たち自ら学級会や放課後の時間にいろいろな作戦を考えました。馬跳びでは、手を足のどの位置にしたら一番踏ん張れるか。大縄跳びでは、どの位置で跳ぶのが一番田中さんにとって跳びやすいのか、タイミングをとるために手をつないで跳んだらいいかもしれない……。

そして、体育祭本番。練習の成果が実を結び、3分間で行う大縄跳びの競技終了間際に、初めて20回以上連続で跳べたのです。結果発表で、「7位、7組。53回」とアナウンスされた瞬間、断トツのビリにもかかわらず、優勝したかのように全員で喜びを爆発させました。「田中さん！ やったね！」「田中〜！よくがんばったな〜！」とみんなで肩を抱き合いました。田中さんは、文章がうまく書けないので、どんな気持ちなのかは表情とつぶやきから読み取るしかないのですが、この時の田中さんは、満面の笑顔で汗をぬぐって「良かったで

す」と言っていました。

②合唱祭を通して育った自治の力

7組にはスタートから水口くん（仮名）に対する目に見えない恐怖のようなものがありました。水口くんはいわゆる"一軍"の生徒で，サッカーが上手く，運動神経抜群。明るく元気でリーダーシップもある。しかし，自分の気に入らないことには文句を言い，自分ではない誰かのことをネタにして笑いをとる。自分がクラスの中心であるかのような振る舞いをする生徒でした。

7組の男子たちは，真面目で大人しい生徒が多く，水口くんに言い返すことや立ち向かうことはできません。また，一部の男子が水口くんに同調してしまうこともよくありました。そのため，周りの生徒たちは，自分がネタにされたくない，かかわりたくないという気持ちを強くもっているようでした。7組にとって乗り越えなければならない最大の壁でした。

合唱祭の練習が始まってまもなく，「水口くんがふざけたり歌わなかったりして，練習がうまく進みません」と女子のパートリーダーが報告に来ました。水口くんのやる気にみんなが左右されてしまうのです。これはチャンスだと私は思いました。「それは困ったね。どうする？　自分たちで解決する？」と尋ねると，リーダーは「自分たちで解決できるようにがんばってみます」と答えました。

しかし，水口くんとの問題の渦中で，良い合唱ができるはずもなく，迎えたリハーサルで7組は案の定，大失敗。リハーサル後，クラスをうまくまとめられなかったという悔しさから，リーダーが泣きながら私のところに来たので，「あなたがみんなをまとめたい気持ちも，合唱祭を成功させたい気持ちも私はよく知っているけど，クラスのみんなには伝わっているのかな？　水口くんのことも含めて，みんなはどうしたいと思っているのかな？　7組は乗り越えられると信じているよ」と話しました。生徒たちの自治の力を伸ばしたかったからです。

その日の放課後練習の時間，水口くんはさっさと帰宅しましたが，残った生徒でリーダーを中心に話し合いが行われました。そして「水口くんに左右されず，僕たちの歌で水口くんもやる気にさせたい」「直接水口くんに文句を言っ

てもケンカになるから，水口くんの流れに乗るのではなくて，私たちの流れに水口くんを乗せよう」という結論に至りました。

次の日から練習の雰囲気が変わり，一生懸命歌いたい生徒が生き生きと歌えるようになり，みんなの気持

ちがそろっていきました。水口くんもみんなの異変に気づき，自分なしでもクラスが回っていく現状に，初めはふてくされた感じでしたが，本番直前には何かを吹っ切ったように一生懸命歌うようになりました。とうとう，みんなの力でクラスの雰囲気を変えたのです。
〈水口くんが卒業間際に書いた作文より抜粋〉

協調性も三年間で学んだことの一つで，仲間と上手くやっていく，勉強よりも大事なことだと思った。全て自分一人が中心ではないこと，周りの声を聞くこと，自分に足りなかったことを気づかせてくれた友達に感謝しています。

### 4 学級が育つと何事もうまくいく

ここに書いた話以外にも，2年生のときには女子同士のトラブルや，田中さんに対するいじめなど，たくさんの出来事がありました。しかし，3年生が始まる頃には学級が育ってきたので，行事に対してだけでなく，日々の授業も受験に向けての取り組みも意欲的になりました。そして，冒頭にあるように生徒たちは胸を張って卒業していきました。

中学校は，部活動，生徒会活動，委員会活動など，生徒の成長の場はたくさんあります。そのなかでも生徒がもっとも多くの時間を共に過ごす学級での活動が，中学校生活の要になると思います。これから中学校教師を目指すみなさ

んは，教科指導について学ぶことが多く，教師になってからも教材研究の時間が多くなると思います。授業を通して生徒の信頼を得ることや，積極的な生徒指導を行うことも大切です。それと同時に，学級を育てる視点も大切にしてほしいと思います。友と共に学ぼうという意欲のある学級は，教科担任から多くのことを自然と吸収して伸びていきます。教師になったら数年以内に学級担任を経験することになります。ぜひ学級づくりを大切にして，いろいろな場面で学べる心をもった生徒を育ててください。

### 5　みんなで生徒を育てていく仕事

　理想の先生像は一人ひとり違うため，生徒全員にとって理想の先生になることは不可能です。でも，中学校は教科担任制なので，小学校よりも多くの教師が生徒とかかわることができ，自分に足りない部分は他の教師が補ってくれます。私は7組を一人で育てたとは思っていません。学校教職員，特に学年職員と，アプローチの方法は違っても，同じ目標をもって生徒を育てることができて本当によかったと思います。

## 2　高校教師の仕事とその魅力

### 1　教育実践のなかで教師として成長する

①なぜ高校教師になったのか

　私は高校教師を33年間してきました。東京の大学を卒業し，地元の北海道に戻り，高校教師を始めたのは1985年春。校内暴力の真っ盛りでした。大学の学部は政治経済学部。高校教師になろうと決めたのは大学に入ってからの人生の模索のなかでした。未熟な自分を成長させながら人の役に立ちたい。青年期教師である高校教師なら，人生のこと，社会のことを生徒たちと語り，共に深く考えていくことができるのではないか。そんな気持ちで高校教師を選びました。

②過疎地の高校で

　しかし，赴任した北海道北部の過疎地の高校では，都市部の高校に入れずにやってきた生徒たちが激しく荒れていました。そんな生徒たちの姿を見て，「なぜ，この生徒たちは荒れるのだろう？」と考え，生徒たちと対話を続け，そのなかで授業やホームルーム（HR）づくりを行っていきました。

　激しい攻撃性の背後にある大人不信とまっすぐな思考。それに向き合う教材を準備し，授業を行うことを心がけていきました。すると，生徒たちは自分たちの本音を出し，授業や行事に参加するようになっていきました。

③故郷札幌の高校で

　2校10年間，そのような日々を過ごした後，故郷札幌の高校に赴任しました。そこで出会ったのは，中学校までいじめ被害にあい，休み時間はずっと一人で廊下に立ち，他の生徒とはかかわろうとしない生徒。がんばり続けて，突然，心が折れ，不登校になる生徒。そんな他者とのかかわりに不安や恐怖を抱き，自分に自信をもてずにいる生徒たちでした。

　そこで出会った生徒たちとも，その思いを丁寧に聴きとり，自分ができることは何かを考え，人間関係のコーディネートをしたり，その生徒たちが抱える問いに応える授業をつくったりしていきました。生徒たちの書いた文章は教科通信に載せ，授業時間に読み合っていきました。そのなかで，自分の抱えている辛さや問いが自分だけのものではなく，世代共通のものであること，同じ教室に同じ思いをもつ人，自分の思いを受け止めてくれる人がいることを知った生徒たちは，表現することを通して自己と他者への信頼を回復し，若者らしい挑戦をしていくように変わっていきました。

　やがて就職氷河期，貧困・格差問題が高校生の日常を覆うようになっていきました。不景気による求人減少，不十分な若者就労支援，高い学費による進学の断念等の様々な壁に苦しむ生徒たちと，その背景や変革の可能性を授業などのなかで考え，個別に進路支援をしていくことが増えていきました。特に東日本大震災後は，これからの日本社会の在り方，自分たちの生き方を問おうとする生徒が多数出てきて，社会の問題を真正面から考え合う授業をさらにたくさんつくっていきました。その過程で生徒たちから出てきた声から，被災地の高

校を訪ね，その学校の生徒と対話・交流し，全校生徒に視察報告するという取り組みも生まれていきました。

④対話的で創造的な職業

このように私自身の高校教師生活は，高校生と対話し，そのなかで教育活動（授業，HRづくり，生徒会活動等）を創造していく日々でした。どんな仕事にも創意工夫できる場面があると思いますが，縦組織のなかでの制約も多いと思います。昨今の社会状況の変化のなかで，教師の個々の取り組みも難しくなってきたと言われます。

しかし，それでも教師には目の前の子どもと直にかかわり，その声を聴き，どんな授業をつくるか時間をかけて自ら考え，準備して行うことができます。HRづくりも同僚などと相談しつつ，自分自身で構想して行っていく自由が存在しています。そのような創造的な性格をもつのが，教師という仕事なのです。33年間の高校教師生活を振り返るとき，私はそのことを強く感じますし，教師を志望するみなさんには，そのような対話的で創造的な職業である教師にぜひなってほしいと思います。

## 2　今・これからの教師の役割

以下，2つの生徒との物語を紹介していきたいと思います。この2つは今後，みなさんが教師になった時に出会う可能性のある事例だと思います。

①様々な発達援助職と共に高校生の発達を支援する

「もう，この子の面倒を見ることはできません！」

お母さんはそう叫んでいます。その母親は，虐待かと疑われるような方法で子育てをしてきていました。我が子が反発すると，夜遅くに家から追い出すようなことを繰り返して，何とか言うことを聞かせてきたのです。しかしとうとう，それでも子どもは言うことを聞かなくなってしまいました。そんななか，精神的な不安定さも抱えていた母親は，突然学校に電話をかけてきて，もうこの子の面倒は見られないと言ってきたのです。母親に学校に来てもらい，生徒，担任，教育相談担当の私との話し合いになりました。生徒はどうしていいかわ

からず，呆然としていました。若い HR 担任もどうしていいのかわからず固まってしまっていました。

　虐待，機能不全家族等の言葉がよく聞かれるようになりました。そんなとき，「問題のある親」「ダメな親」「学校ではどうしようもない」そう思いがちです。でも，教師がそう思っているだけでは，子どもは救われません。その親を支えること，親としての役割を果たしていけるようになってもらうことが必要なのです。私は，自治体の福祉課や子育て課に連絡し，この親子を支える方法を取ることを考えました。母親のことを「ダメな親」と見ずに，「困っている親と子」と捉え，母親を支えていこう。そのために何ができるのかを子どもをめぐる専門職同士で相談しよう，そう考えたのです。

　自治体の福祉課，子育て課，保健所（保健師），児童相談所，そして学校。1つの家族を支えるためにたくさんの大人が集まり，会議を開きました。お母さんを支える役割を，学校以外の職種の人たちが担おう。児童相談所は，子ども最優先の立場からこの家族にかかわろう。学校は子どもへの支援に力を注ぎ，気になることがあったら他の職種の人たちに連絡し，親の支援をしてもらおう。必要があれば集まり，会議で話し合おう。このようなことを会議では確認することができました。この会議が若い担任に与えた安心感はとても大きなものでした。もちろん，関係者が集まったからといって状況が劇的に変わるわけではありません。母親からまた同じ叫びの電話が学校に入ることもありました。しかし，孤立状態から脱し，自治体の専門職とつながりをもつことのできた母親は，その後，精神的な安定を手に入れることができ，その生徒も落ち着きを取り戻していきました。

　このようなケースに，私は高校教師として何件も出会い，たくさんの発達援助職の人々と連携することで，生徒の力になることができました。現代の家族関係の問題は，学校・教師だけでは解決が困難です。教師は，学校・教室を超えた連携・協働によって，子ども，そして教師自身の抱える困難を緩和していくことができるのだと思います。

　②特別な支援を必要とする生徒も主役になる授業づくり
　高校のなかには，学ぶ意欲をもたない・もてない生徒が多数いる学校，授業

がなかなか成り立たない学校もいくつもあります。そのような学校では退学や通信制高校への転校が多く見られます。いわゆる教育困難校では，疲弊する毎日のなかで，このような生徒たちが学校を去っていくことで重荷が軽くなったように思われてしまうことも，残念ながら現実としてあるのです。

　しかし，去っていったその生徒たちは，不安定な就労，貧困の世代間連鎖など，それ以降の人生でずっと困難を抱えていくことになってしまうので，私は何とか支えたいと，授業をつくってきました。

　私が授業を担当したあるクラスは，発達障害が疑われる生徒が3割近くいました。授業の初めの段階で教師が不明確な指示を出したりすると，たちまち教室は騒然とした状態になってしまう。そうなると何をしてもほとんど効果がない。そんなクラスでした。

　まず，生徒たちが視線を机に向けて落ち着きを取り戻すために，授業の最初は教科書やプリントを誰かに読んでもらいます。生徒たちは，高校入学までの授業では教室の片隅に置かれ，なかには邪魔だと別室に入れられていた者もいて授業で活躍する機会や，評価してもらう機会をなかなかもてていません。そこで，積極的に教科書やプリントを読んだ生徒は高く評価すると話しておくと，「はい！」「はいはい！」と自分が読むとアピールする生徒が何人も出てきます。すると，教室は騒乱状態が一挙に収束し，集中した雰囲気に一変します。たどたどしい読みでも「がんばったね」「ありがとう」と声をかけると，授業が苦痛であった生徒たちの顔に笑顔が見られるようになります。

　そして，落ち着いたところで授業内容に入っていきます。すると，多動傾向のある生徒たちも落ち着いて学習していきます。ところが，そこでまた一方的な授業をしていくと，生徒たちの集中力は途切れてしまい，教室は落ち着きのない状態に逆戻りしてしまいます。

　そのため今度は，生徒が自分の意見を言う場面をつくっていきます。たとえば，現代社会の政治単元の国会・選挙に関する授業では，模擬選挙に向けての授業の後半に，生徒もインターネットなどで知っているであろう，模擬選挙の選択基準にもなる「北朝鮮（朝鮮民主主義人民共和国）にどう対処すべきか」「消費税引き上げについてどう考えるか」を問う場面を設けました。社会的な

争点ですが，今まで出会った大人や教師は，この子たちがそんなことを真剣に考えるはずがないと思っていました。でも，そんなことはありません。生徒たちはがんばって国会・選挙について理解しようとし，そして，自分自身の生活感覚から発言を行っていきます。その発言を受け止め，高く評価していくと，生徒たちはさらに饒舌に発言していくようになります。

　ある生徒は「社会の授業は力入ってるから」と言い，自分の意見をしっかり発言しました。「北朝鮮の問題，思うのは，何で仲良くできないのかなっていうこと。けんか腰でやり合っていたって何も変わらないでしょ。そんな感じだから，防衛費がいっぱいかかる。本当はやってほしい奨学金とか，授業料値下げとか，私たち若者のためのことをあまりできなくなってる」。

　「うーん，鋭いこと言うなあ。さすが」。私がそう言うと，彼女は満面の笑顔です。自閉的傾向が強く，自分勝手な言動で他の教師たちにとってはかかわりたくない存在の彼女ですが，その彼女もしっかりと意見をもっているのです。でも，その意見を言う場を言う前から遮断されてしまってきたのです。

　大柄な体格で怖い存在として恐れられている男子生徒。彼もたっぷりと持論を展開してくれる生徒です。このクラスは勉強の苦手な生徒が多く，授業中に発言する経験などほとんどない生徒たちなので，まずプリントに意見をまとめてから発表してもらいます。彼はプリントにびっしりと意見を書いてきます。指名すると，「やっぱりアメリカって世界で一番強い国でしょ。そのアメリカの力を借りないと日本はやっていけないよ。だから，いろいろ意見があるみたいだけど，アメリカとの関係第一でやっていくべきです」。

　彼の意見を聞いた他の生徒は「えー！」と驚きの表情です。彼自身は意見を言って，評価されてうれしそうです。世間から見たらヤンキーの彼は，私の授業では優等生です。

　授業で教える内容は決まっているとか，教科書の内容を順番に教えていくのが授業だ，などと思って授業をしたら，生徒の心が授業から離れてしまい，私語や居眠りなど授業不成立という事態になってしまいます。そうではなくて，生徒の実態を丁寧に見つめて，授業を準備して行っていくと，生徒も教師も楽しい授業が生まれてくるのです。

## 3　進路選択を支える高校教師の役割

　高校生というこれからの人生の分かれ道の選択をする時期では，進路について誰もが悩み考えます。なかなか希望進路を決められない生徒もいます。考えることから逃げて，享楽的な方向に走る生徒もいます。

　でも，一人ひとり個別に話をしてみると，どうしたらいいか悩んでいるのです。自分の進路希望が現実味のないことだと言われてしまわないか。そもそも，どんな職業があるかわからない。自分の適性ってどうなんだろう。普段，きちんと話をしたことがない親と，進路や学費のことをどうやって話したらいいだろう。そのようなことをどんな生徒でも考えているのです。もちろん，まずはじっくりと話を聴くことが大切です。真剣に人に相談したことなどなかった，そういう高校生もたくさんいるからです。それと同時に重要になるのが，自己理解，職業理解，適性，人生イメージ，未来社会についての考察等をするキャリア教育です。キャリア教育には教科書がありません。また，学校によって生徒の進路にも違いがあります。ここでも，教師の生徒との対話と，そこから指導・支援を創り出していく創造性が重要になってくるのです。

　このように教師は，自ら生徒たちの生活・思いと丁寧に向き合い，聴きとり，かかわるなかでどのような授業，クラスづくりなどを行っていくかを考え，自分独自の教室をつくっていくことができます。そして，必要な文献を読み，同僚と対話し，研究会などに参加し学んでいくなかで，自らの教育実践の内容と方法を深め発展させ，創造していくことができるのが教師の仕事なのです。

　青年期の模索と成長，選択の力になることのできる，やりがいのある高校教師という職業に，あなたも就いてみませんか。私は，33年間の高校教師生活の充実した経験からみなさんにこの仕事をお薦めします。

**まとめ**

　第1節では中学校の教職，第2節では高等学校の教職の実態を見てきました。中等教育の教員免許は，教科別になっています。しかし，教科の授業を成立させるためには，教科内容の理解や指導力だけでなく，生徒が学習に向き合えるような包括的な支援を，学校全体として創り出していくことが求められることがわかります。

また，生徒が学習に向き合えるように支えるためには，生徒同士の人間関係などの学級の状況や，学校全体の状況だけでなく，生徒や親が置かれている社会的状況に対する，深い洞察力も求められています。

 さらに学びたい人のために

○ハリー・ウォン／ローズマリー・ウォン，稲垣みどり（訳）『世界最高の学級経営』東洋館出版社，2017年。
　学級経営に関することのみならず，授業づくりや，教師の道を究める方法など，教師として生きるうえでヒントになることがたくさん紹介されています。日本もアメリカも，教師や生徒にとって大切なことは同じであると感じられる一冊です。

○荻上チキ『いじめを生む教室——子どもを守るために知っておきたいデータと知識』PHP研究所，2018年。
　「日本では，休み時間中に教室内でいじめが起こるケースが最も多い」「抑圧的な態度をとる教師のいる教室ではいじめが多い」などの具体的な研究データをもとに，いじめを生む教室はどのような教室なのかを考え，本当に有効ないじめの対策は何なのかを議論する本です。

○青砥恭『ドキュメント高校中退——いま，貧困がうまれる場所』筑摩書房，2009年。
　初任者が最初に勤める高校は様々な課題を抱える生徒がいる学校になる可能性が高いのが現実です。教師になった時，自分の育ってきた環境，出会ってきた人と違う生徒たちと出逢い，驚き，戸惑うかもしれません。ぜひ，この本を読んで家庭環境で悩む高校生の実状と思いを知っておいてください。

○仁藤夢乃『難民高校生——絶望社会を生き抜く「私たち」のリアル』英治出版，2013年。
　「ヤンキー」「ギャル」といった，自分たちの不満や主張を目立つ形で表現をする高校生は今はあまりいなくなりました。「普通」に見える高校生が寂しさや悲しみを抱え，助けを求めています。そんな高校生の声をこの本を読んで知ってもらえればと思います。

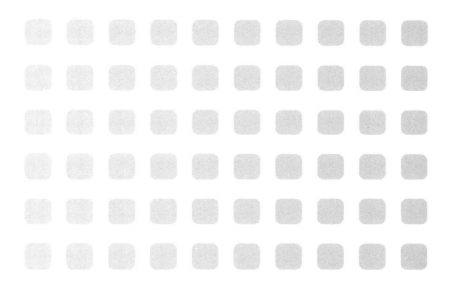

# 第II部　教職の特徴

# 第3章

# 日本の教職の特徴
――国際比較データを読み解く――

　　●　●　学びのポイント　●　●

- 他の職業との違いを通して，日本の教職の特徴を理解する。
- 国際比較を通して，日本の教職の特徴を理解する。

## WORK ピア・ティーチングに挑戦

　模擬授業の練習をかねて，大学教員の代わりにみなさんがテキストを読み込み，他の学生に授業をしてみましょう。

1．要点をつかむ
　この章は，8つの節で構成されています。各節のポイントを，自分で整理してみよう。

2．発表の担当箇所を決める
　小グループをつくり，グループごとに担当する節や箇所を決め，その箇所の重要なポイントを確認し合おう。
　黒板に何をどのように書きながら発表するとわかりやすいか，計画（板書計画）を立ててみよう。
　グループの人数が多い場合は，誰が授業者になるか，相談して代表の学生を決めよう。

3．本　番
　グループごとに，担当する箇所の内容を，教室全体に向けて発表しよう。1グループの発表時間は5分以内が目安です。

4．振り返り
　各グループの発表を聞き，発表内容がわかったかどうかや，発表方法の良かった点や改善点をシェアしよう。また今後，模擬授業や教育実習で授業するときに，何が大事かを議論しよう。

第3章　日本の教職の特徴

● 導　入 ●　●　●　●　●　●

　「教職とはどのような職業か，知っていますか？」と尋ねられたら，多くの人は「もちろん！」と答えるでしょう。誰もがみな，長い学校生活のなかで，多くの先生に出会っているからです。

　しかし，一般に知られている教師の姿は，子どもから見える姿，あるいは保護者から見える姿で，全体の一部にすぎません。教職は，みんなが知っているつもりになっているけれども，その実態があまり理解されていない職業の一つなのです。

　本章では，教職を他の職業と比較し，また他の国の教職と比較することを通して，日本の教職がどんな特徴をもっているのかを考えます。

　　　　　　　　　　　　　　　　　　　　　　●　●　●　●　●　●　●

## *1* 教員数

教職の特徴を，まずは教員数の観点から見てみましょう。

### 1　他職種との比較

　日本には，どれくらいの教員が働いているのでしょうか。「平成30年度学校基本調査」によれば，現在日本の「教員」（幼稚園から高校までの本務教員のみ）の総数は，117万9,409人に上ります[*1]。

　この職業人口の巨大さを理解するために，厚生労働省が「専門的・技術的職業従事者」と位置づける他の職種と比較してみましょう（図3-1）。日本の教職は，医師・歯科医師の約3倍，検察官や弁護士の約40倍の規模になっています。単一の職種として，これだけ大規模な職業は多くありません。

　しかも，同等規模の看護師や准看護師よりも，基礎免許（一種教員免許状）の取得に，高い学歴要件（学士課程の卒業）を求めてきました。高い就業資格を求めつつ，これほど大規模な専門職種は，他に類を見ないことがわかります。

---

＊1　文部科学省「平成30年度学校基本調査（確定値）」2018年。

第Ⅱ部　教職の特徴

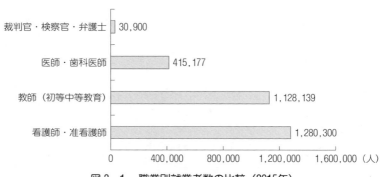

図3-1　職業別就業者数の比較（2015年）

出所：総務省統計局「平成27年国勢調査」 http://www.stat.go.jp/data/kokusei/2015/kekka.html より筆者作成。

さらに日本は長い間，高い就業資格を設定しつつも，これほどの大規模な労働人口を充足させることに成功してきました。世界を見渡せば，アメリカやイギリスのように，先生になりたい人が少なくて，慢性的な教員不足に悩まされている国も少なくありません。教員養成の改革論議には，類例を見ないほどの職業人口と，専門職集団としての質の両方を，どのように維持するのか，という視点が欠かせません。

## 2　設置主体別の比較

教員数を，勤務校の設置主体別に見てみましょう。上述の教員数の117万9,409人の内訳は，公立93万1,243人，国立6,129人，私立24万2,037人です。私立学校約24万人のほとんどは幼稚園と高校に集中しており，その内訳は，幼稚園が7万6,309人，幼保連携型認定こども園8万2,037人，高等学校6万2,292人となっています。逆に，私立小学校勤務は5,148人，私立中学校1万5,265人，私立中等教育学校686人，私立特別支援学校300人で合わせて2万人ほどにすぎません。

つまり，日本の義務教育は圧倒的に公立学校教員が担い，義務教育以外は私立学校教員が担っていることがわかります。

表3-1 児童生徒1,000人あたり教職員数（フルタイム換算，2003年）

| | 教育職員 | | 教育支援職員 | 学校経営・教育行政担当者 | | 学校保守管理担当者 | 教職員合計 |
| --- | --- | --- | --- | --- | --- | --- | --- |
| | 学級担任・その他の教員 | 担任補助・授業アシスタント | | 学校経営の管理職 | 教育行政担当者 | | |
| チェコ共和国 | 67.4 | 0.2 | 5.8 | 7.6 | 18.9 | 16.7 | 116.6 |
| フィンランド | 70.1 | 5.5 | 2.0 | 2.4 | 8.2 | 14.1 | 102.4 |
| フランス | 70.2 | m | 24.6 | 7.2 | 4.1 | 14.0 | 120.1 |
| イタリア | 93.6 | 3.3 | 6.2 | 1.7 | 11.1 | 23.4 | 139.2 |
| 日　本 | 60.2 | m | 5.3 | 5.4 | 4.9 | 6.3 | 82.0 |
| 韓　国 | 43.8 | a | 0.9 | 2.6 | 2.4 | 4.3 | 54.0 |
| アメリカ合衆国 | 64.5 | 13.0 | 8.9 | 3.8 | 10.4 | 22.8 | 123.5 |
| OECD各国平均 | 72.8 | 4.3 | 6.4 | 5.3 | 7.3 | 17.9 | 107.4 |

注：「m」はデータが得られなかったこと，「a」は分類が当てはまらないためデータが適用できないことを示す。
出所：OECD（2005）．*Education at a Glance 2005*．Table D2.3．http://www.oecd.org/education/skills-beyond-school/educationataglance2005-tables.htm より筆者作成。

### 3　国際比較

　教員数がこれほど多いなら，子どもに対して充分な教員が配置されていると言えるでしょうか。国際的に比較すれば，日本の子ども1人あたりの教員数は，国際平均よりもずっと少ないのです。少し古いデータですが，児童生徒1,000人あたりの初等中等教育の教職員数を見ると（表3-1），イタリアやフランス，アメリカの120人以上に比べ，日本や韓国は82人以下です。
　一方，学級規模を比較すると，日本は初等教育で27.3人，中等教育で32.3人です。OECD各国平均の21.3人，22.9人を大幅に上回っています（図3-4：p.64も参照）。日本の教員は，他国より少ない人数で，他国より多くの子どもを担当していることがわかります。

## 2　教員の性別：「教職」のイメージ

　どんな人々が教職についているのでしょうか。ここでは性別の観点から見てみましょう。みなさんは，「小学校の先生」「中学校の先生」「高校の先生」といわれて，どんな人の姿を思い浮かべますか。

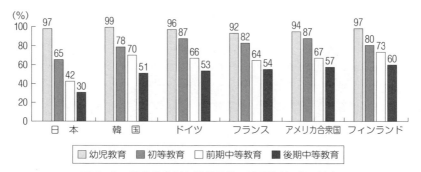

図3-2 学校段階別女性教員比の国際比較（2015年）
出所：OECD（2017）. *Education at a Glance 2017*. Table D5.2. https://www.hm.ee/sites/default/files/eag2017_eng.pdf より筆者作成。

　まず，図3-2を学校段階別に見ると，どの国でも共通して，学校段階が上がるにつれて，女性教員の割合が減っていくことが読み取れます。しかし，日本以外の多くの国では，幼稚園から高校までどの学校段階においても，女性教員が半数以上を占め，「学校の先生」といえば女性をイメージするのが一般的となっています。多くの国では19世紀初頭から「**教職の女性化**」が進行してきました。教職の女性化には，教職が男性よりも女性にふさわしい職業だという「教職イメージの女性化」と，教職に占める女性教師の割合が実際に増加する「教職人口の女性化」と，2つの局面があると言われています。

　次に，図3-2を，男性教員の割合の観点から見てみましょう。この調査では，セクシュアル・マイノリティ[2]の教員の数はわからないため，図の残りを男性教員と仮定すると，日本は中学校や高等学校の教員の半数以上を男性が占める，数少ない国と言えます。日本の教員に占める男性教員の割合は，2018年度で認定こども園5.3％，幼稚園6.5％，小学校で37.8％，中学校で56.7％，高校で67.9％です[3]。日本では，男性が教職についても「なぜ？」「もったいない」と言われない程度の社会的・経済的な地位が確保されていると解釈することができます。ただし，日本でも教職の女性化が進行しており，今後，給料や待遇が改善されなければ，教職につく男性はさらに減少することが予見されます。

---

\*2　セクシュアル・マイノリティについては，本書第12章参照。
\*3　文部科学省「平成30年度学校基本調査（確定値）」2018年。

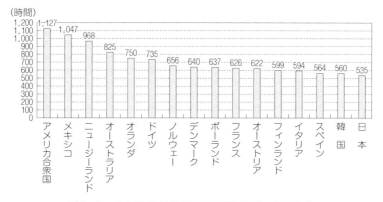

**図3-3 中学校教員の年間総授業時間数（2003年）**

出所：OECD（2005）．*Education at a Glance 2005*．Table D4.1. http://www.oecd.org/education/skills-beyond-school/educationataglance2005-tables.htm より筆者作成。

# 3 教員の勤務形態と社会的地位

　一口に教職と言いますが，教員に期待される仕事の内容や働き方は，各国で異なっています。図3-3は，各国で公的に定められた中学校教員の年間総授業時間を示しています。アメリカでは1,127時間，ニュージーランドでは968時間なのに対し，韓国は560時間，日本は535時間となっています。

　一見すると，アメリカやニュージーランドの教員の勤務時間のほうが，日本や韓国の教員よりずっと長いように見えますが，そうではありません。

　たとえば，アメリカの学校は9月に始まり6月に終わります。初等・前期中等教育の授業週は36週，授業日数は180日で，定められた総勤務時間数は初等教育1,353時間（前期中等教育1,371時間），そのうち1,139時間（1,127時間）が，「授業」に当てられています。年度の変わり目に約3か月の夏休みがありますが，教員の職務は授業なので，授業のない3か月は仕事がなく，給与も支給されません。実質9か月分しか年収を得られないことは，教職の社会的地位が低いことや，教職が女性職となっていること，教員のなり手がなく教員不足が深刻なことと深い関係をもつと指摘されています。

一方，日本の場合，初等・前期中等教育いずれも授業週数35週，授業日数は193日で，アメリカと大差ありません。しかし法定総労働時間は1,940時間で，アメリカより587時間も長いです。587時間は，主に夏休みや冬休み等の非授業期間を意味しています。日本の教員は，非授業期間も安定して雇用される代わりに，夏休み中もプール指導や部活指導，公務分掌や各種研修会など，授業以外の多様な職務を期待されています。

　つまり，日本や韓国では，教員は公務員として位置づけられ，安定した雇用や一定の社会的地位が保障されるかわりに，授業以外の職務も期待されてきました。一方，アメリカでは教員の職務が授業に限定されるかわりに，教職の社会的地位は相対的に見て低いまま放置されてきたのです。[*4]

## 4　給与：他職種との比較

　日本の公立学校教員の平均給与を見てみましょう。文部科学省の「学校教員統計調査」によれば，2016年9月の1か月分の平均給料月額（本俸のみ）は，幼稚園22万3,000円（平均年齢36.3歳），小学校33万6,000円（同43.4歳），中学校34万6,000円（同43.8歳），高等学校36万3,000円（同45.4歳），特別支援学校34万1,000円（同43.2歳）となっています。[*5]

　この給与水準を高いと見るか，低いと見るかについては議論が分かれます。日本では，1974年に人材確保法[*6]が制定され，第3条において「義務教育諸学校の教育職員の給与については，一般の公務員の給与水準に比較して必要な優遇措置が講じられなければならない」と，地方公務員よりも高い給与が約束されてきました。

　しかし，2005年の財政制度等審議会は，義務教育教職員の給与が一般行政職

---

\*4　佐久間亜紀『アメリカ教師教育史——教職の女性化と専門職化の相克』東京大学出版会，2017年。
\*5　文部科学省「平成28年度学校教員統計調査（確定値）」2018年　http://www.mext.go.jp/component/b_menu/other/__icsFiles/afieldfile/2018/03/28/1395303_03.pdf（2018年12月26日閲覧）。
\*6　正式名称は「学校教育の水準の維持向上のための義務教育諸学校の教育職員の人材確保に関する特別措置法」。

に比して11％も高く，優位性が高すぎると評価し，同年以降何度も教員給与水準を下げるよう提言しています。一方，文部科学省は，教員の平均年齢や学歴の高さ等を勘案すれば，教員の優位性は5％程度にすぎないと反論しています。しかもその優位性は，1979年の22.2％から4.5％程度まで低下しており，警察職の給与が一般行政職への優位性が下がらないように改善されてきたのと対照的に，人材確保法の定める優位性は確保されていないと指摘しているのです。[*7]

なお，教員給与の国際比較については，各国の物価，職務内容や労働条件，昇級体系や税制など，様々な要因が複雑に関連するため，単純な比較はあまり意味がありません。以下，具体的に，各国でどのように職務内容が異なるのかを見ていきましょう。

## 5 学級規模

各国の教員が担当する学級の規模を比較してみましょう。図3-4で初等教育段階を見ると，OECD加盟国の平均が21.3人，学級規模が小さいのはオーストリア18.3人，スウェーデン19.0人，ドイツ20.8人，アメリカ20.8人です。一方，学級規模が大きいのは日本27.3人，イギリス25.9人，韓国23.2人です。中等教育段階を見ると，イギリスは逆に非常に小さく19.6人，フィンランド19.7人なのに対し，日本はこちらも最大で32.3人です。日本の教員は，OECD加盟国でもっとも大きな学級を担当することを求められているのです。

なお，日本の2014年教育予算は国内総生産（GDP）比4.4％で，イギリス6.6％，デンマーク6.5％，韓国6.3％，アメリカ6.2％，OECD加盟国平均5.2％を大きく下回っています。[*8] 一方，学力については，同じOECDによる「生徒の学習到達度調査」（PISA）によれば，日本は読解力を除いて1位グループで，経年変化を見ても上位を維持しています。つまり日本は，限られた予算のなか，

---

\* 7 詳細は，小川正人「教員給与改革の課題と教員勤務実態調査の意義」国立大学法人東京大学『教員勤務実態調査（小・中学校）報告書』2007年，pp. 9-17参照。
\* 8 OECD (2017). *Education at a Glance 2017*. Table B2.1. https://www.hm.ee/sites/default/files/eag2017_eng.pdf（2018年12月26日閲覧）。

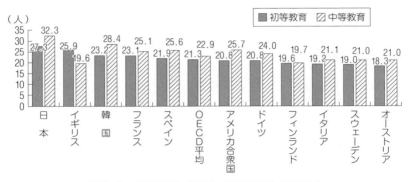

**図3-4 学級規模（平均）の国際比較（2016年）**

出所：OECD（2018）．*Education at a Glance 2018*．Table D2.1．https://www.oecd-ilibrary.org/education/education-at-a-glance-2018_eag-2018-en より筆者作成。

　国際平均より少ない教員に，国際平均より多くの児童生徒を受け持たせ，それでも学力テストでは高い成果をあげてきたと解釈することもできるのです。

# 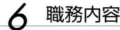 職務内容

## 1　職　務

　先に見た表3-1（p.59）は，国による教員の職務内容の違いも示しています。
　たとえば，アメリカの学校に勤める教職員123.5人のうち，学級担任は約半数の64.5人にすぎません。教員の職務は授業で，その他の職務は，職務ごとに分業されているからです。登下校の世話はスクールバスの運転手，学校保守はガードマン，ランチタイムは昼食担当者，進路指導はキャリア・カウンセラー，心の相談はサイコロジスト，家庭に問題を抱えた子どもの相談はソーシャルワーカーが，それぞれ担当しています。先生たちは，朝出勤すると自分の教室に行って授業をし，授業が終わればそこから帰宅します。アメリカの学校には事務室はありますが，職員室はありません。
　逆に，日本の学校では，教職員のほとんどが授業を行う教員です。教員の職務は授業だけでなく，いじめへの対応や悩み相談，給食指導，部活指導，学校

行事,放課後の児童の居場所づくり,登下校の安全パトロールから災害に備えた危機管理対策など,ありとあらゆることを期待されています。そして教員たちも自ら,放課後や部活など授業以外の場面でも,一人ひとりの子どもと深く関わり,信頼関係を築きながらその成長を支える教育方法をつくりだしてきました。その結果,「勉強は嫌いだけど,部活や体育祭が楽しい」といった子どもたちの居場所を,学校や社会のなかにつくりだしてきたのです。しかし,近年では教員に期待される職務が限りなく膨れあがり,教員が過労死するほど長時間労働を強いられている実態が明らかになり,対策が課題となっています。[*9]

## 2 分業制の功罪

　日本の学校も,アメリカのように分業すればよいでしょうか。アメリカの公立学校の実態を見れば,職務別の分業制にも,長所と短所があることがわかります。長所として,職務ごとの専門家が,教員より質の高い対応をしてくれる可能性がある点をあげられます。たとえば,サイコロジストが,親の離婚問題に直面した生徒だけを集めた心理ケア・プログラムを大規模高校で実施しており,親の離婚に苦しむ生徒たちが救われている,などの事例があります。

　しかし短所として,分業制では専門家同士の連携がうまく機能しない場合も少なくなく,一人の子どもを総合的にケアする結果になりにくいことがあげられます。たとえばアメリカでは,登下校のスクールバスのなかで,毎日いじめにあっている子どもがいるのに,その事実をバスの運転手しか知らず,校長や担任がいじめの深刻さに気づいていない,といった事態も珍しくありません。

　また,児童や生徒から見れば,困ったときに誰に相談していいかわからない状況になりがちです。「最近,親が職を失い,友達と同じゲーム機を買えず,仲間に入れなくなり,勉強する気もしなくなった」といった場合には,子どもは誰にどう相談したらよいかわからず,専門家が揃っているのに,結局何の支援も受けられなくなってしまうのです。

---

[*9] 教員の長時間労働等の課題への対策については,本書第8章参照。

第Ⅱ部　教職の特徴

# 7　学校文化と社会的背景

## 1　学校を取り巻く文化

　教員の職務が授業に限定されている状況は，各国の社会や文化の状況と，深く関わっています。

　たとえばアメリカ社会では，異なる民族や文化，宗教をもつ人々が共に暮らしているため，道徳教育や心のケアなどは一律の指導が難しく，基本的には保護者の責任で行われるものと考えられています。学校でいじめが起きたとしても，報道各社は「いじめっ子」の自宅へ押しかけ，その保護者が監督責任を問われるのが普通です。災害が起きれば人々は教会やモスクに集まりますし，子どもの心のケアを担うのは，それぞれの宗教施設とその指導者です。

　一方，日本では，いじめを苦にした子どもの自殺が起きれば，報道各社は学校に集まり，教育委員会や校長が責任を問われ，記者会見を開きます。また，子どもが万引きしたり補導されたりした場合，保護者よりも先に学校に連絡がくる場合も少なくありません。大規模な災害が起きた場合も，子どもの心のケアは，まず学校や教員に期待されます。

　日本の学校に分業制を導入したとしても，アメリカのように「教員の仕事は授業だけです」「それは私の仕事ではないので，カウンセラーに相談してください」という対応で，理解が得られる文化とは言えない点に注意が必要です。

## 2　雇用慣行

　さらに，日本の教員の働き方は，各国の雇用や労働に関する，社会的・経済的制度とも深くかかわっています。

　労働政策を研究する濱口桂一郎氏は，欧米と日本の雇用慣行の違いを，「ジョブ型」雇用と「メンバーシップ型」雇用と名づけて説明しています。[*10] 欧米社会では一般的に，職務（job）が明確に規定され，その職務に応じて職種別の

賃金（職能給）が決まる雇用契約になっています。経理を職務とする人は，経理として採用され，より高い能力を身につけてより高い賃金を得たい場合は，よりよい雇用条件を出す他の会社の経理の職へと，転出していきます。正規であれ非正規であれ，男性であれ女性であれ，同一労働であれば同一賃金，という原則が成り立つ前提がここにあります。

一方，日本社会では，ある会社の社員になるという契約，つまり「メンバーシップ」を得る雇用契約が一般的です。いったん正社員となればどんな部署の職務でもこなさなければならないし，転勤も拒否できません。部署全体の業務をメンバー全員で担うため「それは私の仕事ではないのでやりません」と言える雰囲気はありません。つまり，職務の内容も場所も労働時間も限定しない労働契約を結ぶことが，日本で正社員になるということとされてきたのです。

そのかわり正社員に対しては，新卒で一括採用した後，勤務年数と共に賃金が上がる定期昇給制度や，社宅などの福利厚生，簡単には解雇できない雇用体系が整備され，会社に尽くしたメンバーは会社が守るという制度が発展してきたのです。一方，正社員と非正規社員，男性と女性とで異なる賃金体系が是認されてきました。

日米の教職を比較すれば，教員の職務が限定されない日本の学校教員の働き方は，メンバーシップ型の雇用慣行を前提にしていることがわかります。

## *8* 教職の専門性

### 1 スペシャリストとジェネラリスト

教員の職務の違いは，各国で教職がどのような職業と位置づけられ，その専門性がどう捉えられているかにも，深くかかわっています。

学校の仕事を，職務別に分業して担う制度は，「スペシャリスト」としての専門性，つまり担当領域を狭く限定するかわりに，深い知識や高い技術をもつ

---

＊10　濱口桂一郎『若者と労働——「入社」の仕組みから解きほぐす』中央公論新社，2013年。

専門性を前提にしています。日本でも，大学教員や高校教員には，まずは担当科目の専門性が期待されますが，アメリカでは幼稚園や小学校教員も担当学年固定制です。ひとたび小学校4年の先生になれば，基本的に退職するまで毎年4年生だけを教えます。

一方，日本の教員，特に幼稚園や小学校の教員には，「ジェネラリスト」としての専門性が期待されています。細分化・特化した専門性とは違って，小学校1年から6年生までの子どもの長期的な育ちを視野に入れながら，教科の枠に縛られない子どもの学習や支援のニーズに幅広く対応するような，総合的・統合的な専門性が期待されているのです。

科学的な研究の世界は，細分化・特化によって進展してきたため，スペシャリストとしての専門性が自明視されていましたが，近年になって臨床の現場では，ジェネラリストとしての専門性の意義が再評価されています。たとえば医療の領域でも，最先端医療を行う臓器別・疾患別の専門医が「臓器はみるが患者をみない」と批判され，かわりに「家庭医」の専門性が見直されています。これは，どんな患者でもまずは受け入れて的確な診断を下すことができ，必要があれば高度医療を担う病院に紹介しつつ，予防からリハビリまで常に身近にいて，患者の健康や回復をトータルに支えてくれる医師のことです。

## 2　プロフェッションの国際比較

一方，知識や技術の専門性に加え，高い倫理性や責任を求められる「プロフェッション」としての専門性も，教職には求められています[*11]。近年では，プロフェッションとしての専門性がどう捉えられ，どう支えられているかも，国や地域によって大きく異なることが明らかにされてきました。

OECDの「国際教員指導環境調査（TALIS 2013）」は，教職に求められているプロフェッションとしての専門性の要素として，「授業に必要な知識」「教員が自己決定できる自律性」「教員同士で情報を交換し支え合うネットワーク」

---

*11　教師の専門性については，本書第9章参照。

第 3 章　日本の教職の特徴

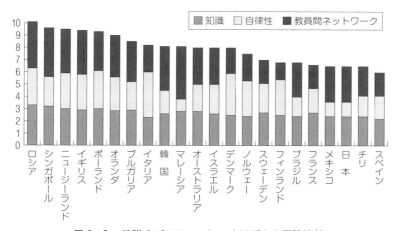

図 3-5　教職のプロフェッショナリズムの国際比較

出所：OECD（2016）. *Teaching in Focus 14.* https://read.oecd-ilibrary.org/education/teacher-professionalism_5jm3xgskpc40-en#page2 より筆者作成。

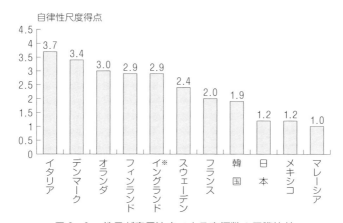

図 3-6　教員が意思決定できる事柄数の国際比較

※：イングランドは，イギリス（グレートブリテン及び北アイルランド連合王国）を構成する 4 つの国（イングランド・ウェールズ・スコットランド・北アイルランド）の 1 つを指す。

出所：OECD（2016）. *Supporting Teacher Professionalism : Insights from TALIS 2013.* Paris: OECD Publishing. Figure2.6. http://dx.doi.org/10.1787/9789264248601-en より筆者作成。

の3つに着目し，国や地域によってどの要素が重視されるかが異なると指摘しています（図3-5）。ヨーロッパでは，教員の自律性が重視されるのに対し，アジアでは教員間ネットワークが重視される傾向が見られます。

特に注目されるのは，日本の教員は，OECD加盟国中でもっとも少ない自律性しか与えられていない点です（図3-6）。教材選択やカリキュラム作成など教員が意思決定に参加できる事項が少なく，現場の実態に応じて意思決定する裁量の幅が，諸外国に比して非常に限られているのです。

まとめ

本章では，教職を他の職業と比較し，類例を見ないほど大規模で，なおかつ高い専門的資格を求められる専門職集団であることを見てきました。

また日本の教職を，他の国と比較し，教職の在り方が各国の文化や制度と深く結びついていることを見てきました。たとえば日本は，教員に安定的で魅力的な雇用を用意し，教員不足を防いでいました。また，教員の職務を授業に限定せず，子どもを総合的にケアする教育をつくりあげていました。しかし，それは皮肉にも，教員の仕事が増え続ける結果も招いていたのです。ところが，職務を授業に限定しても，そう簡単に問題が解決しないことも，国際比較から確認したところです。

これからの教職をどうすべきか，みなさんも広い視野で考えてみてください。

さらに学びたい人のために

○濱口桂一郎『若者と労働——「入社」の仕組みから解きほぐす』中央公論新社，2013年。

「日本の就職は，職につく就職ではなく，会社に入る就社だ」と言われるような働き方が，なぜ成立したのか。日本社会の労働の特徴が，わかりやすく整理されています。教職や教育だけでなく，社会全体に目を向けましょう。

○佐久間亜紀『アメリカ教師教育史——教職の女性化と専門職化の相克』東京大学出版会，2017年。

分厚い本ですが，アメリカではなぜ小学校教師の9割が女性になったのか，アメリカではなぜ教職が専門職にならなかったのかを調べた専門書です。ぜひ，手にとってみてください。

# 第4章

# 教師像の史的展開
―― 岐路にたつ教職 ――

・・・・ 学びのポイント ・・・・

- 求められる教職観が時代によって変化してきたことを理解する。
- 教職観の変化を踏まえ，これからの教師に求められる役割を理解する。
- 教師として，あるいは社会の一員として，自分はどんな社会を築きたいか，社会にどのように参画したいかを考える。

第Ⅱ部　教職の特徴

# WORK　これからの教師像を考える

1．教師としてどんな社会をつくりたい？
　本書コラム①「当たり前に順応するより，何を当たり前にしたいかを考える」（pp. 86-87）を読み，自分は教師として社会のなかでどのような役割を担いたいか，考えてみよう。

2．史料を読み解く
　3つの資料を読み比べ，求められてきた教師像の変化を読み取って，WORK 1. をもう一度考えてみよう。

> ### 小学校教員心得
> 　　　　　　　　　　　　　　　　　（明治14年6月18日文部省達第19号）
> 　小学校教員の良否は普通教育の弛張に関し，普通教育の弛張は国家の降盛に係る。其の任たる重かつ大なりと謂うべし。今その小学教員その人を得て普通教育の目的を達し，人々をして身を修め業に就かしむるにあらずんば，何に由てか尊王愛国の志気を振起し，風俗をして淳美ならしめ，民生をして富厚ならしめ，以て国家の安寧福祉を増進するを得んや。小学教員たる者，よく深く此意を体すべきなり。因ってその恪守実践すべき要款を左に掲示す。いやしくも小学教員の職に在る者，夙夜黽勉服膺（びんべんふくよう）して忽忘（こつぼう）すること勿れ。
> 　　　　　　　　　　　　　　　明治14年6月　文部卿　福岡孝弟
>
> 一　人を導きて善良ならしむるは，多識ならしむるに比すれば更に緊要なりとす。故に教員たる者は，殊に道徳の教育に力を用い，生徒をして，皇室に忠にして国家を愛し，父母に孝にして長上を敬し，朋友に信にして卑幼を慈し，及自己を重んずる等，凡て人倫の大道に通暁せしめ，且つ常に己が身を以て之が模範となり，生徒をして徳性に薫染し善行に感化せしめんことを務むべし。
> （後略）

> ### 教師の倫理綱領
> 　　　　　　　　　　　　　　　　　　　（日本教職員組合，1952年）
> (1)教師は日本社会の課題にこたえて青少年とともに生きる。／(2)教

72

師は教育の機会均等のためにたたかう。／(3)教師は平和を守る。／(4)教師は科学的真理に立って行動する。／(5)教師は教育の自由の侵害を許さない。／(6)教師は正しい政治を求める。／(7)教師は親たちとともに社会の頽廃とたたかい，新しい文化をつくる。／(8)教師は労働者である。／(9)教師は生活権を守る。／(10)教師は団結する。

## 教員の地位に関する勧告

(1966年ユネスコ特別政府間会議採択；佐久間亜紀訳)

Ⅲ　原則

3　教育は，学校教育が始まる最初期の学年から，人格の全人的な発達と，コミュニティの精神的，道徳的，社会的，文化的および経済的進歩，さらに人権と基本的自由に対する深い尊敬の念を，教える方向へと導かれるべきである。その方向は，教育が平和に貢献すること，またすべての国家間及び人種的又は宗教的集団間の理解，寛容及び友好に貢献することが，最も重視されるべきという価値の枠内で目指されるべきである。

4　教育の進歩は教員一般の資格と能力，そして一人一人の教員の人間的，教育的および技術的な資質に負うところが大きいと，認識されるべきである。

5　教員の地位は，教育の目的と目標に照らして査定される必要に，ふさわしいものとされるべきである。そして，教員にふさわしい地位や，教職に対する人々の正当なまなざしが，教育の目的と目標を完全に実現するために非常に重要であることが認識されるべきである。

6　教職は，専門職とみなされるべきである。教職は，公共事業の一形態であり，教員には，厳しい不断の研究によって獲得され維持される卓越した知識や専門的技術が求められる。さらに受け持ちの児童生徒の教育と福祉に対して，教員個人の責任感と，教員集団としての責任感をもつことが求められる。

7　教員の養成及び雇用のすべての面において，人種，皮膚の色，性別，宗教，政治的意見，出身国や社会的出自，または経済的事情を理由とする，いかなる形態の差別もおこなわれてはならない。

8　教員の労働条件は，効果的な学習を最大限に促進し，教員が専門的職務に専念できるようなものとすべきである。

9　教員団体は，教育の発展に大いに貢献しうる影響力をもち，したがって教育政策の策定にかかわるべき団体として認められるべきである。

第Ⅱ部　教職の特徴

● 導　入 ● ● ● ● ● ● ●

　みなさんは，優れた教師とはどのような先生のことだと思いますか。また，「教師は，こうでなければならない！」と，教師や教師になろうとする人に求めたいことはありますか？

　実は，同じ日本でも，教師に何が求められるか，教職をどのような職業と捉えるかは，時代によって大きく変化してきました。そして，いまも，教師とはどうあるべきかについて，盛んに議論され，その考え方が変わろうとしています。

　これからの時代にふさわしい教師とは，いったいどのような先生のことでしょうか。みなさんは，どのような先生になることを目指しますか。今までの変化を踏まえたうえで，考えてみましょう。

● ● ● ● ● ● ●

# 1　近代以前の教師像

　教職が確固たる一つの職業として位置づけられたのは，明治になってからのことです。明治以前の時代は，神官や僧侶などの聖職者が，人々に何かを伝え教える仕事を担っていました。儒教や仏教の影響のもとで，何らかの知識や技能を教えることは，生徒の人格を形成することだと考えられていたのです。

　江戸時代になると，藩校では武士階層の学者が教師をつとめていましたが，民間の**私塾**や**寺子屋**では，中下層の武士や僧侶，神官，学識ある富農など，人々から尊敬されている人が**師匠**の役を果たすようになりました。江戸や大坂など都市部の寺子屋では，平民出身の者や女性も師匠になっていました。

　彼らの多くはすでに，僧侶など尊敬される職業についており，金銭的報酬を得るために教えるというよりは，義理人情を重んじる人間関係のなかで，教え子との師弟関係を築いていました。金銭的報酬を得るために教えるのはよくないという考えの歴史的起源は，江戸時代にまでさかのぼれるようです。

## 2 聖職者（missionary）としての教師像

　教師像が大きく変わるきっかけになったのが，1872（明治5）年です。この年に「**学制**」が公布され，**近代学校制度**が発足しました。前年には廃藩置県が行われ，それまでの幕藩体制から打って変わり，近代的な統一国家体制の構築が目指されたのです。

　学制序文は，それまでの封建的な教育を批判して，個人主義や実学主義に基づいて，すべての人に基礎的な教育を与え，民衆が自発的に参加するように促すものでした。しかし，明治10年代になると教育の欧米化が批判され，教育政策には，儒教主義的な考えが色濃く反映されるようになります。1880（明治13）年の**改正教育令**[*1]をもとに，1881（明治14）年には「**小学校教員心得**」が定められ，「教員の良否は国家の隆盛にとって非常に重要である」とされました。そして，教員の仕事は，生徒に知識を教えることよりも道徳を教えることとされ，そのためにまずは教員が身をもってその姿を生徒に示すべきと定められました。ただし，ここで教えるべきとされた道徳は，皇室に忠実に仕え国家を愛するなど，近代国家体制のために国が定めた道徳の内容でした（本章冒頭のWORK資料参照）。そして，教師の思想の自由や，自由民権運動などの政治活動は厳しく制限されるようになりました。

　また，近代学校制度を普及し，国が必要とする教員を養成するために，1872（明治5）年に**師範学校**が設立されました。師範学校は，現在の国立教員養成系大学・学部の歴史的起源にあたりますが，当時は中等教育レベルで，卒業しても基本的に大学には進学できませんでした。

　初代文部大臣**森有礼**（ありのり）は，1886（明治19）年**師範学校令**を定めその第1条で師範学校の生徒に「**順良信愛威重の気質を備えさせる**」ことを目標にしました。

---

＊1　この改正教育令は，第二次教育令とも言われる。1872年に制定された学制は，地方の実情に即さないと批判され，1879年に第一次教育令（別名：自由教育令）が公布された。しかし，地方の自由を認めすぎたことが批判され，翌1880年に改正され，さらに1885年には第三次教育令に再度改正された。

森自身は演説のなかで「従順」「友情」「威儀」という語を用いており，「従順」とは文部省及び校長の命令に従順であること，「友情」とは上下関係のなかで職務を共同で遂行すること，「威儀」とは生徒に威厳をもって接すること，と説明しています[*2]。この「三気質」を養成するために，師範学校には**寄宿舎制**が導入され，寮には軍人が配置され，**兵式体操**や野外演習など，自己規律を鍛える軍隊式教育が徹底されていくことになりました。

森は，演説のなかで以下のように教員のあるべき姿を説いています。

「師範生徒たる者は，自分の利益を謀るは十の二三にして，その七八は国家必要の目的を達する道具，即ち**国家の為の犠牲**となるの決心を要す[*3]」

（師範学校の生徒たる者は，自分の利益を考えるのは10のうち2・3割にし，7・8割は国家が必要とする目的を達する道具，つまり国家のために犠牲になる決心をしなければならない）

「今後の教員たる者は**教育の僧侶**というべきものにして，一心不乱に教育を本尊として従事せざるべからず[*4]」

（今後の教員たる者は，教育の僧侶というべき者であり，一心不乱に教育に従事しなければならない）

「師範学校卒業生にして教員に任ずる者は，人物学力共に優等にしてその職あるや生涯**教育の奴隷**となりて尽力せざるべからざる至難の重任を負う[*5]」

（師範学校の卒業生で教員になる者は，人物も学力も共に優れているために教職につくのだから，生涯ずっと教育の奴隷となって尽力しなければならないという難しく重い責任を負っている）

---

*2　森有礼「埼玉県尋常師範學校における演説」大久保利謙（編）『森有礼全集（第1巻）』宣文堂書店，1972年，p. 481。
*3　森有礼「富山県尋常師範学校において郡長及び常置委員に対する演説」前掲書，p. 563。
*4　森有礼「和歌山県尋常師範学校において郡医長常置委員及び学校長に対する演説」前掲書，p. 580。
*5　森有礼「兵庫県会議事堂において郡区長県会常置委員及び学校教員に対する演説」前掲書，p. 584。

欧米やロシアの教育視察を行い，キリスト教の教義にも深い知識をもっていた森の真意がどこにあったかについては諸説あります。しかし，いずれにせよ森は，帝国主義が席巻する世界情勢のなかで日本を維持発展させるために，国をあげて「帝国臣民」を育てる必要を痛感し，師範学校を「帝国を守る」拠点として構想していたのです。

　森の死後，1890（明治23）年には**大日本帝国憲法**が施行されるとともに，天皇の言葉として「**教育勅語**」が発布されました。この「一旦緩急あれば義勇公に奉じ，以て天壌無窮の皇運を扶翼すべし（もしも危急の事態になったら，勇気をもって公のために奉仕し，永遠に続く皇室の運命を助け守りなさい）」という天皇の言葉を，帝国臣民に伝えることが教育の根本理念となったのです。実際に，多くの子どもたちが戦争に行くことを奨励され，戦場で命を落としました。

　そして，国家のために自己を犠牲にして天皇の教えを臣民に伝える**聖職者としての教師像**が，日本における教師像の基礎を形成していきました。教員には，清く正しく生きる人格者としての職業倫理が期待され，人々からも一定の尊敬を得ていました。その一方で給与や待遇は悪く，**待遇官吏**の位置づけでした。つまり，かたちのうえでは官吏でありながら，俸給は国から支給されず実質上は市町村雇用であり，経済的に苦しい生活を送ることを余儀なくされていました。それでも，聖職者たる教員が，金銭的報酬を求めるなどはふさわしくないとされていたのです。

## 3 労働者（worker）としての教師像

　1945年の敗戦を経て，1946年には「**日本国憲法**」が公布され，民主主義による国家再建が目指されるようになりました。国会では教育勅語を排除し否定することが決議されるとともに，師範学校は廃止され，師範学校令が掲げた教師像も否定されたのです。教員養成は大学において，つまり高等教育レベルの学識と，学問や思想の自由を前提に行われるように改革されました。

　また，労働運動が合法化されると，教員たちは劣悪だった給与や待遇の改善や教育の民主化を求めて，1947年に**日本教職員組合（日教組）**を結成しました。

そして，1951年には「**教師の倫理綱領**」を採択して「教師は労働者である」「教師は生活権を守る」「教師は団結する」など10項目を掲げました（本章冒頭のWORK資料参照）。労働者としての教師像が，明確に掲げられたのです。

これは，国家に忠実な官吏として清貧に甘んずることを求められた，戦前の教師像へのアンチテーゼとしての側面をもっていました。そして，1950～60年代には，教員の超過勤務手当を求める訴訟を次々と起こして勝訴し，給与や待遇の改善に貢献したり，教員の勤務評定や全国統一学力テストに反対してストライキを決行し，実施を中止させたりしていきました。

また，1951年には第1回**教育研究全国集会**を開催し，教員による自主的な教育研究や研修活動を組織するようになりました。各学校や地域ごとに，様々なサークルや研究会が立ち上がり，多様なカリキュラムや教育方法が試みられ成果を上げました。この教育研究活動には，大正自由教育運動以降に継承されていた，教師自身が教育研究を推進する「研究者としての教師像」も，見出すことができます。

しかし，教師の倫理綱領にうたわれた「教師は労働者である」という主張は，当時の労働運動全体を支えていたマルクス主義と密接に結びついており，思想的に異なる人々からは強い批判を浴びました。また，教師を一般の労働者とまったく同じとしてよいかについては，組合の内側からも疑問の声があがっていました。たとえば，教員がストライキを続ければ，子どもが授業を受けられなくなってしまいます。教師の労働基本権は尊重されるべきですが，一方で子どもの学習権も守られなければなりません。教員組合運動のなかで，労働運動に力点を置くか，教育運動に力点を置くかは，その後も大きな争点となっています。

## *4* 技術的熟達者（technical expert）としての教師像

朝鮮戦争（1950～53年）を経てアメリカとソビエト連邦の冷戦体制が激化すると，日本国内では世界情勢に対応するために「**逆コース**」と呼ばれる一連の政策が進められました。たとえば教育の領域では，文部省（当時）を中心とす

る中央集権的な教育体制を再構築するための政策が、様々に打ち出されました。1956年には、「地方教育行政の組織及び運営に関する法律（地教行法）」が公布され、教育が政治に影響されないようにつくられた**教育委員会法**が廃止されました。これによって教育長が任命承認制になり、文部省→都道府県教育委員会→市区町村教育委員会という教育行政の上下関係が確立されたのです。

また、1958年には、それまで「**試案**」として示されていた学習指導要領が法的基準性と拘束性をもつものへと改訂されました。教育内容に対する国の拘束力が高められるとともに、学習指導要領をどう理解しどう教えるべきかについて、様々な研修が開始されるようになりました。

この官製の教員研修を担う大学も、改革の対象となりました。1970年代には**新構想三大学**（上越教育大・兵庫教育大・鳴門教育大）として教員の再教育を主目的とする大学（今日の大学院大学）が新設されました。さらに、全国の国立教員養成系大学・学部には教育工学センターが設置され、有効な教育方法に関する研究の拠点とされました。

この背景には、1960年代から70年代にかけての科学技術の発達と、それに基づく**教育の科学化運動**がありました。大学の研究者が授業の科学的研究を推進し、どんな教師でもうまくいく新しい教育技術や教育内容の開発が目指されたのです。

これらの研究は、一定の成果を上げました。しかしその一方で、当時教員に期待されていたのは、文部省が定めた学習指導要領の範囲内で大学の研究者が開発した教育内容や方法を、いかにうまく授業に適用するか、いわばハウツーだけの研究に限定されていたのです。教職の専門性は、中央集権的な教育行政制度の枠から逸脱しない範囲に限定されており、「**技術的熟達者**」としての教師像が追究されていたと言えるでしょう。

実は、教育内容や技術を大学の研究者が科学的に開発し、パッケージ化して、学校現場に広く普及させようとするモデルは、当時の西欧諸国にも共通していました。このモデルは、「パイプとしての教師像」を前提としている、と批判されることになりました。教員たちは、まるでパイプのように、上（国や大学）から流れてくるものを、いかに漏れなく下（子ども）に伝えるかを期待されて

いるにすぎない，という批判です。

# 5 専門家（profession）としての教師像

　したがって1960年代には，「技術的熟達者としての教師像」や「パイプとしての教師像」とは異なり，教職を専門職として定義し，専門職としての自由や自律性，職業倫理を確立していこうという流れが世界に広まりました。

　その象徴となるのが，1966年に国際労働機関（ILO）と国連教育科学文化機関（UNESCO）が協力して打ち出した「**教員の地位に関する勧告**（Recommendation concerning the Status of Teachers）」です（本章冒頭の WORK 資料参照）。この勧告は，日本も含め76か国の代表が参加したユネスコ特別政府間会議で採択され，「**教職は，専門職とみなされるべきである**」と宣言したのです。

　この勧告は，教育を受ける権利が**基本的人権**であること，したがってすべての子どもに最大限の教育の機会が与えられるべきこと，そのためには教員が重要な役割を果たすので，教員が適切な地位を享受できるよう国が責任をもつべきこと，これらすべてが公共の利益にとって重要な事業であること，を勧告しています。だからこそ「教職は，専門職とみなされるべきである」というのです。つまり，教員の地位が守られるべきなのは，教員だけのためというよりは，まずもってすべての子どもの教育を受ける権利を守るためであり，それが社会全体のためであるからです。

　したがって教員には，卓越した知識や技術をもつよう不断の努力をすることや，受け持ちの子どもに責任をもって関わることなど，専門職にふさわしい高い知識や職業倫理を求めています。そして，教員が団体をつくって相互に研鑽し協働して責務を果たすとともに，教育政策の策定にも参画して現場の声を政策に反映させるべきだとしています。

　ただし，教員に責任感を求めると同時に，教員の権利も正当に守られるべきとして，具体的に多くの権利が列挙されていることに注意が必要です。たとえば原則が書かれた章では，「8　教員の労働条件は，効果的な学習を最大限に促進し，教員が専門的職務に専念できるようなものとすべきである」と，教員

でなければできない職務に教員が専念できるよう，労働条件が整えられ守られるべきことが書かれています。また，教員の権利が列挙された章では，「80 教員は，市民が一般に享受している市民としてのすべての権利を行使する自由を有し，また，公職につく資格を有するべきである」と，教員であるからという理由で一般市民がもつ権利を奪ってはならないとされています。つまり教員に高い職業倫理や責務を求めるのなら，教員が専門職としての職務に専念できるよう，その権利が守られなければならないというのです。

専門家としての教師像が世界的に共有された背景には，欧米を中心として進んだ教職研究がありました。1960年代以降，教師は教室で実際にどのように専門性を発揮しているのかに関する研究が進められました。そして，1980年代以降は，教師の知識基盤を明らかにする研究や，教師の実践的思考や判断の様式についての研究が進展したのです。

日本でも，**中央教育審議会**が2002年に「大学院における**高度専門職業人**養成について（答申）」を出し，2008年に教職大学院が設立されました。そして2012年「教職生活の全体を通じた教員の資質能力の総合的な向上方策について（答申）」では，「教員を高度専門職業人として明確に位置付ける」ことが宣言されました。文部科学省は，その後の教育政策でも，基本的に高度専門職業人としての位置づけは変わっていないとしています。

ただし，その後に発表されたいくつかの答申を見ると，「高度専門職業人」の専門性は，あくまでも中央集権的な教育行政制度の枠内に限定されたもので，ユネスコが勧告したような専門家としての教師像よりも，技術的熟達者としての教師像のほうが前提とされているように，私には読み取れます。みなさんも，文部科学省のホームページで最新の中央教育審議会答申を読み，文部科学省が求めている「高度専門職業人」とはどのような教師像かを検討してみてください。ユネスコが勧告したような，専門家として教員個人の意見をもち，教員団体を結成して政策形成に参画していくことが期待されている専門家像と，同じでしょうか。違うでしょうか。

# 6 公僕（public servant）としての教師像

　さらに，日本では2000年以降，教職が専門職であることを正面から否定し，公務員であることを強調した「公僕としての教師像」も，再興しています。

　2007年には，「君が代伴奏拒否訴訟」の最高裁判決が言い渡され，論議の的となりました。ある公立小学校の音楽専科の教諭が，入学式の国歌斉唱の際に「君が代」のピアノ伴奏をするよう事前に校長から職務命令を受けたのです。しかしこの先生は，命令には従えないと校長に伝え，式典では録音による伴奏で国家斉唱が行われました。その結果，この先生は東京都教育委員会から戒告処分を受けたため，この職務命令が憲法第19条（思想・良心の自由）に違反するとして，処分取り消しを求めて提訴したのです。

　この先生は，「君が代」が過去の日本のアジア侵略と結びついていると考えたため，これを自分が歌ったり伴奏したりすることはできなかった，ましてや「君が代」がアジア侵略に果たした役割を子どもが学んだり考えたりする機会をつくらないまま強制的に歌わせるのは，自分の良心に反するためにどうしてもできなかった，と主張しました。

　最高裁は，この先生の考えが歴史観や社会生活上の信念にあたることは認めたものの，公立小学校の教諭は職務上の命令には従わなければならない立場にあるとして，処分取り消しは認めませんでした。「教員である以上，思想・良心の自由の制約はやむを得ず，受忍せざるを得ない」という判断が下されたのです。[*6]

　また，橋下徹大阪府知事（当時）が，2011年5月18日に下記のようにツイートした内容は，まさしく公僕としての教師像を前提としていることが読み取れます。

---

＊6　この最高裁判決については，法学研究者から疑問の声が上がっている。「『君が代』ピアノ伴奏拒否訴訟・最高裁判決に対する法学研究者声明」2007年3月22日　http://www.jca.apc.org/~kenpoweb/070322kimigayo_statement.html（2019年1月1日閲覧）。

第4章　教師像の史的展開

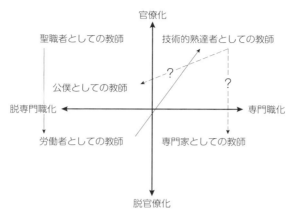

図4-1　教師像の変遷
出所：筆者作成。

「公立の教員は，公務員組織の一員。組織の一員だ。職務命令に従うのは当たり前。そして公の組織の職務命令は民意を受けた命令だ。その命令に意図的に反するということは単なる組織への反抗ではなく，民意への挑戦だ。教員は，教育委員会の決定に対して意見するコメンテーターや有識者とは異なる。」（2011年5月18日11：26）[7]。

# 7　岐路にたつ教師像：専門職化か脱専門職化か

以上のように，求められる教師像は時代ごとに変化してきたのです。以上の変化を，教職の官僚化の度合いを縦軸，教職の専門職化の度合いを横軸としてまとめれば，図4-1のように図式化できます。

時代ごとに，もっとも強く求められる教師像は変化してきましたが，過去の教師像が消滅したわけではありません。いずれの教師像も，現代日本に併存していると言えます。たとえば，「教員がお金のために仕事をするなどおかしい」という考えの一方で，「教員だからブラックな職場で耐えろ，と言うのはおか

---

＊7　橋下徹氏の公式ツイッター　https://twitter.com/hashimoto_lo/status/70918106092027904（2019年1月1日閲覧）。

しい」という考えが聞かれます。あるいは,「教員は教えるプロなんだ」という考えや,「公務員として上司の命令に従うべきだ」という考えも,いずれもみなさん自身が耳にしたことがあるでしょう。

ただし今,世界中で,強く求められる教師像には大きな変化が生じつつあるのも事実です。アンディ・ハーグリーブズ（Andy Hargreaves）という研究者は,現代を「**専門職 VS 脱専門職の時代**」と表現しました。世界各国で,教職を子どもの学習権を守るための専門家として位置づけようとする動きと,教職を命令に従順な労働者（あるいは使い捨ての労働者）にしていこうとする動きが,せめぎ合っているというのです。日本でも,教職が高度専門職業人だと位置づけられる一方で（専門職化の動き）,教員は教育行政を支える公務員として,自分個人の意見や考えよりも職務命令を尊重するべきだという考えが強く聞かれるようになっている（脱専門職化の動き）のは,すでに検討してきた通りです。

社会人の一人として,みなさん自身は,どのような役割を教員に求めていくべきだと思いますか。ぜひ,自分の考えを深めてみてください。

 **まとめ**

　本章では,時代ごとにどのような教師像が求められてきたのかを検討しました。戦前に強く求められていた聖職者としての教師像が,戦後になると一転し,労働者としての教師像が強調されました。そして1960年代以降には,技術的熟達者としての教師像が求められるようになり,その一方で高い職業倫理と職業集団をもつ専門家としての教師像が目指されました。日本でも,2000年代以降,「高度専門職業人」として教員を位置づける政策が進んでいますが,同時に,公務員としての責務を強調する公僕としての教師像も,強い影響力をもつようになっています。教職が岐路にたつ今,私たち一人ひとりが,受け身ではなく,教職をどのような職業として社会に位置づけるのかを考える必要があります。

---

＊8　アンディ・ハーグリーブズ「教職の専門性と教員研修の四類型」ヒュー・ローダーほか（編著）,苅谷剛彦ほか（編訳）『グローバル化・社会変動と教育2——文化と不平等の教育社会学』東京大学出版会,2012年,pp. 191-218。

さらに学びたい人のために

○アンディ・ハーグリーブズ（佐久間亜紀訳）「教職の専門性と教員研修の四類型」ヒュー・ローダーほか（編著），苅谷剛彦ほか（編訳）『グローバル化・社会変動と教育2——文化と不平等の教育社会学』東京大学出版会，2012年，pp. 191—218。

　　教師像がどのようにせめぎ合いながら変化しているのか，欧米諸国の流れがわかりやすく整理されています。

○日本ユネスコ国内委員会「教員の地位に関する勧告（仮訳）」（http://www.mext.go.jp/unesco/009/1387153.htm）。

　　専門家としての教師像の全体像が読み取れる勧告書です。文部科学省ホームページに，「教員の地位に関する勧告（仮訳）」全文が翻訳されています。ただし（仮訳）と書いてあるだけあって，翻訳がわかりにくく，あまり正確な訳とは言えません。ぜひ，英語版（http://ur0.biz/OZyk）にも挑戦してみてください。

## コラム①
## 当たり前に順応するより，何を当たり前にしたいかを考える

　学校での私は「良い子」でした。時間とルールを守り，先生の言うことを聞き，空気を読み，人より多く練習し，迷惑をかけず，弱音を吐かない。そんな「良い子」として競争の舞台に乗り続けていれば，「標準」は勝ち取れるものだと信じていたのです。「標準」こそが「幸福」であるはずでした。内申点も，表彰状も，偏差値も，そのためのポイントでした。

　学校では同時に，誰もが等しく舞台に上がっていられるわけではないことが徹底的に叩き込まれました。ある日突然，不登校になった子がいました。人知れず転校していった子がいました。塾に行かせてもらえる子と，「我慢してね」と親に言われている子がいました。流行りの服を着ている子と年中同じ服の子，うまく話せる子と話せない子，家に親が2人いる子と1人しかいない子がいました。

　同じデザインの体操服を着て，一律に"前にならえ"をしたところで，私たちはいつだって平等ではないのです。教壇に立つ先生までもが支配されている「幸福」というモノサシに則って，年々狭くなっていくその舞台の上で同級生と押し合いへし合いをする。それが私の学校生活でした。

　そんな学校生活のなかで，いつも遅刻をしてくる友達に対してある学級会のときに，「自己責任だ」と言い放ったことをよく覚えています。勉強もできて口達者だった私は，学級委員長として，"みんな"を代表する気持ちで言ったのです。私だって毎日しんどくても学校に通い続けているんだから，と確信を強めて。言われた彼は，じっと黙り込んでいました。あの頃の私は，「幸福」に向かってまっしぐらでした。友達の背中を後ろから突き飛ばしたことにも，気づかないくらいに。

　そんな私も，大学受験に落ちたことで，いとも簡単に競争の舞台から滑落しました。家や学校にいられなくなった当時，一緒に過ごした女の子たちがいます。離婚をきっかけに心を病んだ母親と暴力を振るう兄から逃げ出した子，家に帰っても食事が出ない子，援助交際に依存する子。それぞれに理由を抱えて，居場所がないまま彷徨っていた私たちは自然と出会いました。私が一番仲良くなった子は，莫大な奨学金の返済を抱えていました。

　その彼女が妊娠したのは，出会って1年ほど経った頃でした。誰にも頼れないまま，これからどう生きていくのか。2人でない知恵を絞って，思いつくワードをパソコンで検索しました。シングルマザーでは今の世のなかをとても生きていけないと，真っ暗な部屋，パソコンの前で泣きました。今思うと，不十分なリサーチだったのかもしれません。それでも，それも含めた残酷で冷たい現実でした。

　診察室で麻酔のことや術後のことを

一緒に聞いて，私は1人待合室に戻りました。「産めないなら，気をつけなさい」と言った，先生の言葉が耳に残りました。シンとした待合室で，「産みたかったんだよ」と叫びたくなりました。「夫婦と子ども」という「標準」の生き方から外れると，政治や社会から見放されることを痛烈に感じました。それならば，そんな「標準」のために息絶え絶えになったあの日々はあながち間違っていなかったのかもしれません。

でも，と思いました。政治や社会ってそれでいいのか，と。競争がデフォルトで，罰ゲームから始まる人生＝自己責任を鵜呑みにし，蹴落とし合わなければ生き延びられない「社会」のままでいいのか。いつだって平等ではない私たちが，等しく豊かに暮らしていくために必要な装置としての「政治」ではないのか。シングルマザーが生きづらい社会や，奨学金を借りざるを得ない貧困の，どこに彼女の責任があるのか。彼女が当たり前のこととして抱え込んだその生きづらさを，「当たり前」にしてきたのは一体誰なのか。

そこでようやく，「標準」に目隠しされた「良い子」のままでは，彼女の味方ではいられないのだと気づきました。

あの学級会のとき，私は「私だって辛いのに」と思いながら，何が辛いのか言葉にすることを放棄しました。返す言葉をもたない彼について，何一つ想像力を巡らそうとしませんでした。クラスや社会の「当たり前」に順応しようと，冷や汗かいて他人を押し出して，自ら言葉と思考を手放してきたのは，ほかでもない私でした。大切な彼女を阻害した「社会」の抱える弱さを，私ももっていたのです。

「政治」は，日々の生活にグロテスクに溶け込んでいます。熾烈な競争に必死なとき，明日の食事が不安なとき，社会制度の欠陥について考えることは難しいでしょう。自分のことで精一杯な間は，他人の痛みに気づくことができません。でも，日々当たり前のように自分を殺して生きるその姿勢が，私たちの首を絞める「社会」を醸成していくのです。

「当たり前」に順応するのではなく，何を「当たり前」にしたいのか，常に思考し行動し続けること。どうやらそれだけが，未来を連れてきてくれるようです。

いつも遅刻してくる彼の物語に耳を傾けることのできる社会を。彼女が子どもと幸せに暮らしていける政治を。人と人が出会う場である学校では，どうか，弱い私たちが互いに手を取り合うための方法が学べればと思っています。教壇に立ったからといって，教師自身がそれまで感じてきた不平等や生きづらさから自由になることはありません。政治も社会も，教科書や新聞のなかに綺麗なかたちで存在するのではなく，たくさんの迷いと葛藤から生み出され続けるものです。その主体は政治家ではなく，この国に生きる一人ひとりです。

あなたは誰と，どんな未来をつくっていきたいのか。目の前の子どもたちに，問われています。

# 第5章

# 教員の服務

● ● ● 学びのポイント ● ● ●

- 教員の地方公務員としての「職務上の義務」とは何かを学ぶ。
- 教員の地方公務員としての「身分上の義務」とは何かを学ぶ。
- 懲戒処分と分限処分の違いは何か，それぞれどのような種類の処分が存在するのか理解する。

第Ⅱ部　教職の特徴

## WORK　これって体罰？

　熊本県天草市内の公立小学校に通う小学2年生だった男子児童（当時7歳）が同小学校教諭より体罰を受けたとして，同市を相手取り損害賠償を請求しました。裁判所（第1審）の認定事実によると，児童は当時，休み時間に，通りかかった女子数人を他の男子と共に蹴るという悪ふざけをしたうえ，これを注意して職員室に向かおうとした教諭のでん部付近を2回にわたって蹴って逃げ出しました。そこで教諭は，当該児童を追いかけて捕まえ，<u>児童の鎖骨付近の胸元の洋服を両手で摑んで壁に押し当て，児童がつま先立ちになる程度に上向きにつり上げ，大声で「もう，すんなよ」と怒なりました</u>。そして，児童から手を放したところ，その反動で階段の上に投げ出されるかたちになり，当該児童は階段の2段目に手をついて転ぶかたちになりました。
　果たしてこのような児童に対する指導は，体罰に該当するでしょうか？また，教育，指導の範疇として受容し得る範囲と言えるでしょうか？

① まずは個人で，付箋紙に，この教員の行動が体罰に該当するか，指導として適切と言えるか自分の意見とその理由を書き出してみましょう（10分）。

② グループに分かれて，それぞれの意見を出し合い，お互いの意見について話し合ってみましょう（20分）。

③ 各グループの結論を発表しましょう（発表時間1グループ5分）。

第 5 章　教員の服務

● 導　入 ●

　教職は，発達段階にある子どもとの直接的な人間関係を不可欠とする仕事であり，その成長を見守っていくことは，教員としての喜びでもあります。一方で，子どもたちを学校という場で預かることにはその責任も伴います。また，公立学校で働く教員は，地方公務員としての身分をもち，公務員としての義務をも果たさなければなりません。本章では，公立学校教員としての服務の各種について説明し，特に教員の義務をめぐる法律上の問題について説明します。

## 1　教員の設置者による適用法の違い

　教員は，学校の設置者の違いに基づき，それぞれ国立学校，公立学校，私立学校に所属しています。このうち，公立学校教員は，地方公務員と教育公務員の身分を併せもっています。このため，公立学校教員の服務については地方公務員法（以下，地公法）の適用を受け，また，教育公務員特例法（以下，教特法）により，採用や研修などにおいて特殊なルールが適用されています。

　一方，私立学校の教員は，設置者である学校法人の被用者となっていることから，その服務は学校法人が定める就業規則等によって定められ，また，その労働条件の決定には，労働組合法，労働契約法など民間労働者と同じルールが適用されています。

　また，国立学校教員は，2003年3月まで国立大学附属学校の教員として国家公務員の身分が与えられ，国家公務員法，及び教特法の適用を受けていました。しかし，2004年4月に国立大学法人法が施行されたことに伴い，国立大学は国ではなく国立大学法人が運営することとなりました。このため国立学校の教員は，各国立大学法人の被用者とされたことから，国家公務員身分から外れ，私立学校教員と同様に民間労働者と同様のルールが適用されています。それゆえ，現在，教育公務員とは公立学校の教員のみを指すものとなっています。

　文部科学省「学校基本調査（平成29年度）」によると，全教員のうち，公立学

校教員の占める割合は小学校で98.35％，中学校で93.28％，高等学校で73.33％となっており，公立学校教員が多数派を占めています。本章では主に，地公法の対象となっている公立学校教員の服務について説明します。

# 2 教員の服務と処分

## 1 服務の種類と根本基準

　公立学校教員の服務は，他の地方自治体の公務員と同様に，地公法によって定められており，同法において地方公務員はすべて「職員」と名づけられています。**服務**とは，公務員がその勤務を行うにあたっての責務や義務を表す言葉です。ここでいう「義務」とは，特定の行為をしなければならない義務（作為義務）だけでなく，特定の行為をしてはいけないという「不作為義務」も含まれています。「不作為義務」は，職員がある特定行為を行うことを制限したり，禁止するというかたちで義務づけられています。地公法に定められた職員の義務は，図5-1にあるように，「職務上の義務」と「身分上の義務」に大別されます。

　「**職務上の義務**」とは，職務遂行における義務及び職務遂行に際して守らなければならない義務で，具体的には「職務専念義務」（地公法第35条），「法令・命令遵守義務」（地公法第32条）がこれにあたります。

　「**身分上の義務**」とは，「職務外の義務」とも呼ばれるように，必ずしも職務遂行に伴うものではなく，公務員としての地位と身分に伴って生ずる義務を指しています。これには，「信用失墜行為の禁止」（地公法第33条），「秘密を守る義務」（地公法第34条），「政治的行為の制限」（地公法第36条），「争議行為等の禁止」（地公法第37条），「営利企業への従事等制限」（地公法第38条）などが該当します。以下，第3節において「職務上の義務」，第4節において「身分上の義務」について概説しますが，「争議行為等の禁止」については，教員の身分保障との関連が深いため本書第6章で説明します。

　ところで，これらの教員の地方公務員としての服務は，地公法第30条の「す

第 5 章　教員の服務

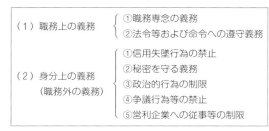

図 5-1　公務員の服務
出所：筆者作成。

べて職員は、全体の奉仕者として公共の利益のために勤務し、且つ、職務の遂行に当つては、全力を挙げてこれに専念しなければならない」という条文にその根本基準を有しています。これは、日本国憲法第15条第２項に示された「すべて公務員は、全体の奉仕者であつて、一部の奉仕者ではない」という条文を具体化したもので、職員が住民全体の奉仕者として、公共の利益のために勤務し、特定の党派、集団の私的利益を追求することは許されないことを示しています[*1]。これは、戦前の公務員である「官吏」が、旧官吏服務紀律第１条により「天皇陛下及天皇陛下ノ政府ニ対シ忠順勤勉」であることを服務とする「天皇の官吏 (royal servant)」であったのに対し、戦後の公務員は「**全体の奉仕者 (public servant)**」として住民のための公務員となったことを示しています[*2]。この服務の根本基準に基づき、教員を含め地方公務員は、その職務を開始するにあたり、服務の宣誓を行うことが義務づけられています（地公法第31条）。

## 2　公務員の処分①——懲戒処分

地方公務員である教員は、その意に反して不利益な処分を受けることがあります。**不利益処分**には、懲戒処分と分限処分の２種が存在し、上記の服務との関係で直接問題となるのは懲戒処分です。**懲戒処分**とは、「当該公務員に職務上の義務違反、その他（…中略…）公務員としてふさわしくない非行がある場

---

＊１　阿部泰隆・中西又三・乙部哲郎・晴山一穂『地方公務員法入門』有斐閣、1986年、p. 142。
＊２　峯村光郎『公務員労働関係法（新版）』有斐閣、1972年、p. 23。

合に，その責任を確認し，公務員関係の秩序を維持するため，科される制裁」（最3小判昭52・12・20）と定義づけられています。

地公法第27条第3項は，「この法律で定める事由による場合でなければ，懲戒処分を受けることがない」と定め，また，懲戒処分の対象となる「事由」（事実，ないし，理由）を同法第29条第1項の第1号～第3号に次のように定めています。第1号事由は，法令等への違反で，直接的には，下記に見る地公法によって定められた服務に関する規定や，教員の場合，教特法，さらには，関連する自治体の条例や規則等に違反した場合が該当します。第2号事由は，「職務上の義務に違反し，又は職務を怠つた場合」とされており，法令によって定められた義務への違反や，職務命令に違反した場合などがこれに該当します。第3号事由は，その他の事由として「全体の奉仕者たるにふさわしくない非行のあつた場合」とされており，以下に見る信用失墜行為の禁止と関連する非行が対象とされています。

懲戒処分には，その「非違行為」（法に反する行為）の態様に応じて，「戒告」「減給」「停職」「免職」の4つの種類が設定されています。「**戒告**」とは，当該公務員が，同法第29条第1項第1号～第3号に該当する非違行為を行った場合に，その責任を確認し，その将来を戒めるもので，通常，書面によって行われます。「**減給**」とは一定期間，給与を減ずることを言い，多くの自治体では条例により1日以上6か月以下の期間に給与の10分の1以下を減ずるものとされています。「**停職**」とは職員の身分を有したまま，職務に従事させないことを言い，その期間は，条例により1日以上6か月以下と設定されています。停職期間中は，給与が一切支給されず，さらに，通常，退職手当や退職後の年金（長期給付）が減額されます。「**免職**」は，もっとも重い懲戒処分で，地方公務員としての身分を失うことを意味しています。このため，免職後の給与はもちろん支給されず，また，退職手当も支給されないのが通例となっています。さらに，長期給付を減額されるとともに，免職処分の日から2年間は，当該自治体の職員となることができません。[*3]

---

＊3　晴山一穂・西谷敏（編）『新基本法コンメンタール地方公務員法』日本評論社，2016年，p.144（深澤龍一郎執筆）。

このように，懲戒処分は公務員に甚大な不利益を与えるものであることから，法律に定められた事由によってしか処分ができないものとされています。

### 3　公務員の処分②——分限処分

**分限処分**とは，一般的に公務員の非違行為を伴わずに行われる身分上の変動で，「公務の能率の維持およびその適正な運営の確保」（最2小判昭48・9・14）を目的とする処分です。懲戒処分のような非違行為を対象とするものではなく，当該職員の勤務成績や適格性の問題など，公務への支障を防ぐために行われる処分です。分限処分には，「免職」「降任」「休職」「降給」の4種類があります。

このうち，「**免職**」「**降任**」に関しては，地公法第27条第2項により，この法律に定める事由でなければ処分できないとされています。「免職」「降任」の対象となる事由は，①勤務成績の不良，②心身の故障，③適格性の欠如，④職制・定数の改廃が対象とされています（地公法第28条第1項）。「降任」とは，「下位の職制上の段階」に任命することを指しており（地公法第15条の2），教員でいうならば，校長職にあるものをそれ以下の職制上の段階にある教頭職，教諭職等に任命することを意味しています。また，分限処分としての「免職」は，その意に反して離職させられる点では懲戒免職と共通していますが，一般的に退職金が支給されます。

「休職」は，法律または条例の定める事由に対して処分が行われ，「降給」については条例で定める事由によって処分を発することができます。法律に定められた休職の処分事由は，地公法第28条第2項によって，①「心身の故障のため，長期の休養を要する場合」，②「刑事事件に関し起訴された場合」の2つが定められています。一般に，前者を**病気休職**，後者を**起訴休職**と呼んでいます。分限休職は「懲戒停職」と異なり，非違行為に対する制裁としての性格をもたないことから，各自治体の条例の定めるところにより給与が支給されることがあります。また，各自治体は上記の2つの休職事由に加えて，条例によって事由を加えることができます。たとえば，横浜市の条例では，大学等における研究活動や，海外の機関で職務に従事する場合などが，休職の対象

とされています(「横浜市一般職職員の分限に関する条例」第2条)。

最後に,「**降給**」とは,教員に適用する給料表上の変動によってなされる処分で,その事由は各自治体の条例に定められています。たとえば,東京都では,人事評価において勤務実績不良と判断された場合が対象事由とされ(「職員の分限に関する条例」第2条),降給した日の前日に受けていた給料表の号給より3号給下位の号給とすることが定められています。

## 3 教員の「職務上の義務」

### 1 職務専念義務

地公法第35条により,職員には,「その勤務時間及び職務上の注意力のすべてをその職責遂行のために用い,当該地方公共団体がなすべき責を有する職務にのみ従事しなければならない」という「**職務専念義務**」が課せられています。このため,勤務時間中に職務外の行為を行うことが禁じられており,たとえば,勤務時間中にインターネットを用いて通信販売などに興じることは,職務専念義務違反として懲戒処分の対象となることがあります。

また,勤務中の具体的行為だけが問題ではなく,精神活動までが問題となることもあります。たとえば,かつて日本電信電話公社(現在のNTTの前身)の職員が,「ベトナム侵略反対,米軍立川基地拡張阻止」というプレートを着用したことに懲戒処分がなされた事例がありました。この処分取消を求めた裁判において,最高裁は,「精神的活動の面からみれば注意力のすべてが職務の遂行にむけられなかったものと解される」として,処分が適法であるとしています(最3小判昭52・12・13)。この判決には,「本来何人にも判断できない人の内心の問題に立ち入るもの」との批判が呈されています[*4]。このような事例は憲法に定められた思想・良心の自由や表現の自由など,職員の人権ともかかわるため,職務専念義務違反にあたるかは,一面的に判断するのではなく「職務や勤

---

*4 塩野宏『行政法Ⅲ』有斐閣,2008年,p. 279。

務実態に照らして具体的に判断すべき」ことが指摘されています[*5]。

なお，実務上広範に適用される職務専念義務ですが，「法律又は条例に特別の定がある場合」に，この義務を免除されることがあります。これを「職務専念義務の免除」（以下，**職専免**）と呼びます。

職専免の具体的な事例としては，地公法に定められた休職（第28条第2項），停職（第29条第1項），あるいは，職員団体の専従（第55条の2第1項及び第2項）にある者などがあげられます。また，本書第6章で詳述するように，労働基準法によって定められた年次有給休暇（第39条），産前産後休暇（第65条），育児時間（第67条），生理休暇（第68条）なども職員の労働者としての権利行使に伴うものとして，職専免の対象となっています。

これらの法律に定められた全国共通の対象のほかに，各自治体の条例によって職専免の対象を定めることが認められています。多くの自治体では「研修を受ける場合」「厚生に関する計画の実施に参加する場合」（健康診断，人間ドックなど），その他「人事委員会規則で定める場合」などが職専免の対象とされています。教員に関しては，多くの場合，2007年の教育職員免許法改正により導入された免許状更新講習を受講するにあたり職専免を適用されることが一般的となっています。

## 2 法令等及び命令遵守義務

地公法第32条では，職員が「法令，条例，地方公共団体の規則及び地方公共団体の機関の定める規程に従い，且つ，上司の職務上の命令に忠実に従わなければならない」ことが明記されています。この「**法令・命令遵守義務**」への違反は，公務員の非違行為として，懲戒処分の事由となります。公務員が法令や条例を遵守しなければならないことはもちろんですが，問題となるのは「上司の職務上の命令」，すなわち職務命令が違法なものであった場合です。職務命令が適法であるためには，①職務上の上司が発したものであること，②受命者

---

＊5　兼子仁『地方公務員法』北樹出版，2006年，p.110。

である部下職員の職務に関するものであること，③受命者の職務上の独立性が保障されている事項に関するものでないことという「形式的要件」が求められます。さらに，これらの形式的要件を満たしたとしても，④当該職務命令が法令・条例に違反しないという「実質的要件」が求められ，これらいずれかの要件を欠いた場合，職務命令は違法・無効となります<sup>*6</sup>。

公立学校においては，卒業式，入学式における国歌斉唱時の起立やピアノ伴奏を教員に命じる職務命令が，憲法第19条に定められた思想・良心の自由を侵害する違法な職務命令にあたるのかが裁判で争われてきました<sup>*7</sup>。最高裁は，これらの職務命令が思想・良心の自由の「間接的な制約」にあたることを認めつつも，教員の「職務の公共性」を理由に職務命令を適法と判断しています（最2小判平23・5・30）。

しかしながら，近年では教員個々人の思想・良心の自由のみではなく，教育基本法第16条に定められた「不当な支配の禁止」や，日本国憲法第26条の「教育を受ける権利」から要請される「教育の自由」の観点から，職務命令の適法性を問う必要性が指摘されています[*8]。また，職務命令の適法性を検討するうえで，その法令違反の有無を問う「実質的要件審査」だけでなく，①～③をめぐる「形式的要件審査」，特に③の受命者である教員の職務の独立性に注目し，この独立性を侵害していないかを厳格に審査するべきであるとの見解も示されています[*9]。さらに，仮に職務命令が違法でなかったとしても，国歌斉唱中の「起立」拒否に対して「減給」や「停職」などの重すぎる懲戒処分がなされることは，処分権の濫用にあたるとする「裁量権濫用」論も有力に唱えられています[*10]。

---

* 6　晴山一穂・西谷敏（編）『新基本法コンメンタール地方公務員法』日本評論社，2016年，p. 155（村上博執筆部分）。
* 7　これらの包括的な資料として新教育基本法法制研究特別委員会WG「『日の丸・君が代』訴訟の争点」『日本教育法学会年報』41，2012年，pp. 161-183。
* 8　市川須美子「君が代・日の丸訴訟の中間的総括」『日本教育法学会年報』42，2013年，pp. 33-34。
* 9　中川律「教師の教育の自由」『法学セミナー』59(5)，pp. 21-22。
* 10　世取山洋介「国歌斉唱儀式における不起立・不斉唱を理由とする教員懲戒処分における裁量権濫用の有無について」『法政理論』44(1)，2011年，pp. 193-225。

## 4 教員の「身分上の義務」

### 1 信用失墜行為の禁止

　既述のように,「身分上の義務」とは,必ずしも職務遂行のみに伴うものではなく,公務員としての地位・身分に伴って生ずる義務です。「職務外の義務」とも呼ばれるように,職場や勤務時間内でなくとも生じる義務を意味しています。地公法第33条には,「職員は,その職の信用を傷つけ,又は職員の職全体の不名誉となるような行為をしてはならない」との定めがあります。この条文の抽象性から,「本条は,何らかの意義をもつ創設規定ではなく,単なる確認ないし訓示規定とみられる」との指摘がなされています[*11]。しかしながら,実際には,その抽象性ゆえに,教員がその職務とは関係のない法令違反を犯した場合や（道路交通法違反など）,または,法令違反を犯していなくとも学校教育の信頼を失わせる行為を行った場合に「**信用失墜行為**」に該当するものとして懲戒処分の対象となることがあります。本条の「包括性」の問題から,いかなる行為が「信用失墜行為」に該当し,いかなる処分を行うかについての基準を設定し公表することが望ましいと指摘されています[*12]。

　実際に東京都においては,2006年に「教職員の主な非行に対する標準的な処分量定」（以下,「標準的な処分量定」）という基準が設定され,特に,わいせつやセクシャルハラスメント（セクハラ）などに関して重い処分が設定されています。たとえば,「強制わいせつ,児童ポルノの製造・所持・提供等」を行った場合を懲戒免職処分の対象としています。また,児童生徒に対して「同意の有無を問わず,性行為を行った場合（未遂を含む）」「キスをした場合」なども免職の対象とされています。これらの行為は,懲戒処分に該当するかにかかわらず,教員としては厳に慎まなければならない行為であると言えます。

---

＊11　晴山一穂・西谷敏（編）『新基本法コンメンタール地方公務員法』日本評論社,2016年,p. 155（室井敬司執筆）。
＊12　兼子仁『地方公務員法』北樹出版,2006年,p. 89。同上書（＊11）,p. 159（室井敬司執筆）。

また，信用失墜行為に該当する非違行為としてあげられるのが，教員による「体罰」です。学校教育法第11条が，教職員は「体罰を加えることはできない」と体罰の禁止を定めているように，体罰は法令違反にも該当しますが，学校への信頼を失わせる行為でもあり，信用失墜行為にも該当するものとされています。問題なのは，体罰の概念がきわめて抽象的に捉えられ，場合によっては，体罰に該当する事例であっても，これを「教育愛」などと称して許容する日本社会の古い文化がいまだに存在する点にあります。

　学校教育法が禁止する体罰の定義は，古くは1948年に旧法務庁見解「児童懲戒権の限界について」が示しています。この見解によると，体罰とは「懲戒の内容が身体的性質のもの」とされており，①身体侵害，②肉体的苦痛を伴うものが該当するとされています。また近年でも，大阪府の高等学校においてバスケットボール部に所属していた生徒が顧問の教諭から継続的に暴行を受け，これらの指導に伴い自死するという痛ましい事件が起きたことから，文部科学省は2013年3月13日付で「体罰の禁止及び児童生徒理解に基づく指導の徹底について」と題する通知を発しています。この最新通知でも，教職員は「児童生徒への指導に当たり，いかなる場合も体罰を行ってはならない」ことが改めて強調されています。

　この通知の「別紙」では，体罰に該当する参考事例が掲載されており，①身体的侵害を伴う体罰として，「授業態度について指導したが反抗的な言動をした複数の生徒らの頬を平手打ちする」「給食の時間，ふざけていた生徒に対し，口頭で注意したが聞かなかったため，持っていたボールペンを投げつけ，生徒に当てる」などを例示しています。また，②肉体的苦痛を伴う体罰として「別室指導のため，給食の時間を含めて生徒を長く別室に留め置き，一切室外に出ることを許さない」「宿題を忘れた児童に対して，教室の後方で正座で授業を受けるよう言い，児童が苦痛を訴えたが，そのままの姿勢を保持させた」などが例示されています。

　これら体罰に該当する行為は，懲戒処分の対象となり，生徒の被害が甚大である場合，免職処分に至ります。また，懲戒処分という行政上の責任にとどまらず，刑法に定められた暴行罪（第208条），傷害罪（第204条），監禁罪（第220

条)、そして場合によっては、傷害致死罪(第205条)に該当し、刑事上の責任を負うことにもなります。さらには、民法上、故意・過失による損害に対しては賠償責任が発生するため(第709条)、民事上の責任も問われます。

これらの法的責任にとどまらず、体罰は被害者である子どもに取り返しのつかない心身の傷を残し、場合によってはその命を奪うことにもなるため、決して許される行為ではないことを、教員は自覚する必要があります。

## 2 秘密を守る義務（守秘義務）

地公法第34条第1項は、「職員は、職務上知り得た秘密を漏らしてはならない。その職を退いた後も、また、同様とする」と定めています。これは、公務員の「守秘義務」を定めたもので、違反者は、同法第29条に基づく懲戒処分の対象となるとともに、同法第60条に定められた刑事罰「1年以下の懲役又は50万円以下の罰金」に処せられることになります。この守秘義務は退職後も適用されることから、退職者の同法違反に対しては、懲戒処分の対象にはならないものの、刑事罰については適用されます。先に見た東京都の「標準的な処分量定」においても、「故意に職務上の秘密を漏えいし、公務運営に重大な支障を生じさせた場合」は、免職、あるいは、停職などの重い処分が適用されています。[13]

本条が対象とする秘密とは、形式的に秘密の指定がなされているだけでなく、「非公知の事項であって、実質的にもそれを秘密として保護するに値するものをいう」とされており、これを「実質秘」と呼んでいます。つまり、いかなる事実が本条のいう「秘密」に該当するかは、個々の事実について保護されるべき利益があるかどうかによって判断されることになります。[14]学校においては、教員として知り得た家庭の個人情報、子どもの成績、健康診断票、入学試験問

---

[13] なお、児童虐待防止法は、「児童虐待を受けたと思われる児童を発見した者は、(…中略…)福祉事務所若しくは児童相談所に通告しなければならない」(第6条第1項)と虐待発見時の通告義務を定めている。この場合、職務上知り得た情報であっても、同法第6条第3項、および、児童福祉法第25条第2項により、通告義務が優先されるため、守秘義務違反にはあたらない。

[14] 橋本勇『新版 逐条地方公務員法』学陽書房、2014年、pp. 654-655。

題などはこのような秘密に該当すると解されます。

　地公法上の懲戒，刑罰の適用対象ではないものの，教育実習にあたる学生においてもこれらの秘密を保持することは当然のこととされています。近年，Facebook，インスタグラム，TwitterなどのSNS（ソーシャル・ネットワーキング・サービス）を利用した学校生徒の写真投稿や，学校内で知り得た情報を流布する教育実習生の存在が，実習を受け入れた学校で問題となっています。地公法の適用の有無にかかわらず，これらは教育実習生として倫理上許されないことはもちろんのこと，生徒や保護者の肖像権や個人情報にかかわる権利を侵害する可能性もあるため厳に慎まれなければなりません。

## 3　営利企業への従事等の制限

　地公法第38条第1項は，「職員は，任命権者の許可を受けなければ，商業，工業又は金融業その他営利を目的とする私企業（…中略…）を営むことを目的とする会社その他の団体の役員その他人事委員会規則（…中略…）で定める地位を兼ね，若しくは自ら営利企業を営み，又は報酬を得ていかなる事業若しくは事務にも従事してはならない」として，地方公務員の営利企業等への従事を制限しています。また，任命権者が営利企業等への従事を許可するにあたっては，人事委員会がこの基準を定めるとされています（第38条第2項）。

　ただし，公立学校教員は，教特法第17条により「教育公務員は，教育に関する他の職を兼ね，又は教育に関する他の事業若しくは事務に従事することが本務の遂行に支障がないと任命権者（…中略…）において認める場合には，給与を受け，又は受けないで，その職を兼ね，又はその事業若しくは事務に従事することができる」とされています。つまり，教員には一般の地方公務員よりも広く，兼職や他の事業等への従事が認められています。

　このような特例が設定された理由は，①教員が特殊な勤務態様をもち，授業時間以外においては時間的余裕があること，②教育に関する他の職に関与することは研修としての側面があること，③国公立大学の教授等については，専門領域に適当な人物をみつけることが困難であったため兼職を認める必要があっ

たことなどがありました。[*15]しかしながら，その後，教員が進学塾や家庭教師などのアルバイトを兼ねていることが問題となり，この特例を廃止すべきとの議論もなされました。[*16]現代においては，教員の多忙化が著しくなり，この規定を運用することが少なくなっています。しかしながら，近年の教員養成において，理論と実践の積極的な交流が求められているなか，本来的にはこの兼職規定を活用し，学校教員が大学にて特別講義を担当するなど，この規定を有効に活用することが求められています。

### 4  政治的行為の制限

　地方公務員には，地公法第36条が適用され，所属する自治体の区域内における政治的行為が制限されていますが，教員については，特例が定められ，より厳しい制限がかけられています。これは，1954年に「**教育中立二法**」の一つとして制定された「教育公務員特例法の一部を改正する法律」（以下，**教特法一部改正法**）によって設けられた特例です。

　教特法第18条により，教員の政治的行為の制限については，当分の間，「国家公務員の例による」とされています。国家公務員法では政治的行為の制限に関して，「職員は，政党又は政治的目的のために，寄附金その他の利益を求め，若しくは受領し，又は何らの方法を以てするを問わず，これらの行為に関与し，あるいは選挙権の行使を除く外，人事院規則で定める政治的行為をしてはならない」（国家公務員法第102条第1項）とされ，具体的に制限される行為は「人事院規則14-7」に定められています。人事院規則は，些細なものも含め，禁止される政治的行為として17にもわたる項目を設定しており，地方公務員に比して，政治的行為に対する制限がより強化されています。

　しかし，教育基本法が「良識ある公民として必要な政治的教養は，教育上尊重されなければならない」（第14条第1項）と政治教育を奨励しているなか，教

---

\*15　有倉遼吉・天城勲『コンメンタール教育関係法Ⅱ』日本評論新社，1958年，p. 550。
\*16　永井憲一（編）『基本法コンメンタール教育関係法』日本評論社，1992年，pp. 286-287（佐藤英善執筆）。

員の政治的行為を過度に制限することは，教育活動を萎縮させることにつながるものとして問題が指摘されてきました[*17]。

ところで，教特法一部改正は，その規制が学校の教育活動を対象とするものでないことは再確認されなければなりません。実際に，当時の文部事務次官による「施行通知」（1954年6月9日文初地第325号）によれば，教特法の規定は「教育職員の行う教育活動を直接規制するものではない」と明言されています。さらに，「施行通知」では，「この規則は，職員が本来の職務を遂行するため当然行うべき行為を禁止又は制限するものではない」としており，教育基本法に明記された「良識ある公民として必要な政治的教養」のための教育活動は，そもそも規制の対象外とされているのです。

「教育中立二法」のもう一つの法律である「義務教育諸学校における教育の政治的中立の確保に関する臨時措置法」（以下，中立確保法）もまた，学校の教育活動そのものを規制対象とはしていません。中立確保法第1条は，その目的として「義務教育の政治的中立を確保する」としていますが，規制対象は教育活動ではなく，あくまで教職員への外部からの教唆・せん動行為を禁止するものです。同法第3条は，違法行為を厳格に定めており，そこでは，①教唆・せん動する者が，「教育を利用し，特定の政党その他の政治的団体（…中略…）の政治的勢力の伸長又は減退に資する」目的を有していること，②教唆・せん動の手段として「学校教育法に規定する学校の職員を主たる構成員とする団体（…中略…）の組織又は活動を利用」すること，③教唆・せん動の相手方は「義務教育諸学校に勤務する教職員」であること，④教唆・せん動の内容が「義務教育諸学校の児童又は生徒に対して」行われる教育であること，さらに，⑤「特定の政党等を支持させ，又はこれに反対させる教育」であることが構成要件とされています。すなわち，「この条が禁止しているのは，これらの要件すべてを満たした場合の教唆・せん動であって，その一つでも欠けた場合は，この条で禁止する行為に当てはまるものではない」ことが確認されています[*18]。このように，中立確保法は，教員の教育活動そのものを規制対象とするものでは

---

＊17　永井憲一（編）『基本法コンメンタール教育関係法』日本評論社，1992年，p. 28（森英樹執筆）。
＊18　齋藤正『政治的中立の確保に関する教育二法律の解説』三啓社，1954年，pp. 81-82。

なく，あくまで学校の外部からの教唆・せん動行為を禁止するものです。

中立確保法は，教特法一部改正法と相まって，学校の政治教育に萎縮効果を与えてきました。2015年に公職選挙法が改正され，高校生を含めた18歳以上の人々が国政選挙等における選挙権を与えられるなか，学校における政治教育は，むしろ充実することが求められています。

まとめ

公立学校教員は地方公務員として「職務上の義務」，ならびに，「服務上の義務」の双方に服することが求められています。これらの服務上の問題があった場合は，懲戒処分の対象となることがあります。さらに，教員にはこれらの服務上の義務に特殊ルールが適用され，それが問題を孕むことがあります。たとえば，教員の政治的行為に関しては，教育の政治的中立性を名目として他の地方公務員よりも厳しく制限される一方で，教育基本法は，学校における政治的教養に関する教育を奨励しています。教員の政治的行為の制限とこれに伴う萎縮効果は，生徒たちの政治的教養にかかわる学習機会を制限することにもつながります。このため，地方公務員としての服務をめぐっては，法令の内容を正しく理解し，教育活動における過度な萎縮を招かないように運用することが求められます。

さらに学びたい人のために

○兼子仁『地方公務員法』北樹出版，2006年。
　　地方公務員法に記載された公務員の服務，身分保障に関して，その原理から運用上の課題に至るまで，平易に記述されたテキストです。

○晴山一穂・西谷敏（編）『新基本法コンメンタール地方公務員法』日本評論社，2016年。
　　地方公務員法の内容を逐条解説により網羅的に説明しています。また，本書第6章でも詳しく見る公務員の労働者としての権利についても詳細を記述しているため，地方公務員法の全体像を把握するのに適したテキストです。

# 第 6 章
# 教員の権利と身分保障

● ● ● 学びのポイント ● ● ●

- 公務員の身分保障とは何か，なぜ公務員には身分保障が必要なのか学ぶ。
- 日本国憲法，労働基準法に定められている労働者の権利とは何か学ぶ。
- 上記の公務員の身分保障，及び労働基準法上のルールにおいて，教員にはどのような特殊ルールが定められているのか理解する。

## WORK 教師は「労働者」か？「聖職者」か？

1．あなたの考える教師像は？

　子どもへの教育を職業とする教師については，古くからその職業観をめぐる論争がなされてきました。果たして，教師は民間企業や役所で働く人々と同じ「労働者」なのか，あるいは，自らの労働者としての権利を自粛しなければならない「聖職者」なのか？　みなさんの考える「教師観」について，話し合ってみましょう。

　① まずは個人で，付箋紙に，教師は労働者としての自らの権利を主張すべきか，それとも自粛するべきかについて自分の意見とその理由を書いてみましょう（10分）。

　② グループに分かれて，それぞれの見解を出し合い，お互いの意見について話し合ってみましょう（20分）。

　③ 各グループの結論を発表しましょう（発表時間，1グループ5分）。

2．教師が自身を守るためには？

　あまりにも仕事が多く忙しいことが原因で，ストレスがたまったときに，どのような対処法があるでしょうか。

　・一人でできること，すべきこと
　・誰かと一緒にできること，すべきこと
　・誰かに対してすべきこと，などなど。

　選択肢をできるだけ多く考えて，出し合ってみましょう。

第 6 章　教員の権利と身分保障

● 導　入 ●

　教員も，人間であり，人権や権利の主体です。日本国憲法では，すべての勤労者を対象とする労働基本権が定められ，また，労働基準法には，労働者の労働条件に関する最低基準が定められています。さらに公立学校教員の場合は，地方公務員法により教員を含めた公務員の「身分保障」が定められています。

　本章では，地方公務員法上に定められた公務員の身分保障，ならびに，憲法，労働基準法に定められた労働条件の基本ルールを概観し，さらに，教員に適用されている特殊ルールの概要とその問題について説明します。

# 1　教員はどのように守られているのか

　学校教員の本務は，子どもたちを対象とする教育活動であり，実践的指導力が重要であることは言うまでもありません。しかしながら，今日，教員の「多忙化」や学校の「ブラック企業化」が社会的にも認知されるなか，教員個々人の指導力に加え，これらの教育実践を支える教員の労働条件や身分保障もまた，各教員が積極的に意識しなければならない重要な問題です。この章では，本来，教員がいかなる権利を有し，その身分が保障されているかについて学びます。

　なお，本書第 5 章に見たように，学校教員は，国立学校，公立学校，そして私立学校と異なる学校種のもとで働いています。このうち，私立学校と法人化後の国立学校の教員には，後述する**労働基準法**（以下，労基法）など，民間労働者と同様のルールが適用されます。これに対して，公立学校教員は，公務員としての身分を有することから，労基法上のルールが一部適用除外され，特殊なルールが定められています。

# 2 教員の労働条件をめぐるルール

## 1 休暇への権利

　まず確認されなければならないのが，教員も労働者である以上，人たるに必要な最低限のルールを守った働き方が求められるということです。この，最低限のルールを定めているのが労基法です。労基法は，日本国憲法第27条に定められた「勤労の権利」と「勤労条件の法定」を具体化する法律であり，このため**憲法の姉妹法**とも呼ばれています。労基法第1条第1項で，「労働条件は，労働者が人たるに値する生活を営むための必要を充たすべきものでなければならない」と定められているように，同法に定められた労働条件は低下させてはならない最低基準として位置づけられています。このため，労基法上の労働条件は，使用者に課せられた義務であると同時に，労働者にとっては権利であると言えます。

　たとえば，すべての教員を含め，労働者には休暇をとる権利が与えられています。労基法は，週少なくとも1回の休日を与えることを義務づけ（第35条），後に詳述するように，労働者を働かせることのできる週当たりの時間に上限を設けています（第32条）。さらに，労基法第39条は，給与を受け取りながら休暇を取得するいわゆる「**年次有給休暇（年休）**」について，原則として雇い入れの日より6か月間継続して勤務した者に対して，10日間付与することを使用者に義務づけています。6年6か月以上勤続した者には，最大で20日間の年次有給休暇が付与されます。年次有給休暇は1日または1時間を単位にとることができ，1時間を単位とする年休は，教員の場合，7時間45分で1日に換算します。年内に年休が取得できなかった場合は，20日を限度として翌年に繰り越すこともできます。さらには，2018年6月の労基法改正により，2019年4月以降，10日以上の有給休暇の権利がある者に対しては，毎年5日以上の年次有給休暇を取得させることが義務づけられました。

　また，労基法第65条は，産前6週間，産後8週間の**産前産後休業（産休）**に

ついて定めています。さらに第68条は，「生理日の就業が著しく困難な女性」に対して，いわゆる**生理休暇**を付与することを義務づけています。また，第67条により生後満1歳に満たない子どもを育てる女性は，1日2回少なくとも30分の**育児時間**を請求することができます。

　これら労基法による法定休暇は，国公私立の別を問わず，すべての教員にとっての権利です。地方公務員である公立学校教員の場合は，各自治体の条例によってその詳細が定められており，労基法の法定休暇に加えた多様な休暇が定められています。たとえば，東京都においては，「学校職員の勤務時間，休日，休暇等に関する条例」により，上記の労基法に定められた休暇の他，**病気休暇**（第16条），結婚，出産等に取得できる**特別休暇**（第17条），**介護休暇**（第18条），**介護時間**（第18条の2）についても定められています。

　また，1991年には「地方公務員の育児休業等に関する法律」が制定され，子どもが満3歳になる日まで，教員としての身分を保有したまま，**育児休業**を取得することができるようになりました（第2条）。さらに，「地方公務員等共済組合法」により，育児休業中の教員は，子どもが1歳（特定の条件を満たす場合には2歳）になるまで**育児休業手当金**を受給することができます（第70条の2）。

　上に見てきた労基法上の休暇への権利は，原則として，国公私立の学校種を問うことなく，すべての教員が権利主体となります。年次有給休暇をはじめ休暇や休息の付与は使用者にとっての義務であると同時に，労働者にとっては人間らしく生きていくうえで不可欠な権利であると言えます。教員もまた労働者であり，人たるに不可欠な労働条件が求められることから，これらの労基法上のルールを正しく把握しておく必要があります。

### 2　労働時間に関するルール

　労基法に定められた労働時間に関するルールもまた，労働者が人間らしい生活を営むうえで不可欠な労働条件です。労基法第32条は，教員を含めた地方公務員にも適用される労働時間の上限を定めており，そこでは，**1週間あたり40時間以内，1日当たり8時間**を超えて労働させてはならないとされています。

仮に，時間外労働をさせる場合には，労働者の過半数で組織する労働組合，あるいは，**労働者の過半数を代表する者**との書面による協定を締結しなければなりません（労基法第36条）。この時間外労働に関する協定が，労基法第36条によって義務づけられていることから，この協定は一般的に「**三六協定**（さぶろくきょうてい）」と呼ばれています。使用者は，①労働組合，あるいは過半数代表との協定（三六協定）を締結し，②労働基準監督署に届け出た場合に，労働者の労働時間を延長し，休日に労働させることができます（労基法第36条）。[*1]

また労基法第37条は，上記の手続きを経て時間外労働，休日労働があった場合には賃金の25〜50％の範囲での**割増賃金**（いわゆる「残業手当」）を支払うことが義務づけられています。この具体的な割増率は，政令によって定められており，時間外労働は25％，休日労働は35％の割増し賃金を支払うことが義務づけられています[*2]。2008年には労基法が改正され，1か月の時間外の労働時間が60時間を超える場合には，その超えた労働時間に対して50％の割増賃金を支払うものとされています（労基法第37条第1項但し書き）。

これらの労基法に基づく労働時間規制は，私立学校，及び法人化後の国立学校の教員に対して，民間労働者と同様に適用されています。

### 3 教員の労働時間をめぐる特殊ルール──給特法とは？

一方，公立学校の教員については，これらの労基法上の労働時間規制が一部適用除外され，特殊なルールが採用されています。

この特殊ルールの法的根拠とされてきたのが，1971年5月に制定された「国立及び公立の義務教育諸学校等の教育職員の給与等に関する特別措置法」です。この法律は，国立大学が法人化された2004年に名称を変え，「公立の義務教育諸学校等の教育職員の給与等に関する特別措置法」（以下，**給特法**）とされてい

---

[*1] ただし，三六協定が締結された場合でも，労働省告示「労働時間の延長の限度等に関する基準」により，時間外労働時間は，1か月45時間（1年単位の変形労働時間制の場合は42時間），1年360時間（1年単位の変形労働時間制の場合は320時間）と上限が定められている。
[*2] 労基法第37条第1項の時間外及び休日の割増賃金に係る率の最低限度を定める政令。

ますが，基本ルールは1971年制定時のままとなっています。

　給特法は第3条第1項において，公立学校の「教育職員（…中略…）には，その者の給料月額の百分の四に相当する額を基準として，条例で定めるところにより，教職調整額を支給しなければならない」と定め，いわゆる「**4％の教職調整額**」の支給を義務づけています。そのうえで，第3条第2項では，「教育職員については，時間外勤務手当及び休日勤務手当は，支給しない」とし，この「4％の教職調整額」が，時間外勤務手当，休日勤務手当の代替措置とされています。

　さらに，給特法のもと，教員に時間外勤務を命じることのできる業務は，①生徒の実習に関する業務，②修学旅行その他学校の行事に関する業務，③職員会議に関する業務，④非常災害等の場合に限定するとされています（「公立の義務教育諸学校等の教育職員を正規の勤務時間を超えて勤務させる場合等の基準を定める政令」（以下，時間外勤務政令））。これら4つの業務を「**限定4項目**」と呼びます。つまり，給特法のもと，4％の教職調整額を支給する代わりに，時間外・休日勤務時間手当は支給せず，また，時間外勤務を命じる場合は，限定4項目に限られるというきわめて特殊なルールが採用されているのです。

　なお，時間外勤務政令は，「教育職員（…中略…）については，正規の勤務時間（…中略…）の割振りを適正に行い，原則として時間外勤務（…中略…）を命じないものとすること」とするように，法令上，上記の「限定4項目」以外の時間外勤務は存在しないことが前提とされているのです。

　しかしながら実際には，教員の時間外・休日勤務は，部活動の指導や，入試業務，引率指導など，「限定4項目」外の業務に及んでいます。このため，これらの部活動等の業務は，「教員の自発的・自主的な業務」と位置づけられ，時間外勤務手当や休日勤務手当は支給されていません。これが，無定量かつ無限定的な教員の時間外・休日勤務を生み出す要因となっているのです。

　このような事情から，各自治体では，これらの部活動等の業務に対して「**教員特殊業務手当**」が支給されていますが，労基法上の時間外・休日勤務手当から見た場合，かなり低い金額にとどめられています。さらに，部活動等の指導に「教員特殊業務手当」を支給することは，給特法上，「限定4項目」以外の

時間外勤務手当は存在しないとする建前からは大きく矛盾するものです。また，「限定4項目」以外の業務を「自主的・自発的業務」としているにもかかわらず，なぜ，そのような「自主的・自発的業務」に公費による手当が支給できるのかという法的問題をもはらむものとなっています。部活動等の指導など，教員の実質的な時間外・休日勤務の位置づけは，きわめて曖昧にされており，これらの労働負担に伴う補償が十分になされていない状況にあります。

労働基準法に定められた超過勤務手当は，本来的に，労働者の時間外労働への手当であると同時に，労働時間を延長した**使用者へのペナルティ**という側面を有しています。このような，労働基準法のルールが適用除外され，給特法という特殊ルールが教員に適用されることにより，教員の勤務時間概念が曖昧にされ，**無定量かつ無償の時間外勤務**が生み出されているのです。

## 4 教員の労働時間の実態と「働き方」改革

このような法制度のもと，日本の教員の労働時間は世界一長いと言われるようになっています。2014年6月25日に公表されたOECD（経済協力開発機構）の「国際教員指導環境調査（TALIS 2013）」によれば，日本の学校教員の1週当たりの勤務時間は53.9時間で，調査対象34か国・地域のなかで最長で，全体平均の38.3時間を大きく上回っていることが明らかとなりました。

さらに，2018年9月27日に公表された文部科学省「教員勤務実態調査（平成28年度）」（確定値）によると，1週当たりの学校内での平均勤務時間は，中学校教諭で63時間20分，小学校教諭で57時間29分となっていることが示されました。注目されるべきは，労働基準法に定められた週40時間規制を大きく超越し，単純計算で，1月（4週）当たりの法定時間外労働が，中学校教諭で93時間20分，小学校で69時間56分に及んでいる点です。厚生労働省は時間外労働80時間を「**過労死ライン**」としていますが，中学校教諭については，その平均時間外労働がすでに過労死ラインを優に超えており，小学校教諭も約3分の1の教員がこのラインを越えていることが示されています。

このようななかで，近年，文部科学省の中央教育審議会には「学校における

働き方改革特別部会」が設置され，2017年12月22日には「中間まとめ」が発表されました。そこでは「給特法の在り方も含む教職員の勤務時間等に関する制度の在り方については，引き続き議論を進めていく必要がある」として，ようやく，給特法の在り方が議論の俎上に載せられようとしています。既存の制度がどのように改革されようとしているのか，また，その改革は苦悩する教師たちを真に救済するものとなるのか，今後の動向を注視する必要があります。

## 3 教員の労働基本権制限をめぐる問題

### 1 労働基本権

　上記のような，教員の無定量な労働時間を生み出してきた背景には，労働当事者である教員が，自らの給与や労働時間などを決定するルートを剥奪されてきたという歴史的事実が大きく作用しています。これが，教員の労働基本権の制限をめぐる問題です。

　日本国憲法第28条は，「勤労者の団結する権利及び団体交渉その他の団体行動をする権利は，これを保障する」と定めています。これら勤労者の権利である**団結権**，**団体交渉権**，**団体行動権**を，労働基本権ないし，**労働三権**と呼びます。このうち，団結権とは，労働組合を結成する権利を意味し，組合を結成，加入したことに伴って，使用者（雇用する側）が労働者に不利益な取り扱いを行うことを禁じるものです。また，団体交渉権とは，労働者を代表する**労働組合**が，労働条件の維持改善のために使用者と交渉する権利で，さらに，この交渉の結果を，「**労働協約**」として締結する権利を含んでいます。一度締結された労働協約は，規範的効力をもち，労使双方を法的に拘束するものとなります。団体行動権は，**争議権**とも呼ばれ，**ストライキ**などの集団的行動を行う権利を指しています。労働組合の正当な行動に関しては，使用者の業務を妨害したとしても，刑法上の違法性が阻却され（労働組合法第1条第2項），また，民法上の損害賠償責任も発生しないとされています（労働組合法第8条）。このように，労働者には本来，給与や労働時間などの労働条件の決定にあたり，自らの意見

を反映するための権利が認められているのです。

　私立学校，国立学校の教員に関しては，上記の労働基本権が保障されており，その給与や労働時間などの労働条件は，教員組合と学校設置者との団体交渉によって決定されることが基本であり，また交渉が決裂した場合，組合にはストライキ等の団体行動を行うことが法的に認められています。

## 2　労働基本権の制限

　一方，公立学校の教員の労働基本権は，1950年に地方公務員法（以下，地公法）が制定されて以来，その重要部分が制限されてきました。地公法は，「職員団体」の結成，加盟を認めるというかたちで，教員を含む地方公務員の団結権を認めていますが，団体交渉権，団体行動権は法的に制限しています。

　団体交渉権については，給与，勤務時間その他の勤務条件に関して，各自治体の当局と交渉することが認められていますが，その交渉は「団体協約を締結する権利を含まない」とされ，労働協約締結権が否定されています（地公法第55条第1項，第2項）。地公法は「当局と書面による協定を結ぶことができる」（地公法第55条第9項）としていますが，規範的効力をもたないとされています。

　一方，団体行動権（争議行為）に関しては，「同盟罷業，怠業その他の争議行為をし，又は地方公共団体の機関の活動能率を低下させる怠業的行為をしてはならない」（地公法第37条第1項）と全面的に禁止されています。また，これらの行為を「共謀し，そそのかし，若しくはあおり，又はこれらの行為を企てた者」に関しては，3年以下の懲役，または，100万円以下の罰金に処するとされています（地公法第61条第4号）。

　このように，教員を含め公務員は，憲法に定められた労働基本権を法律レベルで著しく制限されています。ゆえに，この憲法上の権利制限の「代償措置」とされているのが，**人事院**（国家公務員の場合），及び**人事委員会**（地方公務員の場合）による公務員の給与等に関する**勧告制度**とされています。公立学校教員に関しては，各都道府県，あるいは，政令市に設置された人事委員会が，毎年，当該地域における民間給与の実態調査を行い，議会と知事にむけて給与等の妥

当性に関する報告・勧告を行い，これをもとに教員の給与等に関する条例を改正することとなっています。

　問題は，人事院勧告に依存したこの慣行が，教員においても同様に代償措置としての機能を果たしているかという点にあります。国立大学法人化に伴って国立学校教員が国家公務員ではなくなったため，人事院の調査・勧告はそもそも教員を対象としていません。このため教員の給与に関する調査・勧告機能は，各自治体の人事委員会に丸投げされています。多くの人事委員会では，独自に調査・勧告機能を担うことができないため，現在，全国人事委員会連合会が，毎年，民間機関である（財）日本行政人事研究所に教員の「モデル給料表」の作成を依頼し，これを各人事委員会に提供するという仕組みがとられています。このような仕組みは，人事院の調査・勧告機能によって保障されるはずの代償措置が，教員からは剥奪されていることを示しています。

　このように，教員の労働基本権が剥奪され，人事院・人事委員会の代償措置としての機能も疑問視される状況のなか，教員の労働時間は無定量化し，学校の「ブラック化」が進行しています。教員の労働基本権を法律によって制限し続けていることについては，調査・勧告機能の民間委託状況を含めて，その合憲性が改めて問われる時期にあると言えます。

## 3　教員組合の役割

　アメリカにおいては，公立学校教員であっても，給与，労働条件の決定方式として，団体交渉が多くの州で採用されており，具体的な給与や労働条件の詳細が，各地域の教育委員会と教員組合の地域支部との間で交わされる労働協約によって決定されています。このため，教員組合が教員の労働条件や，身分保障において非常に重要な役割を果たしてきました。[3]

　先述のように，日本の公立学校教員もまた，本来は日本国憲法第28条が定める労働基本権の主体であり，教員組合が教員の労働条件向上に重要な役割を果

---

[3]　髙橋哲『現代米国の教員団体と教育労働法制改革——公立学校教員の労働基本権と専門職性をめぐる相克』風間書房，2011年，pp. 2-3．

たすことが求められています。実際に，終戦直後の1945年12月に制定された旧労働組合法は，教員を含め公務員に組合を通じた団体交渉権を広く認めていました。また，1946年9月制定の旧労働関係調整法も，警察，消防，監獄職員を除いて，教員を含め多くの公務員の争議権を保障していました。これら，公務員の労働基本権を保障する法的枠組みのもと，1947年6月に**日本教職員組合**（以下，**日教組**）が結成されたのです。

日教組には，当時の教育予算の不足から生じていた教員の劣悪な労働環境を，団体交渉等を通じて向上することが期待されていました。1948年当時の日教組の加入率は86.9％にのぼり，その他の少数組合への加入者を含めると，教員組合全体の加入率は94.3％とほぼ全教職員が何らかの教職員組織に加入する状況にありました。[4] このような高い組織率を背景に，日教組は1960年代には，当時，いかなる手当も支給されていなかった教員の超過勤務に対して，時間外勤務手当の支給を求める裁判を展開し，実際に各地で教員側勝訴の判決を獲得するなど，教員の労働条件改善に重要な役割を果たしてきました。

しかしながら，日教組はその後，徐々に組織率を減少させていきます。労働運動再編の流れを背景に，1989年には全日本教職員組合（全教）と分裂し，2017年10月1日現在の組織率は26.8％にすぎません。日教組以外の組織を含めても，何らかの教職員組合に加入している者の割合は35.9％にとどまっています。[5]

この背景には，戦後直後に公務員にも保障されていた労働基本権が，アメリカ占領政策の転換以降，一貫して制約されてきたという事情があります。先述のように，1950年制定の地公法では，団体交渉権と争議権の双方が大幅に制約されました。また，上記の時間外勤務手当をめぐる訴訟に対して，文部省（当時）は，時間外勤務手当を支給する労基法のルールを適用せず，給特法による特殊ルールを採用することになりました。教員を民間労働者とは異なるルールに置くことで，教員組合の役割を制約するという政策が一貫してとられてきたのです。これらの政策により，教員が組合を通じて自らの労働条件を改善する

---

＊4　初等中等教育企画課「教職員団体の組織の実態について」『教育委員会月報』70(1)，2018年，p. 93。
＊5　同上書，p. 80。

ルートは制約され，教員組合の組織率は今日に至るまで低下し続けています。

　教員の労働条件の悪化は，このような教員組合の衰退と無関係ではありません。それゆえ，教員の労働者としての権利の重要性とともに，これらを是正するための教員組合の役割が改めて問われています。教員には，自らの人たるに不可欠な労働条件を維持・改善するうえで，組合とどのように向き合うかが問われていると言えるでしょう。

## *4* 教員の身分保障

### 1 公立学校教員の手厚い身分保障

　教員が人間らしい生活を行うためには，労働条件の保障に加えて，その職を簡単に追われることのない身分の保障が必要です。公立学校教員の場合，本書第5章に見た公務員としての義務を背負う一方で，その職を簡単には奪うことのできない身分保障の仕組みが整えられています。

　地公法に定められた公務員の身分保障とは，一般に，公務員の「不利益処分の法定主義」と「勤務条件の法定主義（条例主義）」を指しています。前者の**「不利益処分法定主義」**は，公務員を「クビ」にできるケースを法律に定める事由に限定していることを意味しています。公務員がその身分を失うことを「離職」と呼びますが，図6-1は地公法上の離職に至るルートを示しています。離職を大別すると，①定年退職，死亡退職など本人の意にかかわらない**「自動退職」**（当然離職），②本人の意に基づく依願退職を含めた**「任意退職」**，そして，③本人の意に反する分限・懲戒処分による**「免職」**があります。[*6]

　不利益処分法定主義において重要なのは，分限，懲戒処分による免職が，いずれも法定の事由に限定されていることにあります。すなわち，もっとも重い不利益処分である免職は，任命権者の「好き嫌い」や個人的な人間関係に委ねられることなく，法律に定められた事由に限定することにより，公務員の身分

---

*6　兼子仁『地方公務員法』北樹出版，2006年，p. 74。

```
        ┌ ①自動退職＝定年退職，任期満了退職，死亡退職，失職
離職 ┤ ②任意退職＝立候補退職，依願退職（勧奨退職，諭旨退職をふくむ）
        └ ③免職＝分限免職，懲戒免職
```

**図6-1　離職の各種**

出所：兼子仁『地方公務員法』北樹出版，2006年，p. 74。

を保障しています。さらに，本書第5章で詳述したように，懲戒処分に関しては，停職，減給，戒告処分であっても法律に定められた事由でなければ処分ができないとされています。また，分限処分にあたっても，免職，降任については法律に定める事由，また，休職については，法律または条例の定める事由，降給については条例で定める事由によらなければ処分することができません。

　意に反して不利益処分を受けた職員は，地公法により，任命権者に対し，なぜ処分されるのかを記載した説明書の交付を請求することができます（地公法第49条第2項）。処分に対して納得できない場合は，所属する自治体の人事委員会，または，公平委員会に対して，当該処分の適否に関する審査を請求することができます（地公法第49条の2）。さらに，この審査結果に不服がある場合は，処分の取り消しを求める裁判を提起することもできます（地公法第51条の2）。このように，地方公務員には分厚い身分保障が与えられています。

## 2　私立学校，国立学校教員の身分保障

　私立学校及び国立学校の教員は，基本的には民間労働者の扱いとなるため，地公法と同様の身分保障は適用されません。しかしながら，近年では，民間労働者の身分についても，これをより安定したものとするルールづくりが労働裁判の蓄積により確立されてきました。2007年に制定された**労働契約法**は，このような判例法理の蓄積を法律化したものです。

　労働契約法の重要事項は多岐にわたりますが，そのなかでも注目されるのが，**労働者の解雇をめぐるルール**です。従来，労働者の解雇については，労基法第20条により，解雇30日前に予告を行うか，30日分以上の賃金を払うことで当該労働者を「クビ」にすることができました。これに対し，**労働契約法第16条**は，

「解雇は，客観的に合理的な理由を欠き，社会通念上相当であると認められない場合は，その権利を濫用したものとして，無効とする」と定め，使用者の解雇権を制限しています。すなわち，30日前の予告があったとしても，その解雇が「客観的に合理的な理由を欠いている場合」，あるいは「社会通念上相当と認められない場合」は，その解雇は無効となります。この規定により，私立学校，国立学校においても，使用者の恣意によって教員を解雇することはできず，当該解雇の正当性と必要性が厳格に問われることとなりました。

　また近年，私立学校，国立学校では，非常勤教員や任期付き教員も多く働いていますが，労働契約法は，このような「**有期労働契約**」にある労働者を保護するため，2013年に重要な法改正をしています。非常勤や任期付きの教員は，多くの場合，１年単位や複数年の契約を繰り返すかたちで働いていますが，その契約終了時に使用者が一方的に更新拒否をする，いわゆる「**雇止め**」問題の発生することがあります。労働契約法は，有期による契約が繰り返し更新されている事実があった場合，一方的な「雇止め」に関して，上記の解雇と同じように制限をかけています。すなわち，**労働契約法第19条**は，有期労働契約が何度も更新されることにより，①雇止めをすることが解雇と同視できると社会通念上認められる場合，および，②契約期間の終了時にその契約更新を期待することに合理的な理由が認められる場合に，その「雇止め」が客観的に合理的な理由を欠き，社会通念上相当であると認められないときは，契約が更新されているものとみなすとしています。このため，何度も更新されてきた非常勤，任期付き契約への突如の更新拒否は，解雇と同等の制限がかけられています。

　さらに，**労働契約法第18条**は，同一の使用者のもとで，複数回の有期労働契約を行い，通算の契約期間が５年を超える労働者について，同一の労働条件のもとで無期契約へと転換する権利を定めています。さらに，**労働契約法第20条**は，有期契約の労働者と正規に雇用されている労働者との労働条件に不合理な格差がある場合，これを是正することを使用者に義務づけています。

　このように，国立学校，私立学校の教員であっても，その職を簡単に奪うことのできない身分保障の仕組みが労働契約法のもと整えられています。また，非常勤，任期付き教員の場合であっても，その労働条件と身分を保護する仕組

みが形成されつつあります。国立学校，私立学校の教員にあっては，労基法に加え，これら労働契約法の知識を有していることが重要となっています。[*7]

 まとめ

　教員は，公務員である前に人間であり，日本国憲法第27条，第28条の定める勤労者です。このため，労働者の生活を守る基本ルールである労基法は，本来，すべての教員に適用されなければなりません。にもかかわらず，公立学校教員に関しては，民間の労働者とも，他の地方公務員とも異なる特殊ルールが採用され，無定量な労働時間を常態化する慣行が学校現場に根づいてきました。教員に人間らしい生活を保障するためにも，また，子どもたちの学習条件を保障する観点からも，既存の特殊ルールの見直しが求められています。教職員は，日々の教育実践を大切にしつつも，自らの労働条件や身分保障，さらにはこれらを定めている法律や政策についても関心を払うことが必要となっています。

 さらに学びたい人のために

○西谷敏・野田進・和田肇（編）『新基本法コンメンタール労働基準法・労働契約法』日本評論社，2012年。
　本来，労働者である教員に適用される労働基準法の基本ルールを逐条解説により網羅的に説明しています。また，国立学校，私立学校教員の労働条件や身分保障についても詳述されているため，本章の詳細を知るうえで適しています。

○世取山洋介・福祉国家構想研究会（編）『公教育の無償性を実現する——教育財政法の再構築』大月書店，2012年。
　教員給与に関する特殊ルールについて検討するとともに，教員の身分保障や労働条件を保障するための教育財政の仕組みについて検討しています。教育とお金をめぐる問題の勉強においてもっとも適したテキストです。

---

\*7　なお，公立学校に勤める臨時採用，非常勤，再雇用の教員は，形式上公務員となるため，労働契約法の対象外とされている。また一方で，先に見た正規採用された教員を対象とする地公法上の身分保障は適用されない。このため，労働契約法と地公法の狭間にあってその身分が不安定な状況にあることが問題視されている。この「非正規公務員」をめぐる問題については，上林陽治『非正規公務員の現在——深化する格差』（日本評論社，2015年）が参考になる。

# 第7章

# 学び続ける教師
──教員研修の意義と課題──

|　　　　　　　　　　　学びのポイント　　　　　　　　　　　|

- 生涯にわたって学び続ける存在としての教師について理解する。
- 教員研修の意義や制度や課題について理解する。
- 教師が学び続けるためのリソースやネットワークについて理解する。

## WORK　授業実践から学ぶ

1．実際の授業から学ぶ

　公開研究会などの授業を参観（ビデオの視聴）ができる場合は，授業のなかの子どもや教師の様子から学んだことと，気になった部分を話し合ってみましょう。

　① 　4人グループになって，子どもの様子からあなたが学んだことを，「私が学んだことは，～です」という形式で話しましょう。

　② 　子どもの様子から，あなたが気になった部分について，その理由も一緒に話してみましょう。

　③ 　参加者の話を聞いて，授業での子どもの様子について，学んだことをみんなで共有して，自分の言葉で書いてみましょう。

2．教育実践記録から学ぶ

　教科教育や生徒指導の雑誌やインターネットのサイトなどから，興味をもった教育実践記録や授業記録の記事を探して，互いに紹介し，検討してみましょう。

　※実践記録は，本章の表7-2に示した民間教育研究団体の機関誌にも載っているので，参照してください。

　① 　4人グループになって，互いに，自分が興味をもったものを持ち寄って，内容をそれぞれ紹介し合いましょう。

　② 　授業内容や指導について想像しながら，生徒・教師の立場で考えて，意見を共有しましょう。

　③ 　授業（内容，教材研究，生徒対応など）について，あなたが学んだことを，「私が学んだことは，～です」という形式で表現してみましょう。

第7章 学び続ける教師

● 導 入 ●
　本章は，研修制度の歴史や意義，課題を知ることで，学びの専門家としての教師の仕事について，読者のみなさん自身に考えてもらうことを目的としています。教師になる前のみなさんにとっては，教師の研修はまだ先の話であって，身近な話題ではないかもしれません。しかし，教師教育について，文部科学省によって何が提案され，どのような施策が行われているのかは，これから教師を目指すみなさんにとっては知っておくべき事柄でしょう。また，本章で扱う授業研究の歴史や校内研修の課題などについて学ぶことで，教師が学びの専門家として学ぶための，キャリア形成やネットワークの構築について考えてもらいたいと思います。

## 1　教え手から学びの専門家へ

### 1　教師の仕事

　教師には担うべき職務や職責が多くありますが，教師の仕事とは，子どもたちと一緒に新たにものごとを学ぶことのできる，とても魅力的な仕事です。教師になりたいと思っている人のなかには，誰かに何かを教えるのが好きだという人が多いのではないかと思います。確かに，他者に何かを伝え教えるという行為は，自分の知識と理解を深いものにしてくれます。また，伝えてわかってもらえたときのお互いの歓びは，何にも代えることのできない体験でしょう。
　しかし，教師の仕事の醍醐味の一つは，自分が知っていることを，それを知らない子どもと，「なぜ」「どうして」と一緒に不思議に思い，「次はこれをやってみよう」と挑戦することを通して，教師自身も再び学習内容に出会い，学び直すことができることにあるのではないでしょうか。教師は，子どもに学習内容を出合わせ，学びを促す"プロデューサー"であり，そして，自分自身が"よき学び手"として，学びの専門家であることを求められているのです。そのためには，自らの実践をたえず省察する機会が必要なのです。
　教師の職責として，「法律に定める学校の教員は，自己の崇高な使命を深く

自覚し，絶えず**研究**と**修養**に励み，その職責の遂行に努めなければならない」と規定されています（教育基本法第9条）。そして，教育公務員である教員は，「研究」と「修養」，すなわち「**研修**」が教職生活において重視され（教育公務員特例法第21条。以下，**教特法**），「教育公務員には，研修を受ける機会が与えられなければならない」（教特法第22条第1項）と定められています。

さらに，教員は「授業に支障のない限り，本属長の承認を受けて，勤務場所を離れて研修を行うことができる」（教特法第22条第2項）ことと，「任命権者の定めるところにより，現職のままで，長期にわたる研修を受けることができる」（教特法第22条第3項）ことが規定されています。日本以外の多くの国でも，法律や教員組合との協定等によって教師に研修の義務と権利を規定し，教師に研修の機会を保障しています。

## 2 学び続ける教員像へ

学びの専門家を目指す方向は，2012年の中央教育審議会答申（以下，中教審）「教職生活の全体を通じた教員の資質能力の総合的な向上方策について」において，「**学び続ける教員像**」が提示され，「学び続ける教員を継続的に支援するための一体的な改革を行う必要がある」と提案されたことにも表れています。そして，教員が教職のなかで生涯にわたって資質能力を向上させる重要性を考慮して，**教員の養成・採用・研修の一体的改革**が提案されました。[*1]

その後，学習指導要領の改訂（幼・小・中・特別支援学校は2017年，高校は2018年）を見据えて，「教育公務員特例法等の一部を改正する法律」（2016年公布，2017年3月施行）において，学校教育関係職員の資質の向上を図るため，公立の教職員の任命権者（都道府県及び政令指定都市の教育委員会）に，「校長や教員としての資質の向上に関する指標」やそれを踏まえた教員研修計画の策定を義務づけるとともに，「中堅教諭等資質向上研修」という新しい研修制度を創設することなどが定められました。この校長及び教員の資質の向上に関する指標

---

\*1 　中央教育審議会答申「これからの学校教育を担う教員の資質能力の向上について――学び合い，高め合う教員育成コミュニティの構築に向けて」2017年。

では，教師の成長段階に応じて求められる能力と役割のもとで，教師が身につけるべき力を学習指導・生徒指導・学校運営等のそれぞれの領域において示しています。2018年3月の時点で，教諭の指標が67自治体（47都道府県と20政令指定都市）のすべてで作成され[*2]，この指標に基づく研修制度が構築されていくことになっています。つまり，教員免許を取得して教師になってからも，研修を通して自ら資質や能力を向上させるために生涯にわたって学び続けることが求められているのです。

そして，教師個人が資質や能力を高めるために学び続けることが求められているだけでなく，教師は学校で育つということも重視されてきています。なぜなら，それぞれの学校にはその地域や子どもたちの様々な課題があるだけでなく，近年の社会の変化に伴い，教師個人の力だけで解決するのが難しい事例も多くなっているからです。また，団塊の世代の教師が退職して以後，若手教師が増えたことにより，学校全体で省察の場を共にし，問題を解決することを通して学び合い，育ち合うことが必要になっているのです。

## 2 教員研修制度

### 1 研修の形態や実施区分

教師が自己研鑽をする機会や方法は様々に存在し，研修といってもいろいろな形態や実施区分があります。参加者が職務命令によって職務の一環として参加する「**職務研修**」，「教特法第22条第2項に基づく研修（授業に支障のない限り，本属長の承認を受けて勤務場所を離れて研修を受けることができる，職務専念義務の免除による研修＝「**職専免研修**」とも言います）」，勤務時間外の「**自主的な研修**」に分けられます。

図7-1に国，都道府県などが実施している研修を示してあります。多くの

---

\*2　教職員支援機構次世代教育推進センター「平成29年度公立の小学校等の校長及び教員としての資質の向上に関する指標策定に関するアンケート調査結果（第4回）」http://www.nits.go.jp/research/result/001/files/013_001.pdf（2018年6月30日閲覧）。

第Ⅱ部　教職の特徴

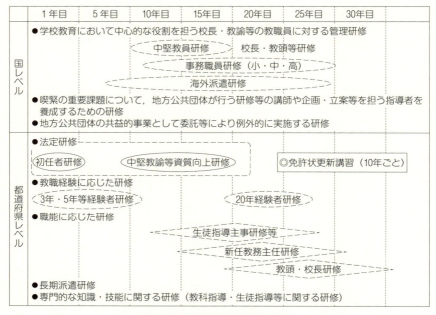

**図 7-1　教員研修の実施体系**
出所：文部科学省「教員研修の実施体系」http://www.mext.go.jp/a_menu/shotou/kenshu/1244827.htm（2018年6月30日閲覧）などを参照し，筆者作成。

研修の機会が設けられていますが，法で定められている研修（**法定研修**）として，教職1年目の「**初任者研修**」（教特法第23条）と，「**中堅教諭等資質向上研修**」（教特法第24条）があります。都道府県の教育委員会によっては，3年・5年経験者研修という教職経験に応じた研修や，主任・主幹研修などの職能に応じた研修が実施されています。

1960年代以降，教育行政が主導する授業研究や研修が増え，都道府県や市区町村の教育センターや大学が多くの研修を提供しました。これらの研修や講座が実質的に学校現場の研修を支えてきました。2017年に教員研修センターが独立行政法人教職員支援機構となり，地方公共団体や大学等と連携を図りながら，教職員に対する資質能力向上の総合的支援を行う全国拠点としての役割を担うようになりました。教職員支援機構は，都道府県教育委員会や教職員研修への指導助言や調査研究のみならず，校内研修の支援ツールなども提供しており，

教職員の研修の集約的な組織となっていっています。

　このほかには，都道府県教育委員会が主催の教育研究会（都道府県教研）や，市区町村の教育研究会（市区町村教研）が定期的に開催されています。こうした教育研究会では，全体での講習以外に，各教科や領域の部会にそれぞれが所属し，他の学校の先生との交流を通して部会ごとに研修を進めます。また，都道府県の研究員として選ばれると，協働して新しい教材や授業の開発に取り組むことや，国レベルの研修として，文部科学省の研修では，国家規模のプロジェクトの一部で研修をすることが可能なこともあります。多忙ゆえに研修に参加する時間や支援が不足して，教師が自ら望む研修に参加できないという問題も指摘されていますが，自分の実践を省察したり，新しい知識を得たりするために，こうした研修の機会を有効に活用してもらいたいと思います。

## 2　教員免許更新制

　2006年12月の「教育基本法」の改正を受けて，2007年に「学校教育法等の一部を改正する法律」「地方教育行政の組織及び運営に関する法律の一部を改正する法律」「教育職員免許法及び教育公務員特例法の一部を改正する法律」の教育三法が成立し，教育職員免許法で免許状の有効年限が10年と定められ，教員に対する「免許状更新講習」が2009年から導入されました。文部科学省によると，教員免許更新制は，「その時々で求められる教員として必要な資質能力が保持されるよう，定期的に最新の知識技能を身に付けることで，教員が自信と誇りを持って教壇に立ち，社会の尊敬と信頼を得ることを目指すもの」とされています。[*3]

　教員免許更新制の導入が議論されたとき，子どもの社会性の不足や，いじめや不登校の深刻な状況に加え，特別な支援が必要な子どもへの対応といった新たな課題に教師が直面している状況への対応や，知識を定期的にリニューアルし，高度専門職としての教師が必要であるという意見がありました。当初，不

---

＊3　文部科学省「教員免許更新制」 http://www.mext.go.jp/a_menu/shotou/koushin/（2018年6月30日閲覧）。

適格教員の排除に関する議論もされましたが，免許更新制は不適格教員の排除を目的としたものではないということを，文部科学省も明記しています。

　この教員免許更新制は，原則として教員免許状の有効期限満了日の2年2か月から2か月前までの2年間に，大学などが開設する30時間以上の免許状更新講習を受講・修了した後，免許管理者である都道府県教育委員会に申請しなければなりません。30時間以上の講習の内訳は，必修領域（6時間以上），選択必修領域（6時間以上），選択領域（18時間以上）となっています。また，免許状更新講習の開設については，受講者の利便性を考慮して，長期休業期間や土日の開設を基本としつつ，通信・インターネットや放送による形態なども認められています。日本のような免許更新制を採用している国は海外にもあまりないのですが，他の国でも，自分の専門職性の開発計画を立て，教師が研修を続けていることには変わりありません。

## 3　学校内外での学び

　前節では，教育委員会等によって実施される行政研修や教員免許更新制について見てきましたが，ここでは，学校内外で行われる教師の研修や学びの場についてみていきましょう。

### 1　授業研究としての校内研修の歴史

　日本は，どの学校においても校内研修や授業研究が行われており，その歴史は，明治期にまで遡ることができます。校内研修は，授業の様式が定型化した明治30年代（1900年頃）にはすでに始まっており，授業の観察と批評を行う校内研修が普及し，発問法や板書の研究が教師の間に浸透して，教師の専門的な職業文化が構成されていました[*4]。大正期（1912〜1926年）の自由教育運動が広まった時期には，**明石女子師範学校附属小学校**における「**分団的動的教育法**」[*5]

---

＊4　北神正行・木原俊行・佐野享子（編）『学校改善と校内研修の設計』学文社，2010年，p. 64。

や，**成城小学校**\*6における実地教育や新教科など，新しい教育方法やカリキュラムが開発されていきました。また，**合科学習**を行った**奈良女子高等師範学校附属小学校**\*7では，機関誌『学習研究』を発行して学校の実践に関する情報を発信したり，実践を公開したりしていました。

また，1920年代から行われていた「**生活綴方**(つづりかた)」は，子どもたちの生活に根差した作品を子どもが綴り，その作品を読み合う過程で子どもの内面や生活を共有し，子どもたちの表現と認識の力を育て，生き方の指導を行う教育方法として広まり，教師は集団で作品研究を行っていました。\*8 戦後，生活綴方は授業研究として広まり，学校づくりの一環として組み込まれていきました。\*9 また，生活綴方だけでなく，戦後，教師を中心とした自主的な研究運動である**民間教育運動**が教科や領域ごとに組織され，教育実践を基盤に研究が進められました。

戦後の授業研究のなかで，教師とは教える人であり，子どもとは学ぶ人であるという戦前からの指導観を否定し，乗り越えようとする実践も出てきました。たとえば，**斎藤喜博**\*10の島小学校での実践は，授業では教師も子どもも事実に則して物事を考え合い追究し合うために，教師が子どもの事実から学ぶことを重視しました。斎藤喜博の実践以外にも，研究授業と授業協議会が都市部や農村部を問わず行われ，教師のインフォーマルな専門家文化を育ててきました。

こうして，日本の学校に多様な教育方法と授業研究が根づき，教師文化を育んできましたが，近年いくつかの困難に直面しています。教師の多忙化や民間教育研究団体の衰退もあり，自主的な教師の研究や研修の機会が減りつつあります。その一方で，文部科学省の研究開発学校制度などの研究指定校制度が広

---

\*5 明石女子師範学校附属小学校主事であった及川平治（1875-1939）が提唱した教育法。一斉授業を，子どもの個性や学習状況に応じて，「全体」「グループ」「個別」と変化させて指導した。

\*6 澤柳政太郎（1865-1927）によって1917（大正6）年に設立された，新教育の実験校。個性尊重の教育，自然と親しむ教育，心情の教育，科学的研究を基礎とする教育を掲げ，「聴方科」などの新しい教育実践を行った。

\*7 木下竹次（1872-1946）が主事を務め，従来，教科別に学習していた教材を，子ども自身の生活の事実を中心に統合した「合科学習」を実践した。

\*8 日本教育方法学会（編）『教育方法学研究ハンドブック』学文社，2014年，pp. 310-311。

\*9 日本教育方法学会（編）『日本の授業研究（上巻）』学文社，2009年，p. 14。

\*10 斎藤喜博（1911-1981）は日本を代表する教育実践家であり，1952〜63年に校長を務めた群馬県島小学校では，「○○ちゃん式間違い」や「対立と討論」を通して，教師と生徒が共に真理を追究する授業を実践した。

まり，教育委員会との協働による授業研究や校内研修が増えています。その内容も，特定の教科や教育課題を対象とした授業研究や，次期学習指導要領の課題に先行して取り組む研究が増加しています。それゆえ，多様で豊かな教育方法や授業研究を生み出しにくく，教師のインフォーマルな専門家文化も育みにくい状況になっていると言わざるを得ません。

しかし，このような状況のなかで，1990年代以降に大学と学校との協働による，様々な授業研究や方法による校内研修も行われるようになっています。たとえば，佐藤学が提唱する「学びの共同体」としての学校づくりと教師の同僚性を育む校内研修（協議会）のひろがりがあげられます[*11]。授業をすべての教師が公開して，協議会において目の前の子どもの学びの事実から学び，学びの専門家としての教師像を提示したことも重要でしょう。

### 2　授業研究・校内研修の課題

2010年の国立教育政策研究所の調査では，「1年間に授業研究・協議会（授業公開）のある校内研修をどれくらい実施していますか」という質問に，一番回答数が多かったのが，小学校では年間6～10回（43％），中学校と高等学校では年間1～5回（中学校61％，高等学校62％），でした[*12]。小・中学校のみの調査ですが，2017年の全国学力学習・状況調査の学校質問紙においても校内研修の実施回数を尋ねており，校内研修を年間に11回以上行っていると回答したのが小学校で41.5％，中学校で24.8％，5～10回と回答したのが小学校で46.4％，中学校で42.8％という結果でした[*13]。近年ますます多くの学校で校内研修が行われていることがわかります。

それぞれの学校で校内研修での省察を通して先生方の学びが豊かになっていくことは喜ばしいことですが，校内研修やその在り方にはいくつかの課題が指

---

＊11　佐藤学『学校を改革する――学びの共同体の構想と実践』岩波書店，2012年。
＊12　国立教育政策研究所「校内研究等の実施状況に関する調査」2010年9月25日　https://www.nier.go.jp/kenkyukikaku/pdf/kounaikenkyu.pdf（2018年6月30日閲覧）。
＊13　国立教育政策研究所『平成29年度全国学力・学習状況調査報告書【質問紙調査】』2017年，pp. 179, 186。

摘されています。たとえば，校内研修が抱える課題として，木原は，機会が限定的であることや，個々の教師の問題意識を反映させがたいこと，「型はめ」に陥りやすく，閉鎖的で保守性が強いことをあげています[*14]。現在，校内研修の回数は増えていますが，すべての先生方が授業を公開して協議会ができている学校はそれほど多くありません。また，多くの場合，研究指定の課題をみんなで追究する方法で進められるため，個人の問題意識を反映しにくい状況があります。学校段階での違いを見てみるなら，千々布が指摘しているように，どの学校段階でも校内研修が実施されているものの，小・中学校では一つのテーマのもとに授業研究に組織的に取り組んでいるのに対して，高等学校では組織的な取り組みよりも個々の授業研究が独立している傾向が強いこと等，学校種特有の課題もあります[*15]。

　また，校内研修をめぐる**教師の学習観の転換**も必要でしょう。表7-1に示したように，秋田[*16]は，校内研修としての授業研究を，「効果的伝達モデル」と「協働構築モデル」の2つに分類して整理しています。効果的伝達モデルでは，指導案や指導法の技術や伝達に習熟することを中心として，生徒の問題や課題を解決していく，短期―本時主義であり，講師や先輩やベテラン教師が若手に教える役割を果たします。一方の「協働構築モデル」は，授業に立ち会った者全員が学習者として参加し，省察と対話を通して次の課題を発見していく長期―探究サイクルです。

　子ども中心の授業研究や，子どもの学びの事実から学ぶ授業研究が重要であるとよく言われますが，同じような研修を行っているつもりでも，授業研究を支えるモデルによって，まったく異なる研究スタイルになってしまうこともあるのです。

---

\*14　北神正行・木原俊行・佐野享子（編）『学校改善と校内研修の設計』学文社，2010年，pp. 59-62。
\*15　千々布敏弥『プロフェッショナル・ラーニング・コミュニティによる学校再生――日本にいる「青い鳥」』教育出版，2014年，pp. 61-63。
\*16　秋田喜代美「教師教育から教師の学習過程研究への転回――ミクロ教育実践研究への変貌」矢野智司ほか（編著）『変貌する教育学』世織書房，2009年，p. 66。

表 7-1 授業研究における学びのモデル

| 教師の学び | 効果的伝達モデル | 協働構築モデル |
|---|---|---|
| 学びのヴィジョン | 教師文化の再生産<br>教育行政課題の対応による効果的な学校の実現 | 自律的な学校文化の創造<br>ニーズと信頼への応答による民主的な学校の実現 |
| 教師の学習行為 | 指導法・見識の伝達・習熟モデル<br>生徒の問題の診断<br>教師の知識や技能の獲得 | 実践のヴィジョンと専門的知識の協働構築モデル<br>学び手としての生徒と教師の可能性の発見 |
| 学習者―指導者の役割 | 学習者：若手の授業担当者<br>指導者：講師・先輩教師<br>(役割は固定・集中) | 授業に立ち会った者全員が学習者<br>(役割は変化・分散) |
| 価値づけられる行為 | 反省と問題への対処<br>指導・助言 | 問いと課題の発見<br>協働での対話の過程 |

出所：秋田（2009），p. 66。

## 3 民間の教育研究団体の研究——実践記録とディスコース・コミュニティ

　日本の戦後の民間教育研究団体の活動も活発であり，教師が自主的に各領域の実践や学びを蓄積してきた歴史があります。民間教育研究団体の取り組みにおいて，**実践記録**が書かれ，検討され共有されることによって，授業研究が発展してきました。このような取り組みは，他国と比較しても特徴的で豊かな実践であると言えます。

　1947年に，文部省（当時）から「**学習指導要領一般編（試案）**」が手引き（ガイドライン）として示され，教育課程を教師自身が自分で研究し，みんなの力でつくりあげていく過程のなかで，**日本教職員組合**の**教育研究集会**の部会の議論なども経て，表 7-2 に示すような様々な教育研究団体が設立されました。[17]それぞれの団体の紹介は紙幅の関係でできませんが，これらの教育研究団体は，教師や研究者や当事者の自主的なサークルとして発足し，特徴的な教育実践を生み出してきたこと，授業記録に基づいて教育実践を語る「ディスコース（＝対話や語りの）コミュニティ」を形成していること，それぞれの団体で実践記

---

[*17] 民間教育研究団体については，日本教育方法学会（編）『日本の授業研究（上巻）』学文社，2009年の第 3 章を参照のこと。

表7-2 主な民間教育研究団体

| 領　域 | 民間教育研究団体団体名（発足年）・機関誌 |
|---|---|
| 言語と教育 | 日本作文の会（1950）『作文と教育』，児童言語研究会（1951）『国語の授業』，教育科学研究会国語部会（1952）『教育国語』，文芸教育研究協議会（1964）『文芸教育』，科学的「読み」の授業研究会（1986）『国語授業の改革』　など |
| 科学と教育 | 歴史教育者協議会（1949）『歴史地理教育』，数学教育協議会（1952）『数学教室』，科学教育研究協議会（1954）『理科教室』，新英語教育研究会（1959）『新英語教育』，仮説実験授業研究会（1966）『たのしい授業』　など |
| 子どもと教育 | 教育科学研究会（1952）『教育』，日本生活教育連盟（1953）『生活教育』，社会科の初志をつらぬく会（個を育てる教師のつどい）（1958）『考える子ども』，全国生活指導研究協議会（1959）『生活指導』，全国進路指導研究会（1963）『進路教育』，全国障害者問題研究会（1967）『みんなのねがい』　など |
| 表現と教育 | 東京都図画工作研究会（1948），造形教育センター（1955），学校体育研究同志会（1955）『たのしい体育・スポーツ』，音楽教育の会（1957）『音楽教育』，新しい絵の会（1959）『美術の教室』，教育科学研究会「身体と教育部会」（1960），全国体育学習研究会（1961）　など |

出所：日本教育方法学会（2009）を参照し，筆者作成。

録を載せた機関誌を刊行していることが特徴と言えるでしょう。実践記録を書き，仲間と読み合って検討することによって省察を深め，教科や教材や子どもの研究を自主的に行ってきました。そして，教師や研究者の学びのネットワークとして機能してきました。

表7-2にあげた民間教育研究団体の多くが，時代や社会の変化に対応しながら現在も機関誌を刊行しています。また，ほとんどの団体が定例の研究会を実施しています。教師を目指すみなさんには，大学での学びや学校ボランティアなどの活動だけでなく，このような民間の教育研究団体の機関誌の教育実践を読んで歴史から学ぶことや，実際に定例会や研究大会に参加することで，より実践的な問題を肌で感じながら学んでもらいたいと思います。このことが，みなさんのこれからの学びのネットワークを構築していくことにもなるでしょう。

# 4 キャリアの形成と研修

## 1 キャリア形成とジェンダー

　研修と併せて，教師としてのキャリアの形成について触れておきたいと思います。教員の役職やキャリアといえば，子どもたちの授業や生活の指導を行う教諭，いわゆる「ヒラ教員」か，教頭・副校長や校長といった管理職を思い浮かべる人も多いと思います。しかし，教員の任用制度では，指導教諭，主幹教諭，副校長，校長などの職階があり，選考を経て昇進し，職能に応じた研修を受講することになります。[18]

　教師は育児休業も取得でき，男女平等な仕事であると言われますが，実は，キャリアアップして管理的な立場にある教師には，ジェンダー上のアンバランスが存在しています。日本の女性管理職全体を見ても世界的に非常に少ないのですが，こうした傾向は学校教育においても見られ，女性管理職の割合はそれほど高くありません。表 7-3 に示したように，2017年度に女性管理職（校長・副校長・教頭）の割合が全体の 2 割を超えているのは，小学校の副校長と教頭のみです。[19] 小学校の教師全体に占める女性の割合が約 7 割であることを考えるなら，少ないと言わざるを得ません。また，2015年に「女性の職業生活における活躍の推進に関する法律（**女性活躍推進法**）」が制定され，社会全体で女性管理職を 2 割以上に増やすことを目指しているものの，中等教育ではその目標にはほど遠いことや，学校段階や都道府県による差も顕著です。

　昇進について，男性はガラスのエスカレーターをのぼって早々に管理的立場に立ち，女性はガラスの天井に阻まれるかのようになかなか昇進できない状況がないとは言えません。女性管理職数の少なさの要因としては，結婚・出産・

---

*18　東京都教育委員会「教員の任用」http://www.kyoiku.metro.tokyo.jp/staff/personnel/screening/assignment/（2018年 6 月30日閲覧）。

*19　文部科学省「平成28年度公立学校教職員の人事行政状況調査について」http://www.mext.go.jp/a_menu/shotou/jinji/1399577.htm（2018年 6 月30日閲覧）。

表7-3　各学校段階における女性管理職比率（2017年度）　（%）

| 女性比率 | 小学校 | | | 中学校・義務教育学校 | | | 高等学校・中等教育学校 | | |
|---|---|---|---|---|---|---|---|---|---|
| | 校長 | 副校長 | 教頭 | 校長 | 副校長 | 教頭 | 校長 | 副校長 | 教頭 |
| | 19.4 | 31.3 | 23.8 | 6.6 | 12.8 | 10.4 | 7.5 | 8.3 | 9.0 |

出所：文部科学省「平成28年度公立学校教員の人事行政状況調査について」より筆者作成。

介護などのライフ・イベントや家庭責任ゆえにキャリア計画の見通しをもてないことや，こんな管理職を目指したいと思う手本（ロールモデル）となる女性管理職や，管理職になったらどうかと勧めてくれる女性の先輩（ゲートキーパー）が少ないことなどがあげられます。もちろん，キャリア形成については女性教師だけの問題ではありませんが，キャリアとジェンダーの不均衡の解消は課題の一つと言えるでしょう。

## 2　キャリア形成と教職大学院

　キャリアの形成として，「**教職大学院**」での学びも，その手段の一つとなるでしょう。教職大学院は，2008年度から国立大学法人を中心に，私立大学にも設置されています。教職大学院での学びの特徴は，学校や教育委員会と協働して，現場での実習と大学院での理論とを往還させる教育内容と方法によって，実践の課題に応じた研究ができることです。

　教職に就いてから数年を経て，自分の学校を離れて教職大学院で多様な視点から学ぶことは，これまでの自分の実践を省察するよい機会になります。そして，「ミドル・リーダー」として自分の役割を理解し，新しい知識を得る場となるでしょう。また，大学の学部を卒業してすぐに教職大学院で学ぶこともできます。実習や授業開発など，学校現場の実践に根差した授業や研究活動が展開されているため，教職大学院の終了後に現場で体験して学んだことを生かせると，学校にも貢献できるでしょう。

　様々な研修制度や学びの機会がありますが，自分のキャリア形成も見据えて，自分でその機会を選択して取り組んでいってもらいたいと思います。

**まとめ**

　法定研修や行政による研修だけでなく，免許状更新講習が法制化されたことによって，研修は受けるものであるという考え方が定着しつつあります。しかし，自分自身のキャリア形成も考慮して，学びの専門家としての教師を目指して，学校内外の研修に自主的に参加することが重要でしょう。本章で触れた研修以外にも，大学・研究所などによる研究会やシンポジウム，教材会社等による講座，教材研究のための調査，そして，教養を深めるための様々な活動など，学ぶ機会はたくさんあります。よき学び手として，学校内外に学びのネットワークをつくり，知恵をもった先人や共に働く同僚から，経験や知恵を謙虚に学ぶことが重要です。

 さらに学びたい人のために

○日本教育方法学会（編）『日本の授業研究（上・下巻）』学文社，2009年。
　　日本の授業研究について，歴史，方法，実践が総合的に論じられています。本章では触れることのできなかった各教科・領域における民間教育研究団体の取り組み等も詳述されているので，各自，興味のあるところから読んでもらいたい本です。

○佐藤学『学校を改革する――学びの共同体の構想と実践』岩波書店，2012年。
　　学びの共同体による学校・授業改革について，その哲学や活動について理解できるブックレットです。このほか，日本と海外における学びの共同体の実践は，『学びの共同体の挑戦――改革の現在』（小学館，2018年）などに多く紹介されています。

第 8 章

# 学校を構成する様々な専門職
――チームとしての学校――

● ● ● 学びのポイント ● ● ●

- 「チームとしての学校」のねらいを理解する。
- 「チームとしての学校」に参画する様々な専門スタッフを理解する。
- 「チームとしての学校」を効果的に実施するために高めたい力を確認する。
- 専門スタッフや地域スタッフと協力してどんな指導ができるか考える。

第Ⅱ部　教職の特徴

## WORK　チームで行う生徒指導

　あなたは4年3組の担任です。今日の国語の授業のA君のワークシートの振り返り欄に以下のように書かれていました。

> 授業でわかったことを書きましょう。
>
> 　山田君の6年生のお兄ちゃんのマー君から，ユウキがお前のことくさいから遊びたくないって言っていたぞ，といわれました。くさいでしょうか？？？

Q．あなたはどのように対応するかを考えてください。

> 自分の意見

> グループのメンバーの意見

> あなたはチームのどんなスタッフにどんな相談をしたいですか。

140

第 8 章　学校を構成する様々な専門職

● 導　入 ●

　いま学校では，子どもたちの指導に関わるスタッフとして，どんな人たちが働いているでしょうか。校長，教頭，担任，教科担任，養護教諭，栄養教諭，事務職員……。あなたはどれだけの人をあげることができましたか。これからの学校は「チームとしての学校」として，さらに多くのスタッフが協働して働くことになります。本章では，そうした「チームとしての学校」の特徴を，その着想の由来と，組織体制の現状と，その未来像の観点から，総合的に確認していきましょう。

# *1*　「チームとしての学校」に込められた 3 つの願い

　「チームとしての学校」が提案されたのは2015年です。2015年12月の中央教育審議会答申「チームとしての学校の在り方と今後の改善方策について」（以下，2015年答申）を受けて，2016年 8 月に「次世代の学校指導体制の在り方について（最終まとめ）」と「次期学習指導要領等に向けたこれまでの審議のまとめ（案）」が公表され，「チームとしての学校」を前提とした次世代の教育のグランドデザインが示されました。このときから，日本の学校は，「チームとしての学校」という組織体制のもとでの発展を目指しています。

　そのアイデアの水脈を辿っていくと， 3 つの独立した要請があることがわかります。

## 1　学校と地域や保護者との新しい関係づくり

　第一は，学校と地域や保護者との新しい関係づくりです。この「新しい関係づくり」に向かう契機となったのは，2000年の学校教育法施行規則の改正です。[*1]

---

[*1]　2000年の改正では，これからの学校が，より自主性・自律性をもって，校長のリーダーシップのもと組織的・機動的に運営され，幼児児童生徒の実態や地域の実情に応じた特色ある学校づくりを展開することができるように，「校長及び教頭の資格要件の緩和」，「職員会議」及び「学校評議員」に関する規定が設けられた。

この改正以降，文部科学省は，学校運営に関わる施策を次々に採用してきました。主なものだけでも，2000年に**学校評議員制度**[*2]が開始されたのをはじめとして，2007年に**学校評価**が義務化され，2008年には**学校支援地域本部**[*3]の設置が始まりました。2014年には2007年に提案された**放課後子供教室**[*4]が放課後子ども総合プランとして本格実施に入り[*5]，2017年には「地方教育行政の組織及び運営に関する法律」の改正と社会教育法の改正によって，研究開発学校において実施されてきた**コミュニティ・スクール**[*6]の実施や**地域学校協働本部**[*7]の設置のための法的な整備が行われました。そして，これらの改革の統合的なプランとして，2017年4月から「チームとしての学校」が始まったのです。

　上記の学校運営に関する改革施策はいずれも，学校と地域や保護者との新しい関係を構築することを目指しています。その新しい関係を端的かつ明解に示しているのが，学校評価の制度化です。

　学校評価が義務化されたのは2007年の学校教育法の改正においてですが，試行実施にあたって2006年に作成された学校評価ガイドラインを1年で改訂し，2008年からは改訂版ガイドラインに基づいて実施されています。このガイドラインの改訂に学校運営の大転換が示されています。

　2006年版学校評価ガイドラインにおける学校評価は，自己評価と外部評価と第三者評価の3つで構成されていました。しかし，2008年度版では外部評価を学校関係者評価と呼ぶことが提案され，この方針は最新の2016年度改訂版にも

---

* 2 　**学校評議員制度**：地域に開かれた学校づくりの推進のため，校長が，学校の職員以外で教育に関する理解や識見を有する者に，学校運営に関して意見を求めることができる制度。
* 3 　**学校支援地域本部**：2003年に杉並区立和田中学校の民間人校長藤原和博氏が自校の外部団体として設置した「和田中学校地域本部」をモデルとして，文部科学省が2008年より全国の中学校区に設置を奨励してきた，学校支援を目的とした小・中学校共用の地域人材バンク。
* 4 　**放課後子供教室**：待機児童問題の解消のため，文部科学省が放課後児童クラブ（学童保育）を実施している厚生労働省と共同で2014年に開始した放課後子ども総合プランのなかで実施されている。放課後の居場所，様々な体験活動や地域住民との交流活動を子どもたちに提供する場として，地域スタッフによって運営されている。なお，放課後子ども教室自体は2007年に推進事業として開始されている。
* 5 　その後，これまでの放課後児童対策の取り組みをさらに推進させるため，放課後児童クラブの待機児童の早期解消，放課後児童クラブと放課後子供教室の一体的な実施の推進等によるすべての児童の安全・安心な居場所の確保を図ること等を内容とした，「新・放課後子ども総合プラン」が2018年9月に策定された。

継承されています。これは、外部評価と第三者評価との違いが明確でなかったことを修正したものですが、保護者や地域を外部ではなく学校関係者として位置づけたことはそれ以上の意味をもっています。

2006年度版ガイドラインは、学校評価の必要性に、「教育の質の保証・向上」と「学校運営の改善」と「信頼される開かれた学校づくり」をあげています[*8]。そして、外部評価(学校関係者評価)が直接関わっている「信頼される開かれた学校づくり」は「自己評価及び外部評価の実施とその結果の説明・公表により、保護者、地域住民から学校運営に対する理解と参画、協力を得て、信頼される開かれた学校づくりを進めます」と説明されています。それが2008年度版では、学校評価の必要性が「学校の組織的・継続的な取組」と「教育委員会による支援・改善」と「説明責任 学校・家庭・地域の連携協力」に改められ、「説明責任 学校・家庭・地域の連携協力」の解説も「自己評価及び保護者など学校関係者による評価の実施・公表により、適切に説明責任を果たすとともに、保護者や地域住民からの理解と参画を得ながら、学校・家庭・地域の連携協力による学校づくりを進めます」に修正されています[*9]。文部科学省は、ガイドラインの改訂のなかで、学校づくりから、「信頼」という魅惑的な言葉をあえて外したのです。これは、保護者や地域などの学校関係者は、信頼してもらう相手ではなく、一緒に教育に責任をもつ協力者なのだという強烈なメッセージを示しています。〈信頼から参画へ〉という大転換、目指すべき新しい関係性が提案されたのです。

その後に実施されてきた学校運営改革施策はいずれも、この〈信頼から参画へ〉という学校と保護者・地域の新しい関係づくりに基づいています。学校支

---

*6 **コミュニティ・スクール**:2004年の「地方教育行政の組織及び運営に関する法律」の改正によって設置が可能になった学校運営協議会が置かれた公立学校。「地域とともにある学校」への転換を図るための仕組みであり、学校運営に地域の声を積極的に生かし、地域と一体となって特色ある学校づくりを進めていくことが期待されている。
*7 **地域学校協働本部**:学校支援地域本部等の地域と学校の連携体制を基盤として、多くの幅広い地域住民や団体が参画する緩やかなネットワークを形成することにより、地域学校協働活動を推進する、地域コーディネーターを中心とした体制。
*8 文部科学省「パンフレット『学校評価——文部科学省「学校評価ガイドライン」より』」2006年。
*9 文部科学省「パンフレット『「学校評価ガイドライン[改訂]」の概要』」2008年。

援地域本部も，放課後子供教室も，コミュニティ・スクールも，保護者や地域の教育への積極的な参画をベースにしたものです。「チームとしての学校」もこの参画型の関係性に基づいているのです。

### 2　多元的で多角的なまなざし

　第二は，学校に，教師以外のまなざしを取り入れようというものです。
　1980年代以降，校内暴力，不登校，いじめ，学級崩壊，荒れ，キレる子どもなど，様々な児童生徒の問題行動が大きな社会問題となってきました。マスコミによって取り上げられることは一時期よりも少なくなっていますが，どの問題行動も発生件数としては必ずしも減少しているわけではありません。問題の定義や，それらの問題行動への教師たちの関心の向け方が変わってきたことの影響もありますが，統計的に過去最多を更新し続けているものもあります。
　これらの問題行動への対応も，ある時期を境に，大きく転換しました。それは，1990年代のことです。当時の人気ミュージシャンである尾崎豊が代表曲「卒業」で歌ったような激しい校内暴力に学校が揺れた1980年代，学校は「管理教育」によって問題の沈静化を図りました。いわゆる不良を中心とした校内暴力は期待通りに沈静化しましたが，代わって増加していったのが「よい子」や「ふつうの子」を巻き込んだ不登校やいじめ，キレる子どもなどの問題行動でした。この変化は，「管理教育」という既定の学校秩序を維持する力を徹底的に強化することで，そこからはみ出そうする子どもたちのエネルギーを抑圧し，秩序に押し込もうとした対応が，もともと秩序のなかにとどまってきた「よい子」や「ふつうの子」に過剰な抑圧となったと解釈され，当時の学校がもっていた子どもたちに対する抑圧的な力が問題化されることになりました。また，学校教育に上手く乗っていると思われた子どもたちが問題行動を起こしたことは，彼らに対して，行動のレベルではなく，心理的な側面により深く踏み込んだ対応が必要であるという認識を一般的なものにしました。学校に教師とは別のスクールカウンセラーや心の相談員の配置が求められるようになったことには，こうした背景がありました。複雑化した子どもたちの問題には，教

師たちだけでは対応しきれません。そうした問題に教師とは異なる目で専門的に対応してくれる人たちの参画が不可欠となったのです。

専門家の必要性は、他の問題に関しても広がっています。たとえば、学校給食における食物アレルギー問題です。給食時の事故防止のためには、アレルギー対応を踏まえた献立作成の配慮やアレルギー対応のチェック機能を強化することが必要です。それを徹底するためには、保護者や医療機関との連携と同時に、この問題に専門的に適切に対応できるスタッフ、すなわち食物アレルギーに関する専門的知識をもつ養護教諭や栄養教諭、その他の給食関係者たちの、専門家としての目が不可欠なのです。

学校現場は多くの教育課題を抱えています。しかし、同時に社会は、社会的関心の高まりと科学の発展によって、それらの問題一つひとつにかつてよりも適切に対応できる知識や技術と、それらをもつ専門家を生み出しています。それにもかかわらず、それらの問題の専門家とは言えない教師だけですべてに対応しようとすることは決して望ましいことではありません。今後も子どもたちの生活と成長を支える技術はさらに充実していくでしょう。それはより多様な専門家の目で子どもを見守ることができるようになるということであり、そうした専門家スタッフが積極的に参画する「チームとしての学校」が求められるのです。

### 3 教員の多忙解消

第三は、教員の多忙問題への対応です。教員の多忙は、1970年代後半に問題として取り上げられて以来、現在に至るまでずっと問題視され続けているにもかかわらず、未だ解決に至っていない我が国の教員政策の最大の課題です。

教員の働き方に関しては、持ち帰りの仕事を含めて超過労働時間が長いこと、勤務時間内の仕事密度が高いこと、休日にまで仕事が食い込んでリフレッシュできないことなど、様々な問題が指摘されています。法定労働時間内に職務内容のすべてが終わるように設計できていないのですから、日本の学校教育はそもそも制度として破綻していると断じるべきかもしれません。要するに、学校

教育システムが高いレベルで機能できているのは，日本の教師たちが高い〈献身性〉をもって働いてくれているからなのです。先日，若い中学校の先生から，学校の仕事はすべて学校ですることにしたら1か月の超過勤務時間が140時間を超えたという話を聞きました。[*10] よい授業をするための準備に時間がかかることは言うまでもありませんが，それ以前に先生には，部活動指導，行事の準備，会議，校務分掌の仕事，生徒指導，学校・教室環境の整備など，やらなくてはならないことが山積みです。そのうえ，子どもたちに問題が起これば，最優先して対応しなくてはなりません。教師が自分だけでできる授業の準備や教材研究はもっとも後ろに回される仕事です。しかし，それをやらずに済ますことはできません。授業は明日も明後日もあるのです。

こうした状況を改善するために，教師の仕事を機能分化させることが提案されてきました。子どもの問題行動への対応をスクールカウンセラーに任せることや，部活動指導を地域の専門指導員に依頼すること，学校環境の整備に地域ボランティアを活用することなどです。

教師の多忙を解消するためには教員数を増やす以外に方法はないという声もあります。実際，文部科学省は2016年度の概算要求にあたって教員定員増を求めました。しかし，財務省は「学校を取り巻く多様な問題に対しては，引き続き『チーム学校』や『学校を核とした地域づくり』などの取組を強力に進め，多様な専門家や地域住民が参画する『学びの場』を構築するとともに，教員が授業に専念できる環境を整え，単なる『数』ではなく，教育の『質』の向上に向けて効率的で効果的な施策を実現していくべきである」としました。[*11] こうし

---

*10 教員の勤務時間は労働基準法に基づき8時間以内（第32条）とされており，45分間（ないし1時間）の休憩時間（第34条）を挟んで8時から16時30分，8時15分から16時45分などと設定されている。ただし，勤務時間前にすでに学校に来ている子どもたちの安全の保障，授業や行事や生徒指導の準備などで時間外の勤務や家に仕事を持ち帰っている教員，休日に学校で部活動指導にあたっている教員は多い。文部科学省が2016年に実施した教員勤務実態調査によれば，学内勤務時間は小中学校共に平均値で11時間を超え，持ち帰りの仕事を合わせると12時間近い時間となっている。実に平均値で，過労死ラインとされる時間外労働（月80時間）を超えているのである。なお，現在，中央教育審議会では，教員の現状の業務実態に合わせて，総量として勤務時間を規定し，時期によって労働時間を増減させてよいとする「変形労働時間制」の採用が検討されている。

*11 財務省「今後の教職員定数の在り方」 http://www.mof.go.jp/zaisei/matome/zaiseia271124/kengi/02/04/kyoushokuin02.htm（2018年10月29日閲覧）。

て「チームとしての学校」が財務省の言質のもと，今後の教育の充実と多忙の解消の基本方針となりました。学校は，「チームとしての学校」の実現を通して，質の向上を目指していくことになったのです。

　冒頭で紹介した2015年中教審答申は「チームとしての学校」のねらいとして，(1)新しい時代に求められる資質・能力を育む教育課程を実現するための体制整備，(2)複雑化・多様化した課題を解決するための体制整備，(3)子供と向き合う時間の確保のための体制整備，の3点をあげています。この3つは，3つの水脈に対応しています。そのそれぞれにおいて一定の効果が期待されている取り組み，それが「チームとしての学校」の構想なのです。

## 2　「チームとしての学校」の組織構造

### 1　2015年中教審答申の〈チーム〉

　〈チーム〉として取り組むことは，すでに医療，看護，介護などの分野で一般的なものになっています。しかし，チーム医療，チーム看護，チーム介護等[*12]がすべて，それぞれの社会サービスをチームとして行うことによって変革しようとしているのに対して，チーム学校（チームとしての学校）だけは教育を変えるのではなく，組織体制（学校）を変えることをねらいとしています。

　そもそも学校には，教員や事務職員，用務員，給食関係者などの教職員のほか，PTA活動として保護者の方々をはじめ様々な人たちが関わってくれています。読書指導や登下校の安全管理においては地域の人たちの協力が不可欠で，社会教育関連施設や警察などとの連携も重要です。学校が教育の質をより高め，魅力ある教育を行おうとするならば，学校内の教職員の力を高めるだけでなく，

---

\*12　チーム医療は，医師，看護師，メディカル技師，作業療法士，心理士などの多職種の医療スタッフがケースに応じてチームを組み，それぞれの専門スキルをフルに発揮することで，クライエントに最善の治療やケアを実現するもの。ケースごとに症例や治療計画に沿って異なるメンバーのチームが柔軟に組織される。チーム看護やチーム介護は，高い専門性を有するリーダーの元で，複数の看護師，介護士が，組織的，計画的にケアを行うものである。若手やベテランが，キャリアに応じた異なる観点から多角的に一人のクライエントを見つめ，ケアに取り組んでいる。

学校外の人たちとの連携を高め，彼らにどれだけ協力してもらえるかが重要なのです。つまり，学校はそもそも校外に多くの潜在的な外部スタッフを抱えていて，必要に応じて彼らの協力を得ながら教育活動を行っている特殊な構造をもった機関なのです。「チームとしての学校」においてイメージされる学校は，そうした〈地域を巻き込んだ学校〉の発展型です。

　2015年答申は，「チームとしての学校」の範囲について，「『チームとしての学校』の範囲については，学校は，校長の監督の下，組織として責任ある教育を提供することが必要であることから，少なくとも校務分掌上，職務内容や権限等を明確に位置付けることができるなど，校長の指揮監督の下，責任を持って教育活動に関わる者とするべきである」と「学校レベルのチーム」として規定したうえで，「学校と地域はパートナーとして相互に連携・協働していくことが重要であることから，今後，コミュニティ・スクールや地域学校協働本部（これまでの学校支援地域本部等の体制を発展させた学校と地域がパートナーとして連携・協働する体制）等の仕組みによって，地域コーディネーター，地域住民等の参画により，学校支援活動，放課後の教育活動，安全・安心な居場所づくり等を通じて，社会総掛かりでの教育を実現していくことが必要である」（2015年答申，p. 16）と「地域レベルのチーム」の必要を指摘しています。

　学校が今後ますます多くの新しい教育課題に取り組むことが求められるようになっていくことが予想される状況において，「チームとしての学校」を中心となって担っていく教員が，後段の〈地域レベルのチーム〉をしっかり意識し，この大きなチームのなかで自らの**同僚性**[*13]を育んでいくことが大切です。

## 2　地域とつながる「チームとしての学校」の協働関係

　では，「チームとしての学校」のスタッフについて具体的に見ていきましょう。

---

*13　**同僚性**：教育活動を行うなかで，教師集団のなかに形成される教師文化の特性の一つであり，学校の組織構造や教育実践のスタイル，教員政策などの影響を受けて，そのありようは変わる。かつての日本の教師の同僚性は，教師の成長を支えるポジティブな側面をもつ一方で，同調圧力をもち教師に共同歩調を取らせてきたと指摘されている（紅林伸幸「協働の同僚性としての《チーム》――学校臨床社会学から」『教育学研究』74(2)，2007年，pp. 174-188）。

第 8 章　学校を構成する様々な専門職

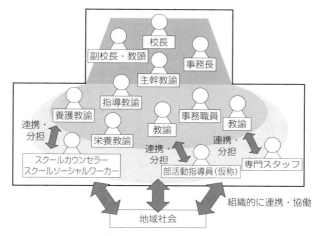

図 8-1　「チームとしての学校」のイメージ
出所：文部科学省「チームとしての学校の在り方と今後の改善方策について（答申）概要」http://www.mext.go.jp/component/b_menu/shingi/toushin/__icsFiles/afieldfile/2016/01/26/1365657_02.pdf（2018年10月29日閲覧）。

　2015年答申は、先に述べた「チームとしての学校」像を図 8-1 のように示しています。この図は、教職員のチームをもっとも狭義のチームとし、彼らと、基本的に本務を学校外にもちながら非常勤で学校の教育活動に参画する専門スタッフを合わせたメンバーを、「チームとしての学校」とすること、そして「チームとしての学校」はその外部に、広義のメンバーとして連携・協働関係をもつ地域社会の諸機関・諸人材をもつことを示しています。つまり、「チームとしての学校」は、その中核を担う教職員と、彼らを専門的に支える専門スタッフと、外部の潜在的な地域スタッフ（保護者・地域人材等）の三層で構成された、とても大きな組織なのです。これは、医療等の他分野で一般的になっているチームが一つの行為（医療や看護）に向けて組織された単層的な小さな構成であることと大きく異なる特徴です。
　この「チームとしての学校」をこれまでの学校とは別のものとして特徴づけているのは、専門スタッフの存在です。現在の学校にはすでに新しい専門職が多数、専門スタッフとして配置されています。「心理や福祉に関する専門スタ

ッフ」「授業等において教員を支援する専門スタッフ」「部活動に関する専門スタッフ」「特別支援教育に関する専門スタッフ」などです。以下，2015年答申に基づいて，それぞれの専門スタッフの役割を確認しましょう。

①心理や福祉に関する専門スタッフ

「心理や福祉に関する専門スタッフ」としては，**スクールカウンセラー**（以下，SC）や**スクールソーシャルワーカー**（以下，SSW）があげられます。

SCは，「心理の専門家として児童生徒等へのカウンセリングや困難・ストレスへの対処方法に資する教育プログラムの実施を行うとともに，児童生徒等への対応について教職員，保護者への専門的な助言や援助，教育のカウンセリング能力等の向上を図る研修を行っている専門職」です。

配置が開始された1995年当初のSCの役割は，いじめや不登校への対応と教職員の**カウンセリングマインド**[*14]獲得を援助することでしたが，現在はさらに事件・事故等の緊急対応における児童生徒等の心のケアや，貧困対策・虐待対策としての家庭への効果的な家庭教育支援など，より多くの複雑な問題に取り組むことが期待されています。[*15]

SCの専門職性を補うかたちで，現在導入が積極的に進められているのが，福祉の専門家であるSSWです。彼らには「問題を抱える児童生徒等が置かれた環境への働きかけや関係機関等とのネットワークの構築，連携・調整，学校内におけるチーム体制の構築・支援などの役割」が期待されています。SSWの特徴は，活動スタイルが，諸機関と共に活動することや，それらの調整役を果たすものであることです。個人心理療法を基本として発達してきたカウンセラーと異なり，チームで取り組むことを基本スタイルとして，アクティブでオープンな専門職性を確立してきたのがSSWなのです。貧困や虐待といった家庭の問題を抱えて登校してくる子どもたちに適切な支援を行うために，SSWは地域の関係機関と学校をつなぐ重要な存在として期待されています。

---

[*14] **カウンセリングマインド**：受容・共感といったカウンセリング的な態度をもって児童生徒を理解しようと努める，教師―生徒関係において教師が身につけておくべき態度。

[*15] 文部科学省「スクールカウンセラー等活用事業実施要領」 http://www.mext.go.jp/a_menu/shotou/seitoshidou/1341500.htm （2018年10月29日閲覧）。

第8章　学校を構成する様々な専門職

②授業等において教員を支援する専門スタッフ

「授業等において教員を支援する専門スタッフ」としては，ICT 支援員，学校司書[*16]，英語指導を行う外部人材と外国語指導助手（Assistant Language Teacher：以下，ALT）[*17]，補習などのサポートスタッフがあげられています。いずれも現在の学校教育が力を入れている分野を担当する重要なスタッフです。たとえば，現在学校では，授業や研修，校務等のあらゆる場面でデジタル機器の活用が始まっていますが，作業の効率化を実現するはずのそれらの機器も，操作技術がなければ，有効に活用するどころか，負担を増大させるだけになってしまいます。そのソフトウェアの作成や，操作および活用に関する助言・支援を期待されているのがICT 支援員です。

こうした ICT 支援員や，学校司書や ALT などの，授業をサポートする専門スタッフの配置を政策的に実施することは簡単ではありません。効果のある授業を，授業者の指導力をアップさせることによってではなく，専門スタッフのサポートによって協働的に実現しようという，授業観の大転換を伴っています。教師にも同様の授業観の転換が求められることは言うまでもありません。

③部活動に関する専門スタッフ

中学校および高等学校教員の多忙の大きな原因となっているのが，部活動指導です。行政が教員の働き方改革に本格的に取り組み始めたことで，ようやく2017年の「学校教育法施行規則の一部改正」によって，中学校および高等学校において**部活動指導員**が技術的な指導に従事するための条件整備が行われ，顧問を任せるなどの，教員に準ずる権限の委譲が認められるようになりました。しかし，現実には，そうした部活動指導員の配置はまだごく一部の学校にとどまっており，顧問の教諭等と連携・協力しながらコーチ等として技術的な指導を行う外部指導者の活用がほとんどです。

---

\*16　**学校司書**：学校図書館において，学校図書館サービスや読書活動の推進，図書館の学習活動等での活用などの支援を担当する。学校司書としての資格はない。

\*17　**ALT**：外国語活動及び英語教育の充実のために，授業を英語面でサポートする，生きた英語を提供する，児童生徒のコミュニケーション意欲や学習意欲を向上させるなどによって，教師をサポートする。外国語指導には，ALT だけでなく，英語が得意な地域人材の参画も推奨されている。

ところで，部活動の運営については，従来部活動として行ってきたことの主要部分を地域のスポーツクラブなどに任せる学校や，生徒主体の部活動の在り方を模索している学校など，様々な試みが始まっています。部活動を変えようというそうした試みと，従来通りの部活動のかたちを維持することを前提としたこの指導員の地域開放のプランと，どちらで部活動を進めていくか，あるいは2つをどのように組み合わせていくか，学校が主体的に部活動のマネジメントをしなくてはならなくなったと言えます。

④特別支援教育に関する専門スタッフ

現在，特別支援教育が推進されていますが，特別支援の対象者の増加，適切な教育的対応の要請，障害の状態の多様化などにより，特別支援教育には，多面的で，専門的で，より確かな支援が必要となっています[18]。とりわけ医療的な判断が必要とされるこの領域では，専門スタッフの役割は重要です。

2008年度から，①基本的生活習慣確立のための日常生活上の介助，②学習支援，③学習活動，教室間移動等における介助，④児童生徒の健康・安全確保関係，⑤学校行事における介助，⑥周囲の児童生徒の障害理解促進などを行う特別支援教育支援員が配置できるように財政措置が開始されていますが，障害のある児童生徒等に対して適切な指導・支援計画を立て，適正に実施するためには，ケースに応じたより多様な専門的医療・看護スタッフ[19]の配置が必須です。

## 3 地域の潜在的スタッフたち

2015年答申において言及されている上記のような専門スタッフのほかにも，今後配置の展開が予想される外部専門家はいます。たとえば**スクールロイヤー**[20]や校務マネジメントサポートスタッフ[21]や理科の観察実験補助員[22]などです。しか

---

*18 文部科学省「『特別支援教育支援員』を活用するために」2007年 http://www.mext.go.jp/a_menu/shotou/tokubetu/material/002.pdf（2018年10月29日閲覧）。
*19 医療的ケアが必要な児童生徒のための看護師や理学療法士・作業療法士・言語聴覚士等。
*20 **スクールロイヤー**：2013年に制定されたいじめ防止対策推進法に則り，いじめ問題を中心とした児童生徒の問題に法的側面から適切に対応するための，学校への法的アドバイスや教員向けの研修会の実施，人権教育等の予防的な授業づくりを行う。

し，専門スタッフの全国配置にかかる経費は膨大です。人員の確保にも大きな課題があります。たとえば，SCとSSWは2019年度中の全公立中学校配置が予定されていますが，全校配置と言っても，勤務日数や勤務時間は1日8時間のフルタイム勤務で週に1日，あるいは1日当たり4時間ないし3時間の勤務で週に1日ないし2日の勤務といった限定的なものにとどまっています。そうした問題の解消の鍵を握るのが，地域スタッフ（保護者・地域人材等）です。SCやSSWと同じことはできませんが，学校相談員やラーニング・メンター[*23]として，地域人材に協力を求めている地域は少なくありません。

文部科学省も「チームとしての学校」の推進にあたってスクール・サポート・スタッフの配置を重点項目の一つとしています[*24]。スクール・サポート・スタッフに期待される役割は，教員の日常的な業務のサポートと校長や教頭が行っている校務マネジメントのサポートと学習支援です。スクール・サポート・スタッフを組織的・計画的に活用することで，常勤や非常勤のスタッフがそれぞれの業務に専念できる状況をつくることがこの取り組みのねらいです。この取り組みに対する学校現場の評価は高く，好意的に受け止められています。

## 3 「チームとしての学校」を担う教師の未来像

ここまで「チームとしての学校」の過去と現在を見てきました。「チームとしての学校」は，今後，さらに多くの専門スタッフの参画によって運営されていくことになるでしょう。校長のリーダーシップのもと，それぞれのメンバーが専門的能力と経験に基づいて異なった権限と責任をまっとうすることによっ

---

* 21　**マネジメントサポートスタッフ**：教頭や主幹教諭が学校のマネジメント等の校務に専念できるように施設管理や電話・来客対応等の業務の一部を補助するサポートスタッフ。
* 22　**観察実験補助員**：「理数教育の充実のための総合的な支援」の主要施策として2013年より補助金の枠内で実施されている。2018年度文部科学省予算案では3,100校への配置が計画され，2019年度文部科学省予算案ではそれを上回る予算が計上された。
* 23　**ラーニング・メンター**：市町村教育委員会が中心となり，独自に導入している施策であり，名称も期待される役割も地域によって異なるが，教師の相談や，児童生徒の学習や生活上のアドバイザーやサポーターの役割を果たすのが一般的である。コミュニティ・スクールによって学校独自の組織運営が進められることで，積極的運用が期待できる。
* 24　文部科学省「2019年度概算要求のポイント」2018年。

## 1 機能分化の光と影

「チームとしての学校」の主要な目的は、教員が指導に専念して、より質の高い教育を行うことです。「チームとしての学校」はそれを、これまで一人の教師がトータルに担ってきた仕事を、複数のスタッフで分担することによって実現するアイデアです。こうした機能分化した学校のプロトタイプは、実は身近にすでに存在しています。**教科担任制**をとる中学校です。[\*25]

中学校は、教科指導だけでなく、生徒指導も学年と関連委員会を中心とした２つのチームで行っています。機能分化を徹底することは、中学校の教科担任制が示すように、自分が行うべき仕事に専念できるようになる反面、担当外の仕事のことがわからなくなります。こうした見えない化は、全員体制で取り組まなくてはならなくなったときや、担当者の仕事を別の教職員が担わなくてはならなくなったときに、対応が難しいという問題を抱えています。「チームとしての学校」はこうした担当者にしか見えない領域を一挙に拡大します。学校は常に不測の問題が生じ、それらに臨機応変に対応していかなければならない**対人支援**の場です。[\*26] 徹底した業務分担が、学校という機関に馴染む組織形態か、しっかり注視していかなければなりません。とはいえ、教員が抱える仕事の絶対量を軽減することは必要ですから、教員にはそれを上手く運用する努力が求められます。そのためには少なくとも３つの課題があります。

## 2 「チームとしての学校」の教師たち

第一の課題は、教員が自身のもっている「観」を協働的なモデルに転換する

---

\*25 **教科担任制**：就学前教育や初等教育の学級担任制に対し、中等教育の学校において採用されている、教科ごとの教員免許状を有する教員が教科の授業を担当する形態。
\*26 **対人支援**：人の生活や成長、学習などの主体的な活動の全体に支援的に関わるもの。

ことです。変わる必要のあるものは多岐にわたります。学校観，教師観，授業観，指導観，教育観……。しかし，それらが丸ごと変わってしまったら，国際的にトップレベルの成果を上げている日本の学校教育を支えてきた**教師文化**[*27]そのものを変えることになるかもしれません。そのことのリスクは決して小さくありません。

　こうしたリスクに対応する力を従来，学校現場はもっていました。**教育課程研究指定校制度**[*28]などに象徴されるように，日本の教育改革は文部科学省から提案される新しい教育プランを，学校現場が子どもや学校の実態に応じたものに具体化させることによって効果のあるものにしてきました。これは，学校現場が自律的な教師文化を共有した力のある組織体だったからこそ可能だったものです。[*29]「チームとしての学校」施策は，その教師文化を変えてしまうかもしれない劇薬です。そのことのリスクを自覚的にモニタリングしながら改革を進めていく力が，教師集団には求められることになります。

　第二の課題は，業務分担に伴う見えない化を克服する〈見える化〉を進めることです。その方策としては2つのことが考えられます。一つは**コーディネーター**[*30]の配置です。これは全員に見える化するのではなく，一部の担当者がすべてを見ていることによって見える化するというものです。机の上では可能なプランですが，これはコーディネーターという専門スタッフを一人増やすだけなのですから，本質的な解決にはなりません。企業のなかには，これとはまったく逆をいくかたちで，全スタッフ間の見える化を図るプログラムを開始しているところがあります。そこでは，当該の業務についての情報を共有することと

---

* *27　**教師文化**：久冨によれば「教師たちに特有の行動様式（身の振り方だけでなく，ものの考え方，それらを支える規範原理を含む広い意味で）のセット」のことであり，教師を縛ると同時に内側から支えている（久冨善之（編著）『教員文化の日本的特性』多賀出版，2003年，p.4）。
* *28　**教育課程指定校制度**：教育課程の改善のために，現行の基準によらない試みを，研究指定校となった学校現場があらかじめ実践し，その成果を検証しておく制度。
* *29　文部科学省は教育改革を，学校現場にその方向性を提示し，具体的な実施方法等は，学校現場が試行的な実践を通して固めていくという手法で進めている。これは学校現場に子どもたちのための最善の形態を自律的に創造し，選択する力があるという信頼に基づいている。制度を実施可能なものに修正して受け入れる作用を翻案（adaptation）と言う。翻案する力を学校現場がもたなければ，この形態で改革を推進することは不可能である。
* *30　**コーディネーター**：多様な専門性をもった教職員を有機的に結びつけ，共通の目標に向かって動かし，学校内に協働の文化をつくりだす役割を担う。

併せて，組織のルールを確認したり，個人的な意見を積極的に交流させたりすることが重視され，そのための時間が設けられています[*31]。それによってつくろうとしているものは，かつての日本の教師集団が同僚性として築いていた組織の文化的な一体感です[*32]。これがもう一つのプランです。最先端の組織モデルをもつ企業が，教師集団がかつてもっていた同僚性を重視して成果を上げているのですから，何とも皮肉な話です。しかし，このプランを「チームとしての学校」で進めることにも限界があります。同一空間内にいないスタッフが共通の文化を共有することは簡単ではありません。つまり，この取り組みも絶対の効果が期待できるわけではないのです。2つのプランをどちらかではなく，どちらもと考えて取り組むことが必要でしょう。それがチーム学校を単なる機能の分化・分担ではなく，多種連携・協働型の教育の場として機能させることにつながるのです。

　第三の課題は高度専門職化を達成することです[*33]。医療や福祉分野における〈チーム〉は，(1)クライアントの問題に対応することを目的として，(2)固定的なものではなく，ケースや状況に応じて，フレキシブルに組織され，(3)対等な関係性のもとで，(4)スタッフの専門性を尊重し，各スタッフが自身の専門性をフルに発揮することが求められる，プロジェクト型の実践集団です[*34]。「チームとしての学校」が同様の〈チーム指導〉というプロジェクトを行う〈チーム〉になるためには，スタッフ一人ひとりが自律した専門職として実践力を高め，

---

[*31] グジバチ，P. F.『グーグル，モルガン・スタンレーで学んだ日本人の知らない会議の鉄則』ダイヤモンド社，2018年；グジバチ，P. F.『世界最高のチーム——グーグル流「最少の人数」で「最大の成果」を生み出す方法』朝日新聞出版，2018年。

[*32] 日本の教師集団の同僚性は，①教育活動の効果的な共同実施，②教員の力量形成，③現場の諸々の精神的負荷の癒しの3つの機能を果たすことによって，教師の教育活動を支え，高い教育効果を実現してきた。少子化による学校の所属教員数の縮小と日本社会全体のプライバタイゼーション（私化）の進行および，その対策として取られた教師の成長プロセスの組織化・制度化によって，1990年代以降，変質してきた。

[*33] **高度専門職化**：中央教育審議会「教職生活の全体を通じた教員の資質能力の総合的な向上方策について（答申）」2012年において，「学び続ける教員像」を基本理念として提案された。教職課程認定の厳正な実施，教員免許更新制の採用，教員育成指標の作成，教職大学院の設置などの諸施策が，その一環として進められている。

[*34] **プロジェクト型の実践集団**：組織内にプロジェクトの遂行のために組織されるチーム。プロジェクトの完了までを一つの単位として組織される。プロジェクトおよびチームをマネジメントするチームが別に必要とされる。

相互に尊重し合い，自身の行為の結果から反省的に学ぶ姿勢をもって，目の前の子どもや教育課題と向き合うことが必要です。

教職員が自律した専門職[*35]となることについては，栄養教諭の配置や事務職員の専門職化などが進められています。また，教員についても，**教員育成指標**[*36]等のガイドラインの明確化や，教員免許更新制[*37]の導入や，教職大学院[*38]の拡充などの研修機会の充実が積極的に進められています。しかし，重要なことは単に個人として資質能力を高めるだけでなく，一人ひとりが，多くの専門スタッフと一緒に，自律的，専門的に子どものためにベストを尽くす「チームとしての学校」の理念をしっかりと理解し，共有することです。「チームとしての学校」の教師になるという自覚が必須の条件なのです。

### 3 〈チーム指導〉のできるチームへ

「チームとしての学校」は可能性に満ちています。しかし「チームとしての学校」はチームを機能させるという新しい仕事を必要としています。つまり，「チームとしての学校」は目的ではなく，手段なのです。「チームとしての学校」になることによって，成果の期待できる〈チーム指導〉が可能な学校になること，それを教師は目指さなくてはならないのです（図8-2）。

---

*35 **専門職**：専門性を必要とする職のこと。専門職者は，現場での判断に関して一定の裁量権が公式に委託されており，その保証となる資格要件（例　専門知識等の学修を保証する卒業資格，教育課程，国家試験等）が設定されている。
*36 **教員育成指標**：教師一人ひとりが，教職キャリア全体を俯瞰しつつ，自身のキャリアステージにおいて身につけるべき資質や能力の具体的な目標とすることができ，また，さらに高い段階を目指し，継続的に学び続けることが可能となる体系的な指標。研修の実施主体となる地域において，教育委員会と大学が連携して研修や養成を行う「教員育成協議会」を設置し，そこで作成することになっている。
*37 **教員免許更新制**：教員として必要な資質能力保持のため，10年に一度教員免許状の有効性を更新しなければならない。2007年の改正教育職員免許法の成立により，2009年に導入された。教員免許状の有効性を維持するには，30時間以上の（教員）免許状更新講習の受講・修了が必要である。
*38 **教職大学院**：高度専門職業人としての教員の養成に特化した専門職大学院。新しい学校づくりの有力な一員となり得る新人教員の養成と確かな指導理論と優れた実践力・応用力を備えたスクールリーダーの養成の2つを主要な目的としている。

第Ⅱ部　教職の特徴

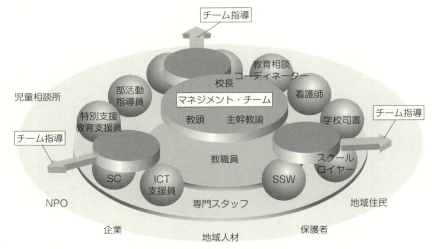

図8-2　チーム指導ができるチーム学校

出所：筆者作成。

## まとめ

　「チームとしての学校」は，学校教育に新たな可能性を期待させるものです。カリキュラム・マネジメントも，アクティブ・ラーニングも，このアイデアのもとで行うとき，可能性が何倍も広がります。教師は，その企画者であるとともに，自分自身がそのチームの一員でもあります。子どもを大切に思い，教育の力を信じ，学校の仕事を任される実践力と創造力に満ちた教師こそが，「チームとしての学校」の動力源です。さあ，夢の学校への第一歩を，方角を間違えることなく踏み出しましょう。

## さらに学びたい人のために

○藤原文雄（編著）『世界の学校と教職員の働き方——米・英・仏・独・中・韓との比較から考える日本の教職員の働き方改革』学事出版，2018年。
　「子どもにも教職員にも優しい学校」の実現をねらいとして，米・英・仏・独・中・韓の6か国の教師の働き方の特徴が，教科指導，生徒指導，学校運営の全域にわたって紹介されており，我が国の学校現場が抱えている問題を，解

決に導くヒントを見つけることができます。

○奥村俊子・貝ノ瀬滋『子ども・学校・地域をつなぐコミュニティスクール――こんな学校に通わせたい！「人間力」を育む三鷹四小の学校づくり』学事出版，2008年。

　2001年度と2002年度に三鷹市立第四小学校がコミュニティ・スクールとしての特色を活かして実践した数々の授業や特別活動が紹介されています。「チームとしての学校」という学校像が確立する前の実践のため，専門スタッフの参画に焦点を当てたものではないですが，「地域と共にある学校」の可能性と，それに取り組む教師たちの熱意が描かれています。

# 第Ⅲ部　専門職としての教職

# 第 9 章

# 専門家としての教師

●●● 学びのポイント ●●●

- 教師の仕事は，子どもを「教えて変える」のではなく，子どもが「よくなろうとする」のを支援することだということを理解する。
- 「実践のなかの省察」によって，子どもと「二人称的にかかわる」とはどういうことかを理解する。

## WORK 複眼的に考えてみよう

1. 「～ねばらならぬ」思考度チェック

　以下の考えについて，あなたはどう思いますか。自分がどれくらい「教え主義的教師」（p. 167参照）になる危険があるか，見つめてみよう。

　①学校には通うべきだ。

　②出された宿題はきちんとすべきだ。

　③勉強して，少しでもよい学校に進学すべきだ。

　④怠けるのはよくない。いつも頑張るべきだ。

　⑤親の言うことには従うべきだ。

　⑥先生の言うことは聞くべきだ。

　⑦友達とは仲良くすべきだ。

　⑧友達の数は多くなければならない。

　⑨自分の意見を強く言って，場の雰囲気をこわしてはならない。

　⑩人に迷惑をかけてはいけない。

2. 「願い」と「縛られ」の違い

　「こうありたいな」と願うことと，「ねばならない」と考えることは，どう違うだろうか。本書第11章「いじめに向き合う」も参考に，考えてみよう。

第 9 章 専門家としての教師

● 導　入 ●

　本章では，教育とは子どもを「教えて変える」ことだとする考え方を否定し，子ども一人ひとりが学びを通して「よくなろうとしている」のを学び手に寄り添って支援することが教育だとします。そのためには，教師は自らの実践をドナルド・ショーンが提唱している「実践のなかの省察」によって，実践のなかに「入り込んで」，対象と「二人称的にかかわること」（相手の情感を受け止め，情感的交流をかわすこと）をしなければなりません。また，対象世界に「入り込む」には，その対象を取り巻く周辺世界，その対象が現在に至る経緯について「一歩離れて」感じ取るという寄り添いが大切です。

# 1　教師を呪縛している「教え主義」

## 1　教師は「どう教えるべきか」の専門家か

　教師の専門性というのは何でしょうか。それは当然「教えること」についての専門性だと答えるかもしれません。教師というのは「教えることのプロ（専門家）」のはずだから，教師を志すなら，何よりも「どう教えるか」について知らねばならない，と考えるかもしれません。

　しかし，実際に教育現場に立つと，多くの場合，「教えるどころではない」現実に直面することになります。授業が始まっても全然お構いなしに立ち歩いたり，おしゃべりしたり，ひたすら漫画を読みふけっていたり……。そんなとき，大学時代に教職課程の授業で教わったことをあれこれ思い出しても，「全然，話が違いすぎる」ので途方に暮れてしまうかもしれません。

　そういう場合，何が何でも「規律を守らせる」ことにやっきになって，「ちゃんと座らせる」「ちゃんと先生の言うことを聞く」ということを徹底させようとして，ありとあらゆる手立てを講じれば，「何とか収まりがつく」場合もありますが，「ますます大荒れに荒れる」ことにもなりかねません。いずれの場合も，子どもたちは「学ぶ」ということに向かう意欲も関心もまったくなく

なって，ただ教室に「いる」だけになってしまいます。

　このような事態に陥らないためには，「教職」ということについて，「教えることの専門」という考えをいったん捨てるということから始めなければなりません。そのために何より大切なことは，子どもを「教える対象」として見ない，ということです。そうではなく，子どもをまず「人間として」見ることから始めなければなりません。どんな子どもも，ただ「知識を得たい」とか「（いろいろ）できるようになりたい」という以前に，「人間として生きたい」のです。「学ぶ」ことへの意欲が生まれるとしたら，その「人間として生きたい」ことから派生して生まれる「学びたい」という思いがわきあがってきたときです。

　一人ひとりの子どものそのような「人間として生きたい」という原点を見ないで，「教えよう」「学ばせよう」ということは，教師が陥りやすいとんでもない勘違いです。その勘違いをここで「教え主義」と呼ぶことにします。教職を目指すならば，まずその「教え主義」から脱却しなければ，子どもたちに「人間としてかかわれる」教師にはなれません。

## 2　「ねば・べき」思考の呪縛

　教師がひとたび「教え主義」にはまると，何を考えても「この場合，教師はどうあらねばならないか，この事態にはどうふるまうべきか」ばかりに関心が向き，「どうあらねばならないか」「どうすべきか」の「正解」を求めるようになります。教師が「考える」ことといえば，「どうあらねばならないか」「どうすべきか」ということばかりで，それ以外に考えること自体，まさに「考えられない」のです。教師自身がそういう思考回路にはまってしまうと，子どもたちに対してもまったく同様に，「どうあらねばならない」とか「どうすべきだ」という「ねば・べき」思考で対応することになり，先にあげた「何が何でも規律を守らせる」ことにやっきになってしまうのです。それ以外の対応は，まさに考えられなくなります。

　自分はそんな教師にはならない，と思っているなら，以下の問いに答えてみてください。

あなたは，今日一日，「おもわず笑っちゃったこと」がありましたか。あるいは，何かに「驚いたこと」がありましたか。あるいは，自分の生活のなかで事前に考えていた計画を全部破棄して「予定変更」をしたことがありましたか。それより，あなた自身，ものごとの展開に心底「それはおもしろい！」と引き込まれたことがありましたか。これらの「笑うこと」「驚くこと」「想定外に対応すること」「おもしろがること」……，これらが全然なかったとしたら，あなた自身，すでに日常生活で「ねば・べき」思考にはまっているのです。そういうあなたが教師になれば，まっすぐに「教え主義」的教師になること請け合いです。

## 2 「教え主義」からの脱皮

教師が自らの「教え主義」から脱するには，教師自身，自らの実践を省察（リフレクション）する必要があります。

### 1　ショーンのリフレクション論

近代科学は科学・技術を多様な「専門分野」に分けて，それぞれの分野の「専門家」を育てるべく，細かく分けられた専門職ごとに専門教育を行い，その専門教育課程を修習した人を「専門家（プロフェッショナル，俗称プロ）」とみなす，という制度を定着させてきています。「教職」というのも，そのような意味での専門職の一つであり，「教師」というのは「教職」のプロだということになります。

ところが，ショーン（Schön, D. A.）は，現代社会でそのような「専門家」が，多様で複雑な実践現場では現実の問題をしっかり捉えてその現場に入り込んでの実践ができていない，という現実を多様な現場の実態調査から明らかにしました。つまり，多くの（自称）「専門家」は，専門の教育機関・研究機関で身につけた「専門知識」や「専門技術」を，実践現場でひたすら「応用」しようとする（ショーンはそれを「技術的合理主義」と名づけた）ばかりで，実践現場の

実践的問題が「教科書通りでない」ことにまったく対応できていない——要するに「実践力」がない——という実態でした。

そこでショーンが新たに提唱したことは，専門家が実践現場に直面した際に自らの行為や実践を様々な観点から「省察（振り返り，リフレクション）する」ことでした。

以下では，ショーンが The Reflective Practitioner : How Professionals Think in Action において提唱していることについてその概略を解説しておきます。[*1]

ショーンは実践者が実践を通して，実践に即して，実践中の行為についていろいろな吟味をし，暫定的でも何らかの意味づけをしたり，考え直したり，軌道修正したりするという知的営みを，「行為のなかでの省察（リフレクション・イン・アクション：reflection-in-action）」としました。

実践者というのは，ベテランであろうと初心者であろうと，実践現場ではたえず（AかBか，あるいはそれ以外かの）判断を迫られています。そこでは，その場の固有の事情（状況）とは無関係に，決まっている「そうすべきこと」について，何らかの専門的知識や規範（ルール，慣習）を適用すればよいというようなケースは，むしろ稀でしょう。現場では，こうかもしれない，ああかもしれないと，複雑で不確かで，あいまいで，意見の違いや価値観の衝突も起こり得るような事態を，まさに実践者の「とっさの判断」で，つまり「考えている」という意識がほとんどなく，何とか切り抜けているのです。ショーンが主張するのは，そのような一見「考えていない」かのような場合であっても，実践者はそのような「うまくいった！」とか「失敗した！」という実感をもとに

---

\* 1　Schön, D. A. (1983). *The Reflective Practitioner : How professionals think in action.* Basic Books. この本については次の2つの邦訳がある。佐藤学・秋田喜代美（訳）『専門家の知恵——反省的実践家は行為しながら考える』ゆみる出版，2001年，柳沢昌一・三輪建二（訳）『省察的実践とは何か——プロフェッショナルの行為と思考』鳳書房，2007年。ただ，ショーンの原著は大部であり，しかも結構難解なところもあって，邦訳は決して読みやすいものではない。手前味噌になるが，次の文献をお薦めする。佐伯胖「リフレクション（実践の振り返り）を考える——ショーンの『リフレクション』論を手がかりに」佐伯胖・刑部育子・苅宿俊文『ビデオによるリフレクション入門——実践の多義創発性を拓く』東京大学出版会，2018年，pp. 1-37。

して，実践のなかで（実践に身を置いて）様々な省察（リフレクション：reflection）を加えているとしています。

①「行為のなかで知っていること（knowing-in-action）」

ショーンは，「行為のなかで知っていること」とは，行為する前にもっている適用すべき知識であるとか，言葉で表し尽せるような「知っている内容」を指すものではないとしています。そのような「知」，すなわち「行為のなかで知っていること（knowing-in-action）」というのは，行為についての「知識」として知っているというよりも，むしろ，「行為感覚」として知っている（わかる）ことです。たとえば「感じ（feeling）」を確かめている（こういう「感じ」だったか，違う「感じ」のようだ，とか）場合の「知っていること」です。あるいは「どうもピッタリこない」「どこかズレている」という感覚，あるいは「スッキリした（しない）」「ストンと腑に落ちた（落ちない）」という感覚を実感しているというのも，「行為のなかで知っていること（knowing-in-action）」に含めています。

②「リフレクション・イン・アクション（reflection-in-action）」とは

そのような「行為のなかで知っていること」（思いめぐらしていること，感じていること，など）について，「吟味の俎上にのせる」（まさに，リフレクションする）場合のことを，ショーンは「リフレクション・イン・アクション」と名づけました。この「リフレクション・イン・アクション」については，陥りやすい誤解がいろいろありますので，それらの指摘を含めた詳解をコラムにまとめておきました（コラム②参照：pp. 181-182）。

③どういうときに，何を「リフレクション」するか

では「リフレクション」はどういうときに生まれるのでしょうか。ショーンによると，それはあらかじめ準備していたときに生まれるというより，突然予期せぬことに直面して「当意即妙」ができたとき，あるいは非常に緊迫した状況で「油断なく気を配る」ときなど，まさに行為の最中で（「考える」ヒマもなく）生まれる場合が多いとしています。「うまくいった！」「これでよかった！」という「よさの実感」が伴っていることもあるでしょう。あるいは，何か「ヘン」だとか，「ピタッとこない」ときとか，「何が何だかわからなくなっ

た」ときとか，何か「舌の先で言いたいことが出かかってきた」とき，選択肢がいくつもあってどれにすべきか迷ったとき，などなど，一瞬立ち止まって振り返る，というのもリフレクションです。そのようなとまどいが続いたあと，突然発見されたことが「まさにそういうことなんだ！」と腑に落ちることもあります。さらに，「驚き」が生まれたときというのも大切だとしています（後に触れますが，実践に「なれっこ」になると「驚けなくなる」ので，その場合は，「驚けなくなっていること」こそ，実践のリフレクションの対象としなければなりません）。

　ショーンは触れていませんが，私としては「おもしろがること」も重要なリフレクションとして取り上げたいです。ふと「それって，オモシロイ！」と感じ取ったときは，それをやり過ごすことはできません。その奥にあるもの，その先にあるものの「意外性」への気づき，「重要さ」の予感（「わくわく感」）が伴っている場合が多く，それはリフレクションの重要な手がかりになるのです（先にあげた「ねば・べき」思考に凝り固まっていると，ものごとの「おもしろさ」がまったく「見えない」「わからない」，指摘されても「通じない」のです――コワイですね）。

　次に「どのように」リフレクションするのかということですが，それはもう様々であるとしか言えません。自分の感覚を研ぎ澄まし，「ピッタリ」感がもてるまでいろいろ試してみるとか，とりあえず思いつく「理論」で説明して，それに当てはまらないズレを見つけるとか，直感的にわかっている（と思っている）ことをあえて疑って，新たな説明を加えてみる，などです。ショーンは，たとえ不完全でも，「言葉で表してみること」も重要であるとしています。もちろん，もとの現実との間で常に隔たりがあるのも事実ですが，それらは当然，現場で試してみる（実験してみる）必要がでてきます。ともかく，「これでよい」というよさの実感（あるいは，「ホントウだ」という納得感）が生まれるまで，意味づけ，実験，探究を重ねるのが「リフレクション」です。

④実践のなかのリフレクション

　一連の行為が何らかの包括的な意味や目的のもとにまとまったものと捉えられる場合は，そのまとまりを「実践」と呼び，その「実践」のありよう自体をリフレクションの対象とするとき，それを「実践のなかのリフレクション」と

## 第9章 専門家としての教師

呼びます。

　ショーンは，実践というのはそのなかで「リフレクション行為」を意図して行わないとリフレクションをしなくなるとはっきり言います。仕事に熟達するにつれて，暗黙知が増大し，言葉で説明しなくても臨機応変に対応しているかのようになりますが，実は，見たいものしか見ない，慣れていることしかしない，作業を分担して担当外のことは視野の外に置く，自分の役割を固定し，やるべき作業も限定してしまう……などなどが生まれてくるのです。ものごとに「驚かなくなる」とか「新奇なもの」が目に入らなくなることになります。不確実性，曖昧さ，リスク，価値観の違いなどを避けるようになり，波風が立たないような手立てをいつのまにか重ねるのです。またショーンは，熟達者は，自分のやりかたが「正しい」ことを証拠づける事例ばかりに注目し，自分自身の行為システムを自ら「強化」する傾向があると指摘しています。

　ではどうすればよいのでしょうか。それは，はっきり意識して「行為のなかのリフレクション」に戻り，丁寧に一つひとつの行為をリフレクションするとともに，それらのリフレクションをつなげたり関連づけたりして，「行為」の範囲や関連づけの文脈を変えてみることを勧めています。私なりに付け加えると，「おもしろいこと」を見つけておもしろがる（わくわくする）ことがあるか，おもいがけず「笑ってしまうこと」があるかということも，「リフレクション回避」に陥っていないかをチェックする重要項目です。自分のなかにそういう傾向が見られたら，それこそ初心にかえって，新鮮なまなざしでリフレクションを試みるべきでしょう。

　⑤ショーンのリフレクション論の「キモ」

　ここで，ショーンが「リフレクション・イン・アクション（行為のなかの省察）」が大切だとしていることのキモ（真髄？）を，私なりの理解で説明しておきましょう。

　それは，ショーンが「イン」としていることは，英語で言い換えると「situated-in（状況に入り込んだ）」ということです。実践現場の世界に「入り込んで」，あるいはかかわっている対象の世界に「入り込んで」，いわば「我が身をカラにして」周辺世界をよく見てよく感じて徹底的に「呼びかけ」に応じる，

ということです。

そのように、実践世界の実践対象の一つひとつに「入り込む」と、何が変わるのでしょうか。ふと気がつくと、かつての自分（入り込む前の自分）とはものの見方が変わる、見え方が変わる、感じ方が変わるのです。「入り込んじゃったら、世界が狭く、閉じちゃうのじゃないの」とお考えの方には、私がかつて「内側から見る」ということについて書いたことをコラムとしてまとめましたので、参照してください（コラム③参照：pp. 183-184）。

ショーンの「リフレクション」論のほかに、もう一つ、「教え主義から脱出する」ために知っておいてほしいことがあります。それは、ヴァスデヴィ・レディ（Reddy, V.）が提唱している「二人称的アプローチ」です。[*2]

## 2 レディの「二人称的アプローチ」

発達心理学者ヴァスデヴィ・レディは、自らが赤ちゃんを出産して我が子と親しくかかわって、驚いたとのことです。

これまで発達心理学のテキストでは、赤ちゃんは生後2〜3か月になるまでは他人とのかかわりがわからない、3〜4歳になるまでは他人の心を自分と違うものとは理解できないとされていました。しかし母親として見ると、生後まもなくから、赤ちゃんははっきりこちらの微笑みに「応える」し、1歳ぐらいでも人（こちら）の心を見透かして、おもしろがらせたり、わざとふざけたり、見せびらかしたり、期待をもたせて裏切ったり、などなど、いじわるやずるがしこさを含めて、まさに「この子、人間なんだ！」と思わされたというのです。そこで改めて疑問をもちました。「どうして、心理学では、赤ちゃんのこんなにまで（小憎らしいまでに）人間くさいことを、見逃してきたのか？」。

そのように考えて思い至ったことはこういうことです。心理学では、赤ちゃんをモノのように観察し、モノのように「反応させて」、そのモノの特性を、

---

[*2] Reddy, V. (2008). *How infants know minds.* Harvard University Press.（佐伯胖（訳）『驚くべき乳幼児の心の世界――「二人称的アプローチ」から見えてくること』ミネルヴァ書房、2015年）

第 9 章　専門家としての教師

自分と切り離して理論づけてきました。これは，赤ちゃんを「三人称的に」見てきたのです。しかし，我が子を見る母親は，赤ちゃんを，はじめから「対話の相手」として名前で呼びかけ，それへの「反応」（反射行動）は，「応答」だとみなしてかかわっています。赤ちゃんの側でも，"心理学者的観察者"とは「個人的かかわりをもたない，もてない他者」ですが，母親とは「個人的かかわりをもつ」他者（すなわち二人称的他者）とみなして，「個人的かかわり」をもとうとしているのです。これは，母親と赤ちゃんのかかわりが「二人称的な」かかわりだということです。

　そこでレディは，私たちが人と「かかわる」際に，以下の3つのかかわり方があるとしました。

(1) 一人称的かかわり（First-Person Approach）
　　対象を「ワタシ」と同じような存在とみなす。「ワタシならどうする」を対象に当てはめる。
(2) 二人称的かかわり（Second-Person Approach）
　　対象を「ワタシ」と切り離さない，個人的関係にあるものとして，親密にかかわる存在とみなす。対象と情動を含んだかかわりをもち，固有の名前をもつ対象，対象自身が「どのようにあろうとしているか」を聴き取ろうとする。
(3) 三人称的かかわり（Third-Person Approach）
　　対象を「ワタシ」と切り離して，個人的関係のないものとして，個人とは無関係な（モノ的な）存在とみなす。傍観者的観察から「どうすると，どうなるか」を「客観的」に対象を調べ，そこから客観的法則（ないし理論）を導き出し，それで説明する。

　このことを，ショーンのリフレクション論に関連づけると，赤ちゃんと「二人称的にかかわる」レディは，実は，赤ちゃんの世界に「入り込んで（situated-in）」，赤ちゃんを理解しているのです。ショーンの言い方をすれば，まさに「リフレクション・イン・アクション」をしているのです。それに対し，発

達心理学者として最新の心理学理論をかかげて,「生後〇か月の赤ちゃんは△△の能力しかない」という記述をもとに赤ちゃんと接してきたというのは,いまそこにいる対象が何を思い何を感じているかから離れて,「こういうような場合(一般化された事例)ではどうであらねばならないか,どう対処すべきか」ばかりを考える「ねば・べき」思考に陥っていたのであり,ショーンのいう「技術的合理主義」に陥っているのです。それがレディの分類では「三人称的に」赤ちゃんを見ていたということになります。

レディは,「二人称的かかわり」の最大の特徴は「情感交流」にあるとしています。情感交流として大切なのは,相手の心の奥底にある(本人もそれを自覚しているとはかぎらない)「怒り」・「嘆き」・「悲しみ」を慮(おもんぱか)ることです。さらにその背後には「よくなりたい」という願望が潜んでいます。そのことがすぐにはわからなくても,きっとあるはずと信じて,丁寧に,やさしく,そっと近くに寄り添って,「聴く」(かならずしも相手に「言わせる」とは限りません)ことです。何も言わずにただ横にいる,ということで自然に伝わってくるかもしれません。

対象との「二人称的かかわり」について,私は「一歩離れた寄り添い」を提言しています。「一歩離れる」[*3]のは,当該の子どもの時間・空間的な「周辺」を,その子どもの目から見える世界として見るためです。その子どもがどのように生きてきたか,これからどのように生きる可能性があるかという時間的周辺が見えてきます。さらに社会的周辺も見えてくるでしょう。子どもが育ってきた環境・社会,これから育って生きるべき環境・社会という空間的周辺を,子どもと一緒に「見渡し」て,子ども自身の「よくなりたい」という願い——子ども自身,当初は気づいていないかもしれないが,当人の悪戦苦闘や周辺のかかわりで後になって「ほんとうはこうなりたかったんだ」とわかる「後づけ的願い」もある——に即して,次の一歩を踏み出すことを励ますということです。

---

[*3] 佐伯胖「子どもに"一歩離れて"寄り添うこと」『信濃教育会教育研究所紀要』22,2018年,p. 1.

## 3　1つの事例から

　教師が「教え主義」的な見方から脱出することについてここまで述べてきたことも，新たなる「ねば・べき」項目とされたのでは元も子もありません。そうではなく，具体的な実践のなかに「埋め込まれて」いることなのだということを，以下の事例で読み取って，味わっていただければ幸いです。
　以下の事例は，佐久間が「学びを支える指導とは」と題する論考[*4]で取り上げている明智先生（仮名）の事例ですが，ここでは私なりの解釈で，本論で取り上げた事項との関連づけをしておきます。

〈明智実践の概要〉
　ある日の授業研究会で，明智先生（仮名）がおずおずと，でもとても嬉しそうに，担任する4年生ナオト（仮名）の話を始めました。明智先生は教職歴8年目。真面目で実直な彼は，それまで「子どもの悪口は言いたくありません。逆に，子どものいい話をするのも自分の実践を自慢するようで違和感があります」と，学級の子どもについて具体的な話をすることには慎重でしたが，この日は，明智先生はナオトとかかわった1年を振り返って語り始めました。

①キレて暴れるナオト

　4月に異動したばかりの学校で初めて任された学級にナオトがいました。引き継ぎで，この学級には複雑な問題を抱えた子どもが何人もいて学級全体が荒れており，なかでもナオトは「キレて暴れる大変な子」だと聞かされていました。興奮すると机を投げたり椅子を蹴り壊したりするのです。「テメエ，ぶっ殺すぞ」と暴言を吐きながら教師に怪我をさせたこともあったとのことです。
　確かにナオトは，授業中に3分も座っていられません。席を立って歩き回り

---

*4　佐久間亜紀「学びを支える指導とは――今こそ，子どもの学びを語り合おう」『信濃教育』**1534**，2014年，pp. 13-24。

「今日ドッジやろうぜ」と大声で話しかけたり、ふらりと教室から出て行ったりします。友達といざこざが起きると、パーンと大きな音がするほど相手の顔を平手打ちにする。「自分がされたらどう思う？」とたずねると「別に。自分がやられてもいいし。それより早く外に行きたいんですけど」という言葉が返ってきます。

明智先生が気になったのは、ナオトに対応しているときの、他の子どもたちの反応でした。何事もなかったかのように淡々と自習を続け、ナオトに極力かかわろうとしないのです。これはいったいどうしたことなのでしょうか。

これはナオトが周囲から「三人称的まなざし」で見られていることを示しているのです。他の子どもたちはナオトとの直接的なかかわり（「二人称的かかわり」）を避けて、ナオトの逸脱行為に対して「困ったちゃん」というレッテルで「かかわらない」という意識を共有することで「自分たち」の仲間意識を保っていたのでしょう。

でも、明智先生は違いました。

明智先生は、ナオトが落ち着いているときに何げなく寄り添って、本人の気持ちを聞き出しているのです。「キレると頭が真っ白になって覚えていない……でも、キレそうになるときはわかる」という言葉を聞いて、それならキレる前に気づいてあげたいと思い、キレそうになったときのリラックス方法や、担任へのサインを2人で決めたそうです。「男と男の秘密だ。誰にも言うなよ」「わかった」——「二人称的関係」の確立です。

②ナオトなりの理由

明智先生はナオトに「一歩離れて寄り添う」ことから、ナオトにとっての周辺状況を知ることができました。彼の家庭には父親はおらず、母親は生活保護を受けながらパートを掛け持ちし、女手一つでナオトと兄を育てていることがわかりました。母親は笑顔が人懐こい肝っ玉母ちゃんで、パートの合間をぬってPTAの活動にも参加してくれますが、一度気分を害すと表情や声色を一変させる人でした。明智先生は、そのような母親に対し、たった一人で仕事と家事と子育てに追われる苦労とはいかばかりのものだろうと心を寄せています。先生は親の追い詰められた状況に心を寄せる（心情を慮る）と同時に、ナオト

の人間関係の結び方や感情処理の方法はこういう家庭環境のなかで学ばれてきたものだったのだと納得したそうです。

明智先生はナオトの世界に「入り込んで」，その世界に生きる人たちのつらさ，苦しさを共に感じ取っていた（自ずから沸き起こる情感を大切に保った）のです。

③変化のきざし

明智先生は，漢字テストの前に漢字練習の時間をとることにしました。それは，ナオトの家庭は落ち着いて勉強する環境ではないことを実際にその場に行ってわかったからでした。時間は，ナオトが集中できそうな５分間。すると，勘はあたりました。ナオトは，かつてないほど集中して５分間に取り組んだのです。そこでさらに工夫をし，採点方針を子ども自身に選んでもらうことにしました。

「がんばりを認めてほしい人は◎印，厳しく採点してほしい人は☆印を名前の横に書いてください」。するとナオトは，なんと☆印を書き「ちょーきびしく」と追記するではありませんか。そして，とうとうナオトは「ちょーきびしく」採点された漢字テストで100点を採ったのです。満点のテストを受け取った彼は，みんなには見られまいと顔を手で隠しつつ，静かに泣きました。そして，そんなナオトに，子どもたちは惜しみない拍手を贈ったとのことです。

これは，明智先生がナオトの世界に入って，ナオトと「二人称的に」かかわってくれたことに，ナオトは「二人称的に応じる」こととして，先生の期待に全力で応えようとしたのでしょう。おそらく，ナオトにとっては，はじめて出会う「本気で，自分の内側にかかわってくれる（二人称的）他者」だったのでしょう。ナオトが，そのようにかかわってくれる明智先生に，「全力で応える」姿に，学級の子どもたちは賞賛の拍手を贈りました。

これをきっかけに，ナオトは「２学期全部100点を採ってみせる！」と宣言し，漢字テストだけでなく，様々なことに挑戦する姿勢を見せました。授業中に座っていられる時間も少しずつ長くなっていきました。今度はナオトが，「明智先生の世界（この学級）」に入り込んで，その世界で「よく生きる」ことを選んだのです。

ナオトの変容は学級の子どもたちにも感染し（ナオトの生き様の「よさ」を感じ取り），ナオトに負けまいと漢字テストでは自分で採点基準を厳しく選んで挑戦する子どもが出てきました。もはやナオトは「困ったちゃん」ではなく，むしろみんなが「共に生きる」二人称的仲間になっていったのです。

④授業づくりは学級づくり

　ある日，放課後の教室に残った子どもたちが，その日のトラブルについて話し合う場面が生まれていました。話を聴いていると，どの子も誰かを一方的に非難するような発言をしていません。「ナオトは自分を王様だと思ってるよね」「ナオトの言うことばっかり聞く男子も男子だよ」「でもさ，〇〇君も何か言いたそうにしていたよ。言えなかったんじゃない」。子どもたちのなかには，相手の立場に（「一歩離れて」）寄り添って，問題を複眼的に理解しようとする姿勢が育っていたのでした。二人称的な相互のかかわりが学級全体に感染して（相互に感化し感化されて）広がり，みんなが互いに「感じ合う」関係で結ばれていったのでしょう。

⑤明智先生の「めざめ」物語

　そんな明智先生も，最初から今のようだったわけではないそうです。明智先生がまだ大学生だった頃，彼は誰より一生懸命に教職自主ゼミに参加し，全国の優れた実践を見て歩き，卒業と同時に満を持して教壇に立ったのですが，彼を待っていたのは最初の学級での挫折だったそうです。発達障害を抱えた子ども２人が相互にいがみ合い，教室はぐちゃぐちゃになっていたのです（おそらく，たくさん勉強した明智先生は，「ねばならぬ・べきである」ことをいっぱい抱え，「よい教師になる」意欲満々で教室にのぞんだところ，「それどころでない」現実に直面して打ちひしがれたのでしょう）。

　追い詰められた明智先生を支えたのは，学生時代からの仲間（二人称的関係の場）の存在だったそうです。信頼関係で結ばれた仲間の集まる自主研究会で，自分の不安や焦りを正直に吐露し，仲間にアドバイスを求めたそうです。自分の弱さをさらけだせる場で，仲間に苦労をねぎらわれつつ，必死で自分を見つめ，子どもの気持ちに心を馳せたのでした。そのとき，自分の心の根底にあるのが「仲間に僕のがんばりを認めてほしい」という気持ちだったことに気づい

たそうです。「そうだ，あの子だってそう感じているに違いない！」と腑に落ちたのだと言います。ぺしゃんこにされた「よい教師」像を，「いいとこあるよ」とでも言ってもらおう——いわば「三人称的自己像」の回復——を期待している自分自身にふと気づいて，「同じ気持ちが子どもたちにもある」という，一人ひとりの子どものなかに「入り込んで」，その子の気持ち（つらさ，かなしさ，苦しさ）がどんなものかを自分事として「感じる」という「二人称的かかわり」に，自らの挫折を通してはじめて目覚めたのでしょう（スゴイですね）。

## 4 「学びの場」を生み出す教師

　本章のタイトルが「専門職としての教師」となっているのに，冒頭で，教師は「教えること」の専門家（プロ）ではない，と言いました。どのようにうまく，見事に，子どもを導くか，そのためにはどうであらねばならないか，どうふるまうべきかという「ねば・べき」思考は捨てなさいとも言いました。こんなことを言われたのでは，これから「良い教師」になろうと意気込んでおられた読者はさぞ戸惑ったことでしょう。

　しかし，明智先生（仮名）の事例にあるように，どんなに「手に負えない」子ども，「まるで勉強しようとしない」子どもでも，心の奥底に「よく生きたい」願いがあり，それが周辺の事情から「できっこない」と思い込まされて，その反動で自暴自棄になっていることが多いのです。そのような子どもに，二人称的に，一歩離れて寄りそう教師によって，「よく生きたい」という訴えが受け入れられたとき，自ずから沸き起こる「学びたい」思いにはすさまじいものがあります。周辺の他者が巻き込まれ，感染し，真の「学びの場」が生まれ，拡散していくのです。そのような「学びの場」を生み出す教師は，教師自身，心底から「よく生きたい」という一人称としての自覚と願いを，実践に入り込んでのリフレクション（振り返り）を通して目覚め，同じように「よく生きたい」子ども（たち）と「共に学んでいこう」という決意と実行に踏み込むのです。それこそが，まさに「教師の専門職」の真髄だということを，筆者としてはみなさんにお伝えしたいと願っています。

**まとめ**

　本章では，教師の専門性を「教えることの専門家」という考え方を排し，教育はあくまで子どもが「よく生きようとする」願い（訴え）を感じ取り，そこから派生する「学びたい」という意欲を育てるために，子どもの周辺環境を整えて，学ぶべき素材を提供していくことだと述べました。そこには「正しい専門知識に基づいてやるべきことをやる」という「ねば・べき」思考はありません。そのためには，教師は子どもの学ぶ実践の現場に「入り込んで」，自らの実践を振り返る（リフレクションする）必要があります。ショーンはそれを「実践のなかでのリフレクション」と呼びました。そこでは，子どもの学びを「他人事（三人称）」として見るのではなく，そこに生まれる情感――つらさ，悲しさ，うれしさ，喜び，など――を感じ取り，それに情感込みで「応えること」，すなわち，レディのいう「二人称的かかわり」が大切になります。

 **さらに学びたい人のために**

○佐伯胖（編著）『「子どもがケアする世界」をケアする――保育における「二人称的アプローチ」入門』ミネルヴァ書房，2017年。
　　子どもは他者・他物・他世界を「ケアすること」で学び，育っているのです。そういう「子どもが世界をケアすることで自ら育っていくこと」をケアすることが，本当の教育だということを，様々な事例を丁寧に考察しながら，理論的に明らかにします。

○佐伯胖・刑部育子・苅宿俊文『ビデオによるリフレクション入門――実践の多義創発性を拓く』東京大学出版会，2018年。
　　本書は，ドナルド・ショーンの「省察的実践」の考え方を踏まえて，実践に入り込み，実践を通して振り返ることが，実践力を高めるためにきわめて重要であることを説き，実践のビデオ撮影，そのビデオ記録の活用について，具体的な分析事例から示したものです。

コラム②
## ショーンのリフレクション論の詳解
～よくある誤解を正す～

　ショーンのリフレクションについては，多くのテキストや書物でも引用されていますが，よくある誤解が見られますので注意をしていただきたいところです。

　第一の誤解は，ショーンが「行為のなかの省察」と呼んでいることを，「行為の真っ最中の（行為しながらの）省察」として，「実践現場を離れての省察」と区別するという解釈です。それは "reflection-in-action" と "reflection-on-action" を峻別して対比する解釈ですが，これは誤解です。原著本文中，"reflection on" という言葉は無数と言ってよいほど出てきますが，この "on" はそのあとの対象「～について」の省察であることを示しているにすぎません。ショーンが「行為のなかの省察」と呼ぶことは，「実践のなかに身を置いて」リフレクションすることであり，それは過去の実践について何らかの記録をもとに「その場に身を置いて」考察する場合も含まれます。

　つまり，この「イン」は，リフレクションを行っているときがアクションの「真っ最中」という意味ではありません。「アクション（行為）」がまさに実行されていることに「焦点を当てている」ことを「イン・アクション」としているのです。つまり，実践の流れ（文脈）に即して行為を吟味することは，すべて「行為のなかの省察」に含まれます。

　ショーンがあげている例でいえば，数か月も続く裁判期間中，被告の特定の行為について様々な観点から吟味していることも，立派に「リフレクション・イン・アクション」です。保育のビデオ・カンファレンスのなかで，特定の子どものちょっと風変わりな行為について，実践の後で，ああだったのか，こうだったのかと吟味しているのも「リフレクション・イン・アクション」になります。つまり，実践の流れ（文脈）に即して行為を吟味することは，すべて「行為のなかの省察」に含まれるのです。リフレクションするのが事実上，実践行為の後であっても，実践のなかでの教師がとっさに考え，臨機応変に対応していることについてリフレクションしているのであれば，ショーンのいう「リフレクション・イン・アクション」にあたるわけです。

　第二の誤解は，「省察」という日本語にひきずられて，いろいろな出来事の意味を「考察」したり「推論」したりすることとみなすことです。そうではない，ということは原書の第1章を読めば明らかです。第1章では，従来の「専門家（professionals）」像が，専門家が豊富に身につけた「専門的知識」や「専門的技能」なるものを活用し使いこなすのがよいとされてきたこと（それをショーンは「技術的合理主義」と呼んでいる）に痛烈な批判をしています。そうではなく，様々な実践

場面で，こうやればよいのか，ああすればいいのかと思い悩んだり，こうすればうまくいくかとふと思いついたりするのはすべて「リフレクション・イン・アクション」です。

たとえば入社試験の面接に向かう就活中の学生が，電車のなかで面接のときにこう聞かれたらどう答えようかと思い巡らすのも「リフレクション・イン・アクション」ですし，クラスで授業に全然ついていけない劣等生の子どもが，教師の発問に対しまったく答えがわからないけれど，必死で「わかったふうのそぶり」をして指名されることを避けようとしたり，運悪く指名されたときは，「何でもいいから答えらしきことを答えて，後はさっさと忘れるようにしよう」という戦略を考えるのも[*2]，その子なりの「リフレクション・イン・アクション」です。

第三の誤解は，第二の誤解の真逆の考え方です。ベテランが様々な問題状況を臨機応変に切り抜ける，いわば「名人芸」的な対応こそが大切として，そこに到底及ばない初心者は，自らの未熟さを「反省」することが大切なのだという考え方です。それに対し，ショーンは専門家が実践の真っ最中にそういう見事な「わざ」を示すことを認めていますが，それをいわゆる「暗黙知[*3]」のように言語化できないとか，無意識での行為だというように神秘化することには強く反対しています。ショーンは，何とか言語化してみると，誰もが経験している経験知に近かったり，その感覚を他人と共有できたり，新たな発見が生まれたりするとして，

言語化（つまり，「わざ言語」の活用）を勧めています。

生田は著書『わざ言語[*4]』の「はじめに」で，「わざ言語」について"さまざまな「わざ」の世界でその伝承の折りに頻用されている，科学言語や記述言語とは異なる独特な言語表現を指示している"と述べています。その例として，"例えば，民族芸能の伝承場面において，扇を差し出す動作を指導する場合，「天から舞い降りてくる雪を受けるように」という感覚的な表現を用いることがある"としています。生田の「わざ言語」についての記述は，専門家が自らの「わざ」を自分自身でリフレクションするとき――「行為のなかで感じていること」を何とか言葉に表そうとしているときとか，自分なりの「わざ」について，師匠から「わざ言語」で正すべき点を指摘されたことを，自らの行為感覚で確かめるとき――にも当てはまるでしょう。これらはすべて，重要な「リフレクション・イン・アクション」になります。

注

*1　Schön, D. A. (1983). *The reflective practitioner : How professionals think in action*. Basic Books.

*2　劣等生のこのような「見事な」合理的戦略については，ジョン・ホルト，吉田章宏（訳）『子どもたちはどうつまずくか』（評論社，1981年）に詳しい。

*3　M. ポランニー，渡辺勇夫（訳）『暗黙知の次元』筑摩書房，2003年。

*4　生田久美子・北村勝朗（編著）『わざ言語――感覚の共有を通しての「学び」』慶應義塾大学出版会，2011年，p. i。

コラム③
## 「内側から見る」ということ
~湯呑みになってみる~

ものごとを見るとき，「外側から見る」という見方と，「内側から見る」という見方があります。

ここにいま1つの湯呑みがあります。それを「外側から見る」とはどういうことでしょうか。

それはこの湯呑みの形，色合い，模様，手触り，傷やひびのあるなし，持ちやすさ，質感などの様々な特徴を手にとってよく調べ，それが九谷焼きだとか萩焼きだとかの知識も利用して，一般的な価値基準に照らして価値づけることを意味しています。

ところで，この湯呑みを「内側から見る」こともできます。

この湯呑みの存在そのものに，おのれ自身の存在の全体をすっぽりと浸み込んで，この湯呑みの誕生から今日まで，さらにこれからの将来を，おのれがこの世に存在していることの重みをかけて実感してみるのです。ここがどうだとか，あそこがどうだとかの特徴にラベルをつけることを拒否し，黙して語らず，じっとたたずんで，そこに「ある」という事案を深くかみしめるのです。すると自然に，おのれ（湯呑み）の生成と発展の歴史が時間・空間を凝縮させて感じられてきます。まず広大な粘土層のなかから丁寧に選びとられる土の塊から，ロクロにのせられて形づくられ，陶芸家の理想に即して，しだいしだいに湯呑みとしてのバランスのよい，適度な厚みをもった新しい

二代目勝尾青龍洞作（佐伯胖所蔵）

おのれに変身していく。

それが，様々なうわぐすりをつけられて，高熱の炉で長時間焼かれ，しっとりとした色合いを帯びて，いわば「成人」として世に出る。様々な人々の手にわたり，茶をそそがれ，飲まれ，洗われ，しまわれ，そして落とされて割られ，ごみと一緒に捨てられ，土に交り，それから何十年，何百年，さらにもっと，そこに存在し続けていく……。

このように，湯呑みの内側に入り込んで「見る」というとき，見えているのは湯呑みそれ自体ではありません。むしろ湯呑みが変身し生まれ変わっていくときの，そのときそのときに出会う周辺の事物であり，人々であり，置かれている環境の風景なのです。湯呑みというのは，それに「なっている」という実感，存在感として，おのれ自

身の存在の確かさをもって感じられる,おのれの「からだ」です。「経験」されるおのれ自身の変身や,新しい世界との出会いは,喜び,悲しみ,苦しみと共に,おのれのからだの成長の過程として経験されるのです。

さて,このような内側にひとたび入り込んだところで,改めて,先の「外側からの見え」を受けているものとして,内側から感じ直してみましょう。そうすると,形がどうだとか,色がどうだとかといって特徴づけられたり,価値づけられたりしていたことが,うれしくもあるが,つらくもあることがわかります。

つまり,「大切にあつかってもらえること」としての感謝がこみ上げてくるかもしれませんが,「もっとよく見てほしい」「この私の存在そのものを,大切にしてほしい」と叫びたくなるかもしれません。さらに,外側からおのれ(湯呑み)を見ている「外側」なるものを,そこからの評価や扱いについて「感じ」つつも,外側から見ている存在が,やはりそれなりにそこに「ある」ということ,つまりは,それなりに必然性をもった存在であることが見えてきます。

さらに目をこらすと,さきの「(湯呑みの)内側から見る」経験のなかでは気づかなかった別の事物や人の存在が,様々にうごめき,活動している風景として,はっきりと見えてきます。しばらくその風景を見渡していると,いくつかのものは,それぞれ「親しい存在」として見えてきます。今度はそういう「外側のものになった目」で,先の湯呑みの形や色,模様を見つめてみると,先には時に「痛み」を伴った「外側からの視線」が,今度は「やさしい視線」として,さきの「おのれ」(湯呑み)に語りかけてくる言葉として,感じられてくるのです。そういう「外からの語りかけ」を全身で感じ,それに応えようとしていくと,以前には思いもよらなかった「おのれ」の別の姿がうかびあがってきます。わずかな欠けた傷が,それができたときの「出来事」の記憶をよみがえらせ,育ってきた「歴史」を物語っていることにも気づきます。先にあげられた「特徴」というのも,一般的な価値基準に照らした「評価」とは無縁に,一つひとつが大切な,いとおしいものであり,独自性をもち,唯一性をもつものとして感じられてくるのです。

「内側から見る」ということは,このように,それ自体が「今ある」ことにかかわってきたできごと,「これから」かかわっていく可能性のある「外」のことなどを,愛おしさを込めたまなざしで「見る」ということなのです。

第 10 章

# 子どもが〈いのち〉に見える教師
―― 東日本大震災・被災地からの発信 ――

●　●　●　学びのポイント　●　●　●

- 教師として求められる基礎的な資質・能力を理解する。
- 教師の「子ども観」の根源に，確かな〈いのち〉観を据える意味を考える。
- 教師の〈いのち〉観の変革が，教育そのものを変える事実について考える。
- 〈いのち〉を受け継ぐ人々の真摯な姿勢に学ぶ意味について考える。
- すべての教育活動の基本は「子ども理解」であり，そのための具体的な方法について考える。

第Ⅲ部　専門職としての教職

# WORK　「いのち」を守るための「備え」や「原則」

次の写真を見ながら、「その時」の対応について考えましょう。

写真①

写真②

1．水没した校舎と，水没しなかった校舎の違いについて考える（10分）
　写真①と写真②は，ある学校を津波が襲来している瞬間です。この写真の撮影者がいる校舎は，かろうじて津波による水没を免れましたが，前面に映っているもう一方の校舎はほぼ水没しました。この明暗を分けた理由は何だったのでしょうか。グループで話し合ってみましょう。

2．運び上げた「もの」について考察を深める（10分）
　この校舎に必死に逃げ込んだ教師たちは，その直前に校舎の1階から運び込んだ「もの」がありました。それらは一体，何だったのでしょうか。また，運び上げた「もの」にはある共通の「原則」が働いていました。その「原則」は何だったのでしょうか。グループで話し合ってみましょう。

第 10 章　子どもが〈いのち〉に見える教師

● 導　入 ●

　子どもが〈いのち〉に見える教師——一見，奇妙に聞こえるこの言葉。一体なぜ，このような表現が，東日本大震災の被災地で囁かれるようになったのでしょうか。

　そこには，悲しみのなかから精一杯の教訓をしぼり出し，現代と後世に伝えなければならないという，人としての倫理と教師としての責任感が表明されています。ことごとく奪われた教え子たちの〈いのち〉，もっともっと生きたかった子どもたちの〈いのち〉，何も語れず逝った幼子たちの〈いのち〉——もう戻らない声なき声を紡ぎ合わせ，心身に刻み込むために，私たちはどう行動していけばいいのでしょうか。

　東日本大震災を中学校教師として経験し，これらの問題に真摯に向き合ってきた立場から，教師の仕事とは子どもを〈いのち〉そのものとして無条件に尊ぶことではないか，という考えについて述べてみたいと思います。

## 1　東日本大震災が変えた「子ども観」

　「春を待つ教師」という言葉があります。受け持った子どもたちを晴れ晴れとした気持ちで送り出したいという積極的な意味がある一方，思うように学級づくりができず，授業や生活指導に心身共に疲れ果ててしまい，何とか「流れ」を変えたいという意味でも使われます。

　中学校の教師だった頃，残念ながら私も後者の意味で「春を待つ教師」になったことがありました。荒れる子どもたちを目の前に，子どもを出迎える朝の足取りは重く，逆に放課後はいくぶん心軽やかになるという「不謹慎」な経験もしました。そんなときは，子どもに投げかける「明日も元気で来いよ」という言葉がどこか空しく響くのでした。

　しかし，東日本大震災はそんな自分の甘さを一変させました。何度も襲来した大津波とその後に続く大混乱のなかで，一体何人の子どもが津波に飲まれたのか，何人の子どもたちが生き残っているのか，生き延びた子どもたちはどこにいるのか，皆目見当がつきませんでした。被災住民と共に生活する教室内に

仕切りなしで設けた臨時の「職員室」で，私たちは情報収集にあたりました。通信手段が途絶えていたため，被災した住民たちからの聞き取りや，片端から避難所を回って情報を集めるしか方法はありませんでした。
　そして，生存が確認できた子どもの名前が，白い紙に一人，また一人と書き込まれていきました。特に，海のそばに家があった子どもの生存は，私たちを勇気づけ，そのたびに「よくぞ生きていてくれた」と心のなかで叫ぶのでした。そんな混乱のなかで，私たちのなかには「生きていてくれるだけでいい……」という思いが刻まれていきました。どんなかたちでもいいからとにかく生きていること，生き延びていること，〈いのち〉をつないでいること——それだけを願い続けました。
　そこで気づいたのが冒頭の思いの「不謹慎さ」でした。「生きているのが当たり前」という前提で子どもを見ていた自分に気づくとともに，教師としてもっとも大切なのは「子どもの〈いのち〉を守る」こと，さらにその〈いのち〉を無条件で「愛でる」ことなのだと，改めて気づかされたのです。「そんなのは当たり前ではないか」とお叱りを受けそうですが，実はこの〈いのち〉を守り，無条件に「愛でる」というのは，多忙や指導の困難さに拍車がかかる現場では，ふと忘れられがちになります。子どもがなかなか言うことを聞いてくれない，悪態をつかれる，遅刻や忘れ物が多い，悪さばかりする……徒労感に苛まれる生活が続くと，いつしかこの教育の原点を忘れてしまうのです。
　しかし，そんな「困り事」も，子どもの〈いのち〉の前ではほんのちっぽけな悩みなのだと，震災は気づかせてくれました。「〈いのち〉が目の前にいるだけでいいじゃないか」と。
　これは私だけの思いではありません。他の学校での間借り生活が始まると同時に，子どもたちの遠距離バス通学が始まりました。部活動が終わると，校庭や教室から先生たちが子どもたちの見送りに集まります。バスのなかから手を振る子どもたちに，先生たちが手を振り返しながら呼び掛けます。
　「明日も元気で来いよ！」
　そして，夕日に照らされながら職員室へ戻る道すがら，次のような会話がしばしば交わされるのでした。

第10章　子どもが〈いのち〉に見える教師

「明日も生きて学校に来てくれれば十分だ」
「んだ」
　震災前にはなかった感覚（これを〈いのち感覚〉と呼べばいいのだろうか）が，私たちを静かに包み込むのでした。
　子ども観が変わるというのは，この〈いのち〉観が変わるということではないか。子どもが〈いのち〉そのものに見える教師であれば，その指導も教育も学校も変わるのではないか。そして，子どもとの向き合い方も，自ずと〈いのち〉を「愛でる」ものになるのではないか――震災は私たちの〈いのち〉観を直に問うものだったのです。子ども観とは，つまりこの〈いのち〉観なのだとつくづく思うのです。

## 2　生きたかった子どもたち，生き残った人々

　東日本大震災のなかで，私は大事な教え子たちを亡くしました。子どもの亡骸の前で，私はただただ涙を流しました。そして，もう二度とこんな経験はしたくない，誰にもさせたくないと固く誓ったのです。[*1]
　さほど離れていないところで〈いのち〉を落とした子どもたちと，生き残った私たち――この生死を分けたものは何だったのでしょうか。
　教え子のタケオは，家族思いの優しい子どもでした。3人兄弟の末っ子で，いつも陽気で，誰とでも分け隔てなく接する子どもでした。バレーボールが得意で，管内でも有望なメンバーの一人でした。
　そんな彼をあの大津波が襲いました。被災する直前にタケオを目撃した近所の人の証言によると，彼は思うように体を動かせない祖母のそばに，最後まで寄り添っていたそうです。「早く避難するんだよ」という呼びかけに対して，笑顔で応えたというのが，最後の目撃情報でした。
　ここには究極の選択，壮絶な葛藤がありました。「自ら死を選ばざるを得なかった人々」の存在。目の前に体の不自由な身内がいるという現実。一人だけ

---

＊1　詳細は，制野俊弘『命と向きあう教室』（ポプラ社，2016年）を参照。

避難するという選択ができたでしょうか。単に「素早く避難すればいい」という理屈では片づけられない現実があるのです。自分の〈いのち〉と他者の〈いのち〉を天秤にかけることなどできるのでしょうか。

　タケオだけではありません。家に残した幼い子どもを探しに行って亡くなった母親がいました。同じ建物に避難していた私は，その母親を引き留めることができませんでした。また，すでに子どもが避難していることを知らずに，幼稚園に迎えに行こうとして車ごと流された母親もいます。みんなそれぞれに身内の〈いのち〉を心配して選択した行動だったのです。

　ホノカは今でも心に大きな傷を負っています。ホノカの祖父は孫のホノカが家に帰るのを，自宅前の道路でじっと待ち続けていました。避難を促す周囲の声を聞き入れず，ただひたすら孫の帰りを待ち続けていました。しかし，当のホノカは帰宅途中であの大地震に遭い，怖くなって小学校に引き返しました。そのことを知る由もない祖父は，家の前の道路に立ち続けたのです。後にその事実を知らされたホノカは，この悲しい教訓を語り継ぐべく，祖父が立ち続けていた場所，わずかに残された自宅跡地の前で語り部活動を行うことを決意します。「自分の行動が祖父の〈いのち〉を奪ったのではないか」という抜き去りがたい後悔の思いを抱きながら，祖父の「化身」となって語り継ぐ彼女の姿に，私は〈いのち〉を受け継ぐ者の「作法」のようなものを感じずにはいられません。

　このことは東日本大震災の最大の被災地でもある宮城県石巻市で，74人の児童と10人の教職員を失った大川小学校の遺族たちも同じです。わが子を亡くした親たちが，立つのも見るのもつらい被災現場で，〈いのち〉の意味と重みを語り続ける姿は，残された者の，そして〈いのち〉を受け継ぐ者の「作法」なのだと感じずにはいられません。

　生き残った教師たちは，この〈いのち〉の問題とどう向き合えばいいのでしょうか。これからの「教師」像を模索するために，私が経験した事実と実践について考えます。

## 3 〈いのち〉と向き合う子どもたち

### 1 違う風景

　2011年4月下旬，混乱の最中，学校が再開されました。懐かしい顔が次々にやってきました。久しぶりの再会に興奮する教師と子どもたち。学校が〈出会い〉の場であるとともに，〈生〉を確認する場となりました。子どもたちにとっても，学校再開までの1か月半は苦しい日々の連続でした。友人との離ればなれの生活，窮屈な避難所生活，勉強や部活動への不安が折り重なっていました。

　しかし，そんな苦境のなか，たくましさを発揮するのもまた子どもたちでした。野球部のタイセイは，瓦礫のなかから愛用のグローブを見つけ出し，早速キャッチボールを始めました。「強烈な匂いも気にせず練習していました」と，後日，母親は私に語ってくれました。陸上部のレンは，食事も満足に得られない避難所生活のなかで，ランニングを開始し，夏の県大会で見事優勝を果たしました。マサヒコは，仕事で忙しい両親に代わって家事を担い，小さな妹の面倒をみながら狭い仮設住宅の布団の上で勉強を続けました。

　子どもたちの健気な姿に励まされる一方，私は一人の女の子の言葉を忘れることができません。震災の年の夏，私たちは秋田県の田沢湖で駅伝の合宿を行うこととなりました。久しぶりの遠出に興奮気味の子どもたち。深緑のなかから現れた湖の輝きに歓声が上がります。私も浮かれて景色を眺めていると，隣に座っていたミウがぽつりと呟きました。

　「湖っていいなあ……」

　その意味が私にはわかりませんでした。

　「なんで？」

という問いかけに，ミウは答えました。

　「だって……津波こないもん」

　迂闊でした。ミウは，津波で母親を亡くしていました。当然，私はそのこと

を知っていました。ミウには，みんなが見える景色とは違うものが見えていたのです。心に傷を負った子どもたちと，私たちではまったく違った風景を見ていることに気づかされました。同じように感じているはずだというのは，教師の勝手な思い込みなのです。震災の現場にいながら，「当事者」ではない自分に気づかされました。彼我の差の大きさに愕然としました。

次のマナキの作文は，そんな教師の姿勢を根本から問うものでした。

### 2 「母に会いたい気持ちが溢れてきます」

マナキは震災で母親を亡くしました。介護施設に勤めていた母親は，お年寄りたちと避難する途中で津波に巻き込まれました。マナキはその悲しみを覆い隠すように生活していきます。周囲への気遣い，目配せの細やかさ，屈託のない笑顔は母親そのものでした。

そんなマナキが運動会の作文に，「最後の風船を放すことができなかった」と綴ってきました。運動会のエンディングで空へ解き放とうとするその風船のひもを，彼女はなかなか手放せなかったというのです。そして，その場面を振り返って綴った作文[*2]に，私は愕然とします。

> あの震災から1年以上が過ぎました。今思えば震災について本気で考えたことがありません。いつもどこかに綺麗事をまじえて考えていたような気がします。
> 　私たち3年生にとっても中学校としても最後の運動会の日，最後の企画で風船を大空に飛ばしたとき，涙が溢れてきました。風船には未来の願い，辛さや悔しさ，さまざまな思いを込めました。風船を飛ばすことで願いが叶えばいい，辛さや悔しさが無くなればいい，そう考えていました。けれど，なかなか風船を放し空へ飛ばすことができませんでした。理由はわからなかったけれど，今考えるとわかるような気がします。
> 　私は大好きな母を忘れそうになっています。忘れたくない，そう思っているのに少しずつ消えてしまいます。震災が起きる朝に交わした言葉も，声も顔も動作も。思い出せないことが多くなっています。それがとても怖いです。母が私のなかから消えそ

---

＊2　制野俊弘，『命と向きあう教室』ポプラ社，2016年，p. 70。

## 第10章　子どもが〈いのち〉に見える教師

うで怖いです。そして忘れていってしまう自分が嫌でしようがありません。風船をなかなか飛ばせなかったのも「忘れてしまう」と思ったからだと思います。

　大好きな人が死んでしまう——私にとってそれは非現実的なものです。正直，母は死んでいないと思っています。いつかひょっこり現れて，何事もなかったかのようにいつも通りの生活に戻る。私の名前を呼んで，他愛もない会話をしたり，私の成長を見て笑ったり泣いたりしてくれる。こんなこと考えてもどうしようもないと思いますが，私はそういった普通の幸せに夢を見て，いつか叶うと信じているのです。そう思わなければ，いつか自分が不安や悲しみで押し潰されそうになる気がします。

　この間，3年生にとって大切な進路説明会がありました。私は進路説明会があるというお知らせを父や祖母に渡せませんでした。父は仕事だと知っていましたし，祖母は学校に来るのが大変でしょう。一番後ろの席に座り，私だけでも大丈夫と思っていました。

　けれど，みんな親が来て隣に座る。それを見た瞬間，少しだけ泣いてしまいました。それだけで泣いてしまう自分が情けなくて，母がいないことを改めて実感させられたような気がしてとても悲しかったです。母に会いたい気持ちが溢れてきます。自分の嫌なところやダメなところがどんどん見えてきます。

　人に頼りたいけど，そうすると相手が困ってしまうから相談できない。そう自分に言い聞かせていますが，本当はただ自分が相談したくないと思っていて。母を想う気持ちは私だけのものであり，それを他の人に言いたくないのです。こんな矛盾に嫌気がさします。そして辛いことや悲しいことがあっても大半は誰にも相談しないで自分のなかに詰め込みます。小さい頃から相談するのが下手でした。だから，自分のなかに留めることに慣れてしまい，それが私にとって普通なのです。よく友人に「無理するな」だとか「背負い込み過ぎなんだよ」と言われます。そんな優しさに泣きそうになります。

　この頃，少しずつですが人に頼れるようになったような気がします。今ならあまり相談することのできなかった母にも頼れる気がします。けど，もう近くにいないから母親がいる家庭が少しだけですが羨ましいです。甘えることのできる母親がいて，相談できる母親がいて心配されて，愛されて，成長を見届けてくれる母親がいる家庭。去年の運動会も，今年の運動会でも，精一杯頑張りました。けれど，いつも最後にはぼんやりした何かが残ります。一生懸命練習してきたことが一日で終わってしまう寂しさかと思っていました。たぶん，そういう寂しさもあります。でも，もしかしたら母親がいないからどこか心にぽっかりと穴があるのかもしれない。母と一緒に喜びたい，褒められたい，そんな願いがあったのかもしれません。

　私にとって，母は尊敬する人であり，大好きな人です。そんな母がもういないから

193

といって，前に進むためには忘れることはできません。母のことを時間が経つにつれ，忘れてしまうのだったら時間なんて経ってほしくないです。そんなことを言ったら母に怒られるんでしょうけど，これが私の本音です。けれど以前母に，「生きている人を大切にしなさい」と言われました。母が大好きで，死んでしまったことをまだ理解できなくて，不安で怖くて。そんな思いでいっぱいでしたが，私には母だけではないのです。心配してくれる人や笑い合ってくれる友人，慕ってくれる後輩。すべての人が大切で，私を支えてくれています。

　母は死んでしまったけれど，まだ生きている，いつか会えると信じます。信じていても生き返ることはないし，母を忘れてしまう恐怖感はまだあります。けれど，その気持ちが私にとって前に進むための理由になります。これから大切な仲間と共にたくさんのことを体験し，自然と涙が溢れる，心に残る思い出にしていきたいです。そして，母に会ったら自慢して，一緒に笑い合いたいです。

　一人で抱え込んできた悲しみを，マナキはどんなふうに昇華しようとしてきたのでしょうか。この文章だけで推し量ることはできません。事実，彼女が震災直後に綴った母親への手紙には，「ママ，なんで死んだんよ」「他人の〈いのち〉より自分の〈いのち〉を助けなさい」と綴られていました。そして，この手紙をきっかけに，マナキは「ママ」という呼称をやめ，「お母さん」と呼ぶようになります。母親への甘えを断ち切ろうと決意したのです。

　このような作文に接したとき，何を感じ，どう応えていくかは教師の仕事として大切な問題です。それと同時に，このような「本音」を綴ってくるような子どもと子どもの関係，教師と子どもの関係をどうつくるかが教師に問われます。

### 3　「私は，お父さんとお母さんの方に手を伸ばそうとします」

　アミは，女川町で被災し，震災後，弟と共に母親の実家のある宮城県東松島市の祖母の家に引き取られました。母親の死亡は確認されましたが，父親は現在も行方不明のままです。そして，そのことを誰にも語らないまま，中学校生活を送っていきました。過剰なほどがんばる姿に，教師たちも心を痛めていました。

## 第10章　子どもが〈いのち〉に見える教師

　震災から3年が経ち、「震災をなかったことにはできない」「心に傷を負っている子どもたちをそのままにはできない」と決意し、子どもたちと共に「〈いのち〉とは何か」を考える授業に取り組み始めました。私にとっても、教師集団にとっても重い決断でした。

　そして、子どもたちが震災体験を語り合うなかで、アミは次のような作文を綴ってきました。[*3]

> 　……私もお父さんとお母さんが亡くなった時に、「何であの時、あんな声のかけ方をしたんだろう」「もっと一緒にいれたんじゃないかな」とか、たくさんのことを考えました。そして、お父さんとお母さんが亡くなった時は、光が届かないほど深い暗闇に閉じ込められた気分でした。「もう何もしたくない」「生きたくない」「誰もいない」など、多くのことをずっと思っていました。今でもたまにあります。このようなことを思う時は決まったように、お父さんとお母さんが笑って自分のことを見ています。私はそのお父さんとお母さんの方に手を伸ばそうとします。しかし、全然届きません。でも届くことはないと実感しているのに手を伸ばし続ける自分が嫌です。だから、心のどこかで誰かに助けを求めていると思います。そう思うとまた嫌になります。私はこんな悪循環をあの日から繰り返しています。

　本当に辛い作文です。ひた隠しにしてきた自分の境遇をクラスメイトに打ち明け、一人で抱えてきた苦しみを吐露するというのは本当に勇気のいることです。このように告白することができた要因は何だったのでしょうか。もっとも大きな要因として、それを受け止める周囲の子どもたちの〈感度〉を挙げたいと私は考えています。子ども集団が一人の子どもの声をどのような〈感度〉で迎え入れるのかは、作文を綴らせるうえでも、学級集団をつくるうえでも決定的だと私は考えています。

　そして、さらに大事なことは、このような集団を形成するうえで、教師にもある種の〈感度〉が求められるということです。

　その一つが、子どもの〈生活〉への〈感度〉です。「生活理解」とも言えますが、教師が子どもの生活のすべてを理解することは不可能です。しかし、

---

＊3　この告白については、2016年3月NHKスペシャル「命と向きあう教室——被災地の15歳・1年の記録」で放映された。

「湖っていいなあ……」とつぶやいたミウがどんな苦難を背負って生活しているのか，瓦礫のなかから拾った悪臭漂うグローブをはめて嬉々としているタイセイはどんな思いで生活しているのか，瓦礫に埋もれた街中を一人で走るレンの生活はどうなっているのか，布団の上に教科書を広げ，幼い妹の面倒をみながら両親の帰りを待つマサヒコはどんな思いで生活しているのか……この子どもの〈生活〉への〈感度〉は，教師として常に磨き続けなければなりません。つまり，教師のなかに，子どもの〈生活〉を映し出す〈鏡〉が必要であり，その〈鏡〉は常に磨き続けなければすぐに曇ってしまうのです。これを私は「生活の鏡」と呼びたいと思います。

　もう一つは，教師は子どもたちの〈感度〉を鍛え，磨くための道具（＝手段）をもたなければならないということです。これを〈文化の鏡〉と呼びたいと思います。日記や作文を綴らせみんなで読み合うこと，よりよい教材を追究すること，子ども同士をつなぐ文化的な活動を組織すること等々，これらはいずれも教師がもつ〈文化の鏡〉（＝文化的力量）と言えるでしょう。過去を生きてきた教師が，未来を生きる子どもを教えるためには，教師自身が未来を先取りする革新性をもたなければなりません。単なる「過去の伝道者」であってはいけないのです。教師は，幾多の試練を乗り越えて獲得してきた人類の普遍的価値の追求をさらに推し進め，その先に展開されるべき社会像を看取する必要があります。〈文化の鏡〉は，普遍的な価値を内在させながら，未来を先取りしたしたたかな実践と共に，磨き続けなければならないのです。

　この教師のなかの〈生活の鏡〉と〈文化の鏡〉の双方を磨き上げることこそ，これからの教師に求められる大切な資質です。これらの〈感度〉が鈍ったとき，学校，教育，そして社会は一気に〈不寛容〉になっていくのです。

## 4　「子どもを理解する」ということ：「生活綴方」の再生

　教育の基本は「子ども理解」だと言われます。「目の前の子どものことを理解できずに，教育はできない」というのはあまりにも自明なことです。
　しかし，この自明なはずの大原則が，大きく揺らいでいます。生まれ落ちて

第10章　子どもが〈いのち〉に見える教師

すぐに携帯やスマホにさらされる子どもたち，LINEなどSNSによる関係づくりが当たり前の子どもたち，バーチャルな世界がこの世のすべてだと錯覚してしまう子どもたち。このような子どもたちと，教師たちとのギャップは激しくなります。心を病む教師たちの叫びがそれを物語っています[*4]。

　では，「子ども理解」への足掛かりを，私たちはどこに見つければいいのでしょうか。ここにある若い教師の報告があります。教育現場の「スタンダード化」に違和感をもつ若い教師たちの「生きる」知恵と，「子ども理解」の努力の跡を読み取れます。少し長いのですが，引用します（下線は筆者）[*5]。

---

　人間らしさを喪失した学校。私たちは，この現状にどう向き合えばよいのでしょう。その突破口として，私が注目しているのは「学級通信」です。私の周りの若い教師仲間で，通信の発行がブームとなり，その価値が再発見されています。

　多忙で過酷な環境のなか，発行が絶対ではない学級通信に，なぜ多くの若い教師がこだわるのでしょう？　私はそこに，無味乾燥な毎日だからこそ，そのどこに価値ある学びが，意味ある実践があったのか，確かめずにはおられない強い衝動を感じます。日々，書かないと，巨大な不自由の圧力にあっという間に押しつぶされてしまう恐怖があるのです。

　「通信」には，<u>子どもたちの授業での感想や作品が，また日々の何気ない学びや生活の物語が固有名詞で描かれます。自分や友だちの名前が出るたびに，嬉しそうな顔を見せる子どもたちがいます</u>。「先生は子どもたちにちゃんと考えさせていて，授業がおもしろい」と「通信」を読んで語ってくれた保護者がいます。「通信」を校内の同僚に配り，子どもや学びについて話題のきっかけにする教師がいます。「こんな学びやくらしをつくっていきたいなぁ」という思いをみんなで共有していきます。（…中略…）「通信」は教師にとって，最も身近な「実践記録」です。実践記録を書き綴ることで，この困難を生きている教師が多くいます。

---

　この一文に接したときに，私は生活をありのままに綴る，いわゆる「生活綴方教育」の再生を感じました。「生活綴方教育」とは，戦前から始まった日本独自の教育方法であり，「子どもたちに生活のなかで見たこと，聞いたこと，

---

＊4　真金薫子『月曜日がつらい教師たちへ』時事通信社，2018年。
＊5　第156回学校体育研究同志会全国研究集会（滋賀）提案集，基調報告，2018年，p. 3。

感じたこと，考えたことをありのままに書く文章表現活動の指導を通して，豊かな日本語の文章表現能力を育て，事実にもとづいた生活認識となかまとの連帯感を形成する」ことを目的としています[*6]。これは「子ども理解」のための普遍的な手段でもあり，また教師自身が再生していく過程と保護者たちの教育への信頼を回復させていく契機を含み込んでいます。

　これは被災地だろうと，未災地[*7]だろうと変わりありません。そして，困難な状況のなかで，若い教師たちが自力で「生活綴方」に辿りついたことに，私は大きな希望を見出すのです。これからの「教師論」を考えたとき，「子ども理解」のために喘ぎ苦しみつつ，教育の「割れ目」を鋭く突くというのは大事な資質のように思われるのです。自らの力で窒息する状況を乗り越える力が必要です。

## 5　〈いのち〉を真ん中に据えた学校づくり

　日本の学校は，本当に子どもの〈いのち〉を学校づくりの真ん中に据えてきたでしょうか。残念ながら答えは「否」です。子どもの〈からだ〉は，「知識」を獲得するための「ハード」とみなされ，効率よく「ソフト」を取り込めるようにバージョンアップされ続け，社会での有用性，ひいては「生産性」のみが唯一の価値基準として評価されていないでしょうか。

　1つの例をあげましょう。宮城県は，震災後，不登校の出現率（中学校）が全国ワースト1位となり，今も高水準のままです[*8]。しかし，震災の影響が疑われるなか，強化されたのは学力向上策でした。死者が1,000人を超えた東松島市では，2018年度から夏休みを4日間短縮し，その分を学力向上の時間に充てようと考えました[*9]。子どもの存在，すなわち〈いのち〉は，「学力」（それもかなり狭義の）と，その延長としての「生産性＝経済的価値」という尺度を基準

---

＊6　青木一ほか（編）『現代教育学事典』労働旬報社，1988年，p. 473。
＊7　佐藤敏郎（監修），雁部那由多・津田穂乃果・相澤朱音『16歳の語り部』ポプラ社，2016年，p. 58。
＊8　「〈いじめ〉宮城の認知件数3位　不登校割合は1位」『河北新報』2017年10月27日付。
＊9　「東松島の公立小中，幼稚園　夏休み4日程度短縮へ」『河北新報』2018年1月11日付。

に，その価値が推し量られているのです。

このように，大災害を経験した地域は，日本のあらゆる病巣が地表に現れた「断層地帯」でもあるのです。圧力がかかり弱いところが一気に地表面に露見する——先の一事だけでも明白なように，日本の学校における〈いのち〉の優先順位はきわめて曖昧であり，ともすると低位に位置づけられているのではないかと疑わざるを得ないのです。

さて，学校は何よりもまず子どもの〈いのち〉を守るところであり，この大原則を踏まえて，教師としての〈生活の鏡〉と〈文化の鏡〉の双方を鍛え，磨くことの必要性について述べてきました。

そのうえで，最後に〈いのち〉を最優先にした学校づくりと，〈いのち〉を真ん中に据えた学校の取り組みについて述べたいと思います。

① 全教育課程（カリキュラム）を，〈いのち〉という視点で再点検・再吟味・再構築すること
② 〈いのち〉を脅かすファクターを全面的に排除するために，〈いのち〉を守るマニュアルを不断に見直すこと
③ 教師自身が地域の特性や歴史を把握し，地域と連携した〈いのち〉中心の防災体制を築くこと

被災地の悲劇に真摯に学び，あらゆる「まさか」を排除しない論理を強力に打ち立てることが，これからの教師に求められる大切な資質の一つであると言えます。これからの「教師論」を考えるうえで大切な視点と言えるでしょう。

 まとめ

　教師の「子ども観」の根源に，確かな〈いのち〉観を据える必要があります。この教師の〈いのち〉観の変革が，教育そのものを変えていくのです。教師は，〈いのち〉を受け継ぐ人々の真摯な姿勢に学びつつ，自身のなかにある〈生活の鏡〉と〈文化の鏡〉の双方を磨かなければなりません。教育の中心に「子ども理解」を据え，そのための具体的な方法を常に模索しなければならないのです。今後は，子どもの〈いのち〉を守るために，あらゆる方策を探り続ける教師像が求められます。

さらに学びたい人のために

○数見隆生『子どもの命と向き合う学校防災』かもがわ出版，2015年。
　　震災前から「いのち」の問題に取り組んでいた著者が，東日本大震災での教訓（特に，大川小学校の事例）をもとに，東南海地域沿岸部をくまなく調査し，新しい学校防災のモデルやチェックリストを提案しています。

○徳水博志『震災と向き合う子どもたち』新日本出版，2018年。
　　宮城県石巻市雄勝町の元教師の著者が，子どもたちと取り組んだ地域の復興教育の記録です。作文・版画・ジオラマづくりを通して，被災地の子どもに必要な「社会参加の学力」の内実を問う渾身の教育と生活の記録です。

○蟻塚亮二・須藤康宏『3.11と心の災害』大月書店，2016年。
　　沖縄戦による心の傷の手当てをしていた著者（蟻塚）が，カウンセラー（須藤）と共に福島で診療を始め，両者に共通する「人災によるトラウマ」の深刻さを告発するとともに，回復の過程に一筋の光明を見出しています。

〈冒頭のWORKの解説〉

1．について
　　前面に映っているのが旧鳴瀬第二中学校の南校舎（海側）で，写真を撮影している場所が北校舎（陸側）です。南校舎は2階の3分の2が水没し，北校舎は2階フロアの手前ぎりぎりの所で津波がストップしました。この違いは，北校舎が元々，津波対策で1メートルほど高く建設されていたことによります。たった1メートル，されど1メートルなのです。

2．について
　　教師たちが真っ先に運び上げたのは，ストーブ，毛布，食料でした。それにトイレットペーパーやポータブルトイレが続きました。つまり，〈いのち〉をつなぐために必要な物から順に運び上げたのです。このことから普段の備えの「優先順位」がわかります。生き残るために必要な物を普段から備えること，それが〈いのち〉をつなぐための「原則」となります。

第 11 章

# いじめに向き合う
──自尊感情を育むということ──

●　●　●　学びのポイント　●　●　●

- なぜいじめが起こるのかを考え，いじめられている子どもはもちろん，いじめる側の子どもも傷ついていることを学ぶ。
- いじめる側の子どもを，ただ叱ってもいじめはなくせないこと，いじめる側の子どもも含めすべての子どもの自尊感情を育てることの大切さを学ぶ。
- 子どもの自尊感情を育てるためにはまず，教師自身が，あるがままの自分を受け入れ，過ちを許せる人になることの大切さを学ぶ。

## WORK　自分のよかった探し

① 今の自分が,「○○でよかった」と思うことや,「ありがたいな」と思うことを,書き出してみましょう。(本文 p. 211参照)
例:「今日ここまで来られてよかった！　歩いてくれた足さん,ありがとう」
「おいしいお弁当が食べられてよかった。つくってくれた○○さん,ありがとう！」

② 自分のしたことや,していること,思ったこと,考えていること,何でもいい,自分に,肯定語(プラスの言葉,うれしくなる言葉,ほっとする言葉,安心する言葉)をかけてみましょう。(本文 p. 206参照)
例:「自分のよかった探し,1コかけた。→おめでとう,その調子！」
「我慢できなくて泣いちゃった。→ドンマイ,大丈夫！　スッキリしたね」
「今日はいじめをとめられなかったけど,何とかしたいと思っている。→えらい！　優しい気持ちがあるね。自分を責めないで。→一人で悩まないで,信頼できる人に相談しよう」

③ クラスメートや友達に,その人がいてくれて「よかった」と思うことや,「ありがとう」と感謝していることを,下の例のように,紙かカードに書いて,その人にプレゼントしましょう。
例:「○○さんへ
私が消しゴムを忘れたとき,自分の消しゴムを半分に切って,貸してくれてありがとう。○○さんがいてくれてよかった,助かったよ。
　　　　　　　　　　　　　　　　　　　　　　　△△より」
「○○くんへ
野球の試合で負けておちこんでいたとき,次はうまくいくよ,応援してるよって,はげましてくれて,うれしかった。○○くんが友達でよかった。ありがとう!!　　　　　　　　　　　　　　△△より」

第 11 章　いじめに向き合う

● 導　入 ●

　あなたは，これから，どんな先生になりたいでしょうか。
　優秀で完璧な「良い先生」を目指すより，自分の失敗や不完全さを許せる「幸せな先生」であってほしいと，私は願います。どんなときも，今ここの，あるがままの自分を受け入れ，信じ，愛している。そんな「自尊感情」が高い「幸せな先生」のもとに，安心して，ありのままの自分でいられる「幸せな子ども」が育つでしょう。
　いじめをなくし，防止するためには，「子どもの自尊感情を育てること」が，不可欠です。それには，もちろん親や教師，私たちの自尊感情についても見直し，育てていくことが必要です。いじめにかぎらず，虐待やDV，自傷行為，あらゆる暴力の背景には，「自尊感情の欠如」の問題があることを，私は様々な人を取材するなかで確信するようになりました。
　ここでは，暴力やいじめを防ぐ「自尊感情」とはどういうものか，それを育むためにはどうすればいいか，お伝えしていきたいと思います。

# *1*　日本の子どもたちは幸せなのか

## 1　鹿川くんいじめ事件

　私がルポライターとして子どもの現場に飛び込み，取材を始めて30年以上が経ちました。20代で最初に書いたルポは，1986年「葬式ごっこ」などのいじめを苦に命を絶った，東京都中野区の中学2年生・鹿川裕史くんの「いじめ自死」事件でした[*1]。いじめグループが主導した葬式ごっこには，担任など4人の教師たちも参加していたことがわかり，当時の社会に衝撃を与えました。私はこの鹿川くんの遺書を，中学校や高校の講演会で子どもたちに読んで伝えています。

---

\*1　鹿川くんの「いじめ自死」事件については以下の文献を参照。
　　豊田充『「葬式ごっこ」――八年後の証言』風雅書房，1994年。

第Ⅲ部　専門職としての教職

> 家の人　そして友達へ
> 　突然姿を消して申し訳ありません（原因について）くわしい事についてはAとかBとかにきけばかわると思う
> 　俺だってまだ死にたくない。だけどこのままじゃ「生きジゴク」になっちゃうよ　ただ俺が死んだからって他のヤツが犠牲になったんじゃ、いみないじゃないか　だから君達もバカな事をするのはやめてくれ　最後のお願いだ。
> 　　　　　　　　　　　　　　　　　昭和61年2月1日　　　鹿川裕史

　鹿川くんが「バカな事をするのはやめてくれ」と最期の願いを訴えた「抗議の死」から、長い年月が経ちました。が、いまだに子どものいじめも自死も、なくなるどころか、小中高校生の自殺者はこの10年、年間300人前後で推移し、350人を超えた年もありました。その理由の第1位が「学校問題」です。

　自死した日は、中学生と高校生は9月1日、小学生は11月30日が、もっとも多くなっています。夏休み明けの前後に、自死する中高生が増えるというのは、「学校に行くか、死ぬか」しかない究極の二択に追いつめられるほど、彼らにとって、学校が「幸せな場所」になっていない、ということでしょう。

　そして、中高生だけでなく、15～39歳までの各年代の死因の第1位が「自殺」です。10～14歳の子どもたちにおいても、1位の「悪性新生物」に続く2位となっています。こうした状況は国際的に見ても深刻な状況で、15～34歳の若い世代で死因のトップが自殺となっているのは、先進国で日本だけです（図11-1）。

## 2　いじめる側も傷ついている

　鹿川くんのように自分の命を絶ってしまう子、あるいは、弱い立場の人をいじめ、ホームレスの人を襲撃して命を奪ってしまった少年たち、そんな被害者・加害者の両方に私はかかわってきました[*2]。そして取材を重ね、多くの少年

---

*2　「ホームレス襲撃」については以下の文献を参照。
　　北村年子『「ホームレス」襲撃事件と子どもたち――いじめの連鎖を断つために』太郎次郎社エディタス、2009年。

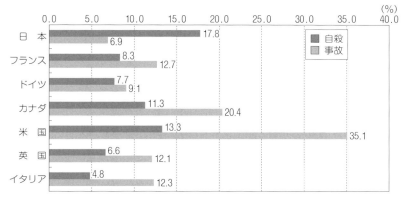

図11-1　先進国の年齢別死亡率比較（15〜34歳）
注：「死亡率」とは，人口10万人当たりの死亡者をいう。
資料：世界保健機関資料（2016年12月）より，厚生労働省自殺対策推進室作成。
出所：厚生労働省『自殺対策白書（平成30年版）』日経印刷，p. 13。

少女たちと出会うなかで，はっきりとわかったことは，いじめている側の子どもたちもひどく傷ついている，ということでした。

　無意識にせよ，心の奥底で，自分を否定し，自分をいじめている子どもや大人が，他者を否定し，傷つけ，攻撃しています。

　さらに多くの，いじめの加害者を取材して見えてきたことは，彼らもまた別の場所では，親や先生，先輩，強い立場の者からいじめられていたり，過去のある時点で被害者であったり，学校にも家庭にも，安心してありのままの自分でいられる居場所がなかったということ。つまり，経済的・物質的な家屋としての家（ハウス）はあったとしても，自分を受容してくれる人間関係のある居場所（ホーム）がない，心の「ホーム・レス」状態にありました。

　私が取材したなかで「いじめる側の心理」をぴしゃりと表現してくれたＫくんという若者がいました。

　　「僕がいじめたくなるのは，いつも自分がつらいときでした。僕は今，生きているのがつらいんです。僕は自分に価値があると思えないんです。自分に価値があると思えないから，誰かを否定したくなります。誰かを否定

すれば，自分が少しはましに見えるから。だからいじめたくなるんだと思います」。

また，大阪の中学2年の女の子は，こう書いています。

「(ホームレスの人たちに) 花火をうちこんだり，けったりなぐったりすることは，ひどいことだと思いました。でも，私も，今も，ずっと思います。その子たちと同じで，人を傷つけなければ，自分の生き場所がないとずっと思っています。親にも自分のことを認めてもらえず，家でもずっと一人。とてもつらい。それで，人を傷つけてしまったことが，たくさんあります。今でもそうです。自分がまるで，この世に必要とされていない存在と，今でも思う。で，毎日，自分で自分を苦しめている。でもどうしようもない……。自殺しようと思ったこともありました」。

彼らは，人をいじめたくなる気持ちの要因に，「自分には価値があると思えない」生きづらさがあり，「この世に必要とされていない存在」と感じる苦しみがある，と教えてくれました。

# 2　いじめをなくすには

## 1　つるた先生の花丸と肯定語

ならば，いじめをなくしていくためには，反対に「僕は，今この自分で価値がある」「私は，この世に必要とされている大切な存在だ」と思える気持ち，つまり「自尊感情」を育てていくことが必要だと，わかりました。そして，学校でも家庭でも，もっとまわりから肯定され，認められ，尊重されてはじめて，子どもたちも他の命を肯定し，認め，尊重できる命になっていくのだと。

そんなとき，私が思い出したのが，小学3・4年生の担任だったつるた先生でした。おじいちゃんのような，定年間近のつるた先生に，当時，私は，宿題でもないのに毎日せっせと絵日記を描いては，提出するのが楽しみでした。

「今日はプールで25メートル泳げました。やった〜！　うれしかったです」
「今日は，おつかいにいったら，八百屋のおじさんが，いつもえらいねって，柿を1コおまけしてくれました。両親にあげたら喜んでくれました」
「今日は，仕事で疲れていたお母さんの肩をもんであげました。"ありがとう，楽になったわ〜"といってくれてよかったです」

つるた先生から返ってくる日記帳には，いつも必ず，赤ペンで大きな花丸と100％肯定のほめ言葉が，書かれていました。

「おめでとう，よかったね。また新記録，応援してるよ」
「お母さんのお手伝い，えらいね，ありがとう」
「親孝行でやさしいね，感動したよ」

当時の私は，離散していた両親とようやく一緒に暮らせるようになったばかりで，家は貧しくお風呂もない木造アパート暮らしでした。父は心身の病いを抱えながら勤めに出るようになりましたが，母が洋裁仕事で家計を支え，お手伝いができてないと私はよく怒鳴られ叩かれていました。

何でも「できて当たり前」で，あえてほめられることもなく，決して楽しいことばかりではなかったはずなのに，なぜか日記には「よかったこと」しか書いていません。それはきっと，先生が共感して「よかったね」「ありがとう」と喜んでくれるのがうれしくて，子どもの私は今日の不満より「小さな幸せ探し」をしていたのでしょう。そして，私は私でいい，生きててよかったと思える，私の「自尊感情」を，つるた先生が守り育ててくれていたのだと思います。

## 2　自尊感情とは

自尊感情とは，この世に唯一無二の自分を，自分自身が受け入れ，慈しみ，大切に思う心です。他人がどう評価しようと関係ない，自分は自分，かけがえのない存在と認められる，「自己受容」が基本になります。

しかし，一方で，こうした「あるがままの自己」を受け入れる本来の自尊感

情とは、まったく異なる自尊感情の概念が、世間や教育現場に流布し、誤解や混乱を生じさせています。それは、自分の価値を、他者との比較や競争のなかで測り、外から与えられる「優劣」の評価によって大きく左右される、いわば、比較競争社会的な自尊感情です。

「人より上位にいる」ことに価値があり、高い評価が得られるほどに、伸びていくピノキオの鼻のようなもので「俺は、あいつより○○ができる、だから偉いんだ」という「優越感」は高まり「尊大」になりますが、評価が下がったり、批判されたりすると、たちまちポキンと折れてしまう脆さを抱えています。

人より優れていなくては、あるいはせめて「人並」でなければ、自分には意味がない、生きている価値がないという、不安定で薄っぺらい自己基盤の土台の上に盛られていく砂山のような"砂上の自尊感情"です。神童と言われた優等生が社会の勝ち組になれず自暴自棄になったり、売れていた芸能人が失墜して傷害事件を起こしたり、評価の下落と共に砂山が崩れ落ちるように、一気に自己否定感が強まり、自己破壊的な行動に至ることもあります。

だからこそ、他者からの評価によってではなく、自分が自分を認め、たとえ人に負けても失敗しても、どんな状態の自分でも「生きる価値がある」と思える、真の自尊感情を培うことが、とても大切です。それは、自分と同じように、誰もが、生きているだけで価値がある、かけがえのない存在であり、「自分以上に価値のある人もない人もいない」「すべての人が等しく大切で尊い存在なのだ」という他者尊重となり、あらゆる命への「人権尊重」につながります。

## 3 自尊感情を培うためには

では、本来の自尊感情を培うためには、どうすればいいのでしょう。そのために大事なことは何でしょう。

### 1 安易なほめ方3点セット

自尊感情は「ほめて育つ」と思っている人が多いのですが、そうでしょうか。

第11章　いじめに向き合う

人からほめられ，認められることは確かにうれしいことですが，同じ人から否定されれば落ちこみ，期待した評価が得られないと動揺したり，落胆したりするでしょう。「承認欲求」にとらわれ，他者の評価に一喜一憂し，振り回されてしまうのは，真の自尊感情ではなく，先述した，脆く崩れやすい"砂上の自尊感情"でしかありません。

　実際に今，先生や親たちは，子どもをどんなふうにほめているでしょう。

　教員研修や子育て講座で，「この1週間で，子どもをどんな言葉でほめましたか？」と尋ねると，決まってこの3つの言葉があがります――「イイ子ね」「上手ね」「がんばったね」。私はこれを「安易なほめ方3点セット」と呼んでいて，無意識にせよ，比較競争社会的な自尊感情を高めてしまう一因になっていると思っています。

①「イイ子ね」

　まず「イイ子」とは，どんな子でしょう？　「～しなさい」と言えば「ハイ」と応える，大人にとって従順で，管理しやすい「都合のいい子」でしょう。強い者にコントロールされやすく，常に場の「空気をよみ」（KY），「同調圧力」に支配され，いじめの構図のなかでは「NO」が言えずに迎合したり「傍観者」になりがちです（傍観者であることもまた，自分は無力で何もできない，と自信をなくし，自尊感情を奪われていくことになります）。

②「上手ね」

　また，「上手にできる」ことばかりに価値を置いていると，その逆「下手なことはしないでおこう」「完璧にうまくできないならやめておこう」と，失敗を恐れるようになり，「とにかくまずはやってみよう」という冒険心やチャレンジ精神が失われ，「失敗は成功のもと」と切り替えられず，トライすることに臆病になります。

③「がんばったね」

　そして，学校でも一番よく使われる「がんばったね」。

　これは使い方にもよりますが，結果の優劣だけを見て，良い成績のみ「がんばった」と評価されるのではなく，結果にかかわらず，途中の過程（プロセス）や取り組みを「よくがんばったね」と認めてもらえることは，うれしいもので

す。また，今まだ足りないから「もっとがんばれ！」と叱咤されるのではなく，もう今すでに充分よくやっているね，という意味で「がんばっているね」と言われるのは，ありがたく，報われる気がします。

でも，日本人は特に，学校でも家庭でも職場でも，何でもかんでも，「がんばったこと」ばかりが評価され，「がんばれないとき」はどう認めてもらえるのか，「がんばれない自分には価値がない」「がんばってないと誰にも認めてもらえない，愛してもらえない」という不安感が，小さなうちから，脅迫観念のように強まっていきます。

　「やらなくちゃ，がんばらなくちゃ，勝たなくちゃ。いじめてないか，自分で自分を」。

これは，10歳の男の子が書いた詩です。まさに，比較競争社会的な自尊感情の不安と悲哀を表すような，「自分いじめ」の子どもたちの姿です。常に「がんばり」を求められ，あれもこれもやらなくちゃと追いつめられ，負けることを許されない恐怖のなかにいる子どもたちは，そのストレスから，怠けてがんばっていない（ように見える）「ホームレス」や，当たり前のことができない，社会の役に立てない（ように見える）「障がい者」など，「社会的に弱い立場にある人々」に，寛容でやさしい気持ちより，憎悪の怒りを抱き，自分のいら立ちをぶつける「弱者たたき」へ向かっていくことにもなりかねません。

### 2　愛を伝える「わたしメッセージ」

では，どんなふうに，どんな言葉で，子どもたちを肯定すればいいのでしょうか。

競争社会のなかで「ナンバーワン」になることを求める，「イイ子ね，上手ね，がんばったね」といった，あなた（You）を主語にした，上から目線の，ユーメッセージの評価では，真の自尊感情は育ちません。大切なのは，まさに「オンリーワン」の価値，その子の今あるがままを受け止め，自分（私）自身が好きだな，いいなと感じる肯定的な気持ちを，I（私）を主語にして伝える，

第11章　いじめに向き合う

「愛（アイ）メッセージ」のほめ言葉です。

　なかでも，最高のアイメッセージは，もっともシンプルで強力なこの言葉。
"I thank you" ありがとう。そして "I love you" 愛してる。

　ありがとう，と言われた命は，「今この自分で役に立つ」と思えます。優越感より「貢献感」が高まり，自分は他者や社会に肯定的な影響を与えられるという喜びと共に，自信（自己信頼感）が育ちます。

　だからこそ，子どもたちをほめるときにも，「一人で，上手くやれたね，えらい」とほめるよりも，「ありがとう，うれしいな，おかげで助かったよ。大好き！」と伝えることが，勇気づけとなり，真の自尊感情を育てるのです（Facebookの「イイね！」も，実は「You are good！」ではなく，「I like your～！」の意味だとか。確かに，そのほうがうれしいですよね）。

　つまり「ほめる」というより，大人であれ子どもあれ，人として平等な関係として，アイメッセージで「愛してる」「大好き」「あなたにあえて（私は）よかった」と肯定すること。そうして，今，目の前の存在に対して，ここに「生きていてくれてありがとう」と喜び，「産まれてきてくれてありがとう」と歓迎すること。そうした人とのかかわりや共感体験が，どんなときも，自分の生きる価値を疑わない，ゆるぎない自尊感情の土台となっていくことでしょう。

## 3　あるがままを認めるということ

　では，ここで，章冒頭に記したWORKをやってみましょう。みなさん，どれくらい「自分のよかった探し」ができましたか。

　参考までに，埼玉県の小学1年生の女の子，ゆうきちゃんが書いた「よかった探し」を見てみましょう。ゆうきちゃんは，まさに「よかった探し」の大名人でした。クラスのほとんどの子が「宿題をちゃんとやる」「忘れ物をしない」「ピアノでバイエル第〇番がひける」といった，良い子で，がんばれることを，せいぜい5つぐらい書き出して「もうない〜」とギブアップするなかで，ただ一人，スラスラと25個を書き出しました。

　いったいどんなことを書いたのか。紹介しましょう。

第Ⅲ部　専門職としての教職

| | |
|---|---|
| 1　くつをはいた | 14　こえをだす |
| 2　ようふくをきた | 15　きゅうしょくセットをそろえる |
| 3　はみがきをした | 16　うわばきをあらう |
| 4　いぬ（ペット）のうんちをとる | 17　あさのれつにならぶ |
| 5　ごはんをたべる | 18　おかあさんのおてつだいをする |
| 6　トイレにいく | 19　しせいがいい |
| 7　べんきょうをする | 20　きれいにかく |
| 8　うちでまっている | 21　せんせいのおはなしをきく |
| 9　ごみすてをする | 22　じかんわりをする |
| 10　やさいをたべる | 23　ひとりでおふろにはいる |
| 11　ごはんをのこさない | 24　わけてあげる |
| 12　おともだちにいいところをおしえる | 25　ママのかんびょうをする |
| 13　なわとびをがんばる | |

　いかがですか？　そう，ゆうきちゃんの「よかった探し」はまさに当たり前のこと。多くの人が，わざわざ「ほめることでもない」と思うことばかりです。
　でも私はこのリストを見て，とても感動しました。
　その一つひとつの光景が，目に浮かぶようでした。きっとこの子は，生まれて今日までの間に，初めて自分で靴をはいたとき，一人でお風呂に入れたとき，どんなことでも，「当たり前」と思わずに，その成長の一つひとつを「わあ，よかったねー」「すごいすごい」「ありがとう，うれしいな」と，一緒に喜んでくれた人がいたのでしょう。この子の一挙一動を笑顔で受け入れ，愛してくれた存在があったのでしょう（私にとってのつるた先生のように）。だからこそ，ゆうきちゃんは，いとも簡単に25個のよかった探しを，スラスラ書き出すことができたのだと思います。
　そうして，受け入れられ肯定された子は，自分だけでなく「おともだちのいいところをおしえる」こともできます。さらに，自分のものを他の人にも「わけてあげる」思いやりや共感性も豊かに育ち，大好きな「ママのかんびょうをする」のように，困っている人を助け自分もまわりの命も大切にできるのです。
　あなたもぜひ，「こんなことできて当たり前」と思っている視点を，見直して，ゆうきちゃんのように「自分のよかった探し」をしてみてくださいね。

# *4* 自分をいじめないで：失敗から学んだこと

　さて，最後に，私自身の体験から学んだ大事なことを，お話ししましょう。
　自尊感情で一番大切なことは自己受容，「不完全な自分を許す」ことだと，言いました。では「自分を許す」の反対，自尊感情を一番傷つけ，奪ってしまうのは，何でしょう？

### 1　自分をいじめ続ける先生たち・親たち

　いつもこの質問をすると，大人でも，すぐに答えられない人が多いです。
　「許す」の反対は？――「責める」ことですね。多くの親も先生たちも，自分を責めていることに気づかないまま，自分自身をひどく傷つけています。
　自分の間違いを許せず，自分を厳しく罰して「何やってんだ！」と「責める」のは，自分を「攻める」ことになり「自分いじめ」をしているということです。真面目で，失敗を許せない，完璧主義な人ほど，無意識に自分を責めてはいじめ，結局，攻められた命から肯定的なエネルギーは生まれず，その汚濁をより弱く出しやすいところにぶつけてしまうか，自分をもっと深く傷つけていくことになります。
　だからこそ「イライラするまで，がんばらない。責めたくなるまで，がんばらない」。つい，がんばりすぎては，自分やまわりにイラついてしまう私自身，ちょっと待てと，深呼吸しては，自分に言い聞かせています。

### 2　私の体験から

　実は，私自身も，長い間，ずっと自分を責めて，自分の自尊感情を傷つけていました。
　私は，小学6年生のときに，お父さんを自死でなくした「自死遺児」でした。自死遺児の多くが抱える苦しみには，親に置いていかれたという「被害者意

識」と，どうして助けてあげられなかったのかという「罪悪感」や「加害者意識」，あのときもっとこうしていればという「自責の念」，そして誰にも打ち明けられない「秘密」と，社会から受ける差別・偏見への「不安や恐れ」もあります。

　私もそのすべてを経験しました。でも何より苦しかったのは，お父さんを追いつめたのは自分だという「加害者意識」でした。父は命を絶つ前に，何度か，一人娘の私にだけ，自分のつらさを訴えていました。

　病院から自主退院してきてしまった父に「お父さん，もっとがんばってよ。しっかり，ちゃんと治療して，良くなってよ」と言う私は，小学校でも「イイ子で，上手で，がんばっている」学級委員長の優等生でした。「年子，ごめんな。お父さん，もうがんばれへんのや。もうしんどい。病院戻るぐらいやったら，ここから飛び降りて死んだほうがましや」と，住んでいた市営団地の11階のベランダを見ながら，父は言いました。

　私はびっくりして「そんなこと言わんといて。わかった，もう病院に戻らなくてもいいから，病気でも，仕事できなくても，がんばれなくてもいいから。お父さんが，生きててくれたらそれでいいから……」。父は，ぽろぽろ子どものように泣きながら「年子，ありがとう，ありがとう。すまんな」と，私の手を握りしめ，繰り返していました。

　そんなふうに弱っている父を，否定せず，ただあるがままに受け入れ「生きてるだけでうれしいよ。生きててくれてありがとう」と，言い続けていられればよかった。けれど，12歳の私はまだ子どもで，思春期の入り口でもありました。やがて，母も私も毎日こんなに一生懸命がんばっているのに，という無意識の「怒り」が，ある日，つい攻撃的な言葉になって出てしまいました。ふと，また「死にたい」とつぶやいた父に，イラっとして「そんなに死にたかったら死ねば！」と，取り返しのつかない，ひどい言葉を，私は投げつけたのでした。

　私自身が，鹿川くんを「いじめた子」と同じ，ホームレスの人を「がんばらない怠け者，弱いダメな落伍者」として嫌悪し襲撃した少年たちと同じ「加害者」でした。そして，Kくんが言ったように，私も「人をいじめたくなるのは，自分がつらいとき」だったと，あとでわかりました。

第11章　いじめに向き合う

　小さな私自身，この先，父はどうなってしまうのか，母は壊れてしまうのではないか，また家族がバラバラになって独りぼっちになるのではないか。毎日が不安で，怖くて，けれど誰にもそれを言えず，助けを求められず，泣きたい気持ちを親の前で必死でこらえながら，精一杯「イイ子で，上手く，がんばらなくちゃ」と，自分を追いつめていたのでした。
　「ホームレス襲撃事件」で逮捕された加害者の青年と文通しながら，「年子さんはホームレス支援をしているのに，なぜ，その活動を無にするようなことをした僕にかかわり，助けようとするのですか」と尋ねられたとき，「なぜなら，私も不完全で，間違うから。私もきみと同じ，大事な人を傷つけ，自分を人殺しだと思って生きてきたからです」と，打ち明けました。
　今，私は中学校や高校で講演するときも，「いじめ」や「自尊感情」の話をしたあとで，いつもその自分の「人生最大の過ち」について告白します。慣れることはありません，とても勇気がいります。でも，気づいたのです。
　中高生たちは，私が，どれだけ正しく立派に生きてきたか，なんて話には関心を示さないでしょう。正論やお説教は，ちっとも心に届きません。でも，私の一番の失敗，一番恥ずかしいことを，勇気をもって語り，自己開示するとき，うつむいていた子が顔を上げ，耳を傾け，ある子は涙を流しながら，ある子は後列から背を伸ばし，全身で私の告白を受け止めてくれるのでした。
　そして，そんな子どもたちの姿に励まされながら，私は最後に，心からの一番の願いを伝えることができます。

　　「私の失敗を聴いてくれてありがとう。どうか，みなさんは，私の間違いを，繰り返さないでください。私が過ちから学んだことを，自分の人生に生かしてください。死ね，消えろ，と，もし誰かにひどい言葉を言ってしまったことがある人は，そのときの自分の気持ちを思い出してみてください。そのとき，自分は何がつらくて，何が不安で，そんなことを言ってしまったのか。そして，自分も相手も，生きてさえいれば，何度でもやり直せます。あのときはごめんね，自分がつらくて八つ当たりしてしまったんだ，許してほしいと，謝ればいい。そして，きみが生きててくれてよか

った，ありがとう，大好きだよ，と，アイメッセージで，惜しみなく，愛と感謝を伝えてください。攻撃すれば，その痛みが必ずあとで自分に返ってきます。けれど，愛と感謝を注げば，もっと自分が愛され，大事にされます。相手のためではなく，まず自分のために，もっと自分を好きになり自分を大切にするために，まわりに愛を与え，ありがとうの言葉を，毎日たくさんかけてください」。

そうして子どもたちから返ってくる，もったいないほどの多くの恩恵，「一番つらいことを話してくれてありがとう。僕はあなたを信じます」「もう絶対に死のうなんて思いません。誓います。ありがとう」。それがまた私を勇気づけ，私の自尊感情を今も育ててくれているのでしょう。

教師になりたいあなたに，大事にしてほしいものは，決して間違えない人生ではありません。失敗や後悔，穴ぼこだらけの人生を，慈しんでください。傷つけたり傷つけられたこと，泣いたこと，苦しんだこと，そのすべての痛みの経験が，いつか，つらい子どもたちの痛みに寄りそえる共感力となり，他の誰かの命に貢献できる恵みとなるでしょう。

多くの人が自己肯定できない自分を否定しています。自己肯定できなくてもいい。自分を嫌う自分をも「そんなこともあるよね」と嫌わないこと。自己否定する自分も否定せず，いつもポジティブでなくても，「ま，いっか」と，自分を許してあげられる。そんな自分の「弱さを受け入れる強さ」こそが，自尊感情であり，「自己尊重」しているということです。

学校は，人が「幸せになるために」あるはずです。いくら一流大学・一流企業に入れても，いくらお金が稼げても，幸せでなければ，何の価値があるでしょう。「教師になってよかった。生きててよかった」と，幸せ探しのできる先生のもとに，「この先生に会えてよかった。生まれてきてよかった」と思える，幸せな子どもが育つでしょう。そんな幸せな学校を，幸せな社会を，一緒に創っていく仲間として，いつかあなたと出会える日を楽しみにしています。

さらに学びたい人のために

○豊田充『「葬式ごっこ」――八年後の証言』風雅書房，1994年。
○豊田充『いじめはなぜ防げないのか――「葬式ごっこ」から二十一年』朝日新聞社，2007年。
　「現代的ないじめ」の原点ともいえる「葬式ごっこ」を起点に，綿密な取材と考察を通し，いじめはなぜ起こるのか，防ぐ方法はないのかを追求した2冊です。

○北村年子『「ホームレス」襲撃事件と子どもたち――いじめの連鎖を断つために』太郎次郎社エディタス，2009年。
　少年たちはなぜ野宿者を襲うのか。命さえ奪う弱者嫌悪の根源に迫り，路上と学校のいじめを防ぐ教育の取り組みをも考察した論考です。

○ホームレス問題の授業づくり全国ネット（編），生田武志・北村年子『子どもに「ホームレス」をどう伝えるか――いじめ・襲撃をなくすために』ホームレス問題の授業づくり全国ネット，2013年。
　「ホームレス」問題をどのように子どもに教えればいいのか。中高生や教員向けの講演録のほか，学校ですぐに使える授業案や発問例集などの資料も掲載されています。

○北村年子『おかあさんがもっと自分を好きになる本――子育てがラクになる自己尊重トレーニング』学陽書房，2006年。
　親と子の自尊感情を育てるワークブック。自分や子どもを許す，ほめる，気持ちを率直に伝える自己主張トレーニングなどが収録されています。

○山崎勝之『自尊感情革命――なぜ，学校や社会は「自尊感情」がそんなに好きなのか？』福村出版，2017年。
　心理学の立場から，今まで使われてきた自尊感情の概念を問い直し，「他律的自尊感情」ではなく「自律的自尊感情」を伸ばすための教育が考察されています。

## コラム④
## 啓祐への手紙

2006年10月11日，長男の啓祐が，1つの遺書を残して自殺しました。

「お母さん，お父さん，こんなダメ息子でごめん。いじめられて，もう生きていけない。今までありがとう」。

啓祐は，私たち夫婦が初めて授かった子どもでした。世のなかを切り啓く，やさしい子どもに育ってほしいという願いを込めてこの名前をつけました。名前の通り，本当にやさしい子どもに育ってくれました。小学校4年生のときに，目が不自由な方のための点字ブロックに興味をもち，私が「点字ブロックがたくさんできるといいね」と言ったら，「点字ブロックに，平気で物や自転車を置く，人の心が障害なんだよ」と返事をしたのが，今も心に残っています。

それなのに，あまりにも突然のことでした。私は，何も気づけなかった自分を責め続けました。そして，啓祐はなぜ伝えてくれなかったのかという気持ちや，一体何があったのかという疑念で，眠れない日々を過ごしました。

学校や教育委員会の対応にも，深く傷つけられました。当初は，校長先生も教頭先生も「真相究明を責任をもって行います」と明言されていたのに，その後態度を急変させ，記者会見では突然「いじめと自殺との因果関係はない」と発表するではありませんか。親としてはただ，何があったのか知りたいという気持ちだったのに。息子の死を冒瀆されているように感じざるを得ませんでした。

私たち遺族は，知る権利を与えてほしい，こんな悲劇を二度と起こしてはならないから真実を知りたい，と訴え続けました。文部科学省が調査に入り，数か月後にようやく第三者調査委員会が立ち上がり，啓祐は中学入学当時より長期にわたって言葉による暴力を受けていた，という結論が出されました。

そして，啓祐の事案をきっかけに，自死遺族のみなさんと働きかけを行い，文部科学省のいじめの定義が変わるとともに，いじめ防止対策推進法が成立しました。啓祐が世論を，国を動かしたことは間違いないと思えます。

私は，啓祐は学校が大好きだったと思っています。そして今，私は学校の先生方を信じています。いじめを防ぐことができるのは，やはり先生方だと思うからです。

啓祐には2人の弟がいました。当時，小学校6年生と4年生でした。兄弟が通っていた小学校では，当時報道が過熱して，隠しようがないため，どうしたら弟たちが学校に来ることができるかを話し合ってくださいました。先生方は丁寧に教室の子どもたちに話をし，子どもたちは，今まで通り普通に接しようと話し合って，2人を迎えてくれました。

また次男は，数か月後に中学進学を控えていました。でも私たち夫婦は，

## コラム④　啓祐への手紙

啓祐と同じ中学に入学することには反対でした。兄が自殺したことをみなが知っている学校で，いじめられるのではと心配したのです。でも，次男は思いもしないことを言いました。

「僕は転校しないよ，だってお兄ちゃんは何も悪いことをしていない。だから僕は同じ中学に通う」。

啓祐は何も悪いことをしていない。次男から教えられた大切な言葉でした。そして，2人の弟たちは，地域で立派に成長し，成人することができました。

教師になる皆さんへ。いじめによって人は死ぬのです。親の私たちも，想像さえできませんでした。でも，いじめによって，人は命を絶つくらい苦しむことがあるのです。まずは，大人の私たちの認識を変える必要があると思います。いじめはなくならないでしょう。でも，いじめによる自殺は無くすことができると思っています。子どもの命を守るためには，いじめ予防も，いじめが起きたときにどう対処するかも，両方大切なことではないでしょうか？

遺族は，いじめ自殺の根絶を求めています。真剣に向き合っていただきたいと願っています。

息子を亡くした悲しみは深く，今も，片時も啓祐のことを忘れたことはありません。どんなに時間が経っても，悲しみが癒えることはありません。

いま私は，私と同じように様々な悲しみ（グリーフ）を抱えて生きる人に必要な支援を届けたいと，グリーフサポートの活動をしています。この活動のなかで，私自身も，私のなかに悲しみがあってもいいと思えるようになりました。

今年，13回忌を迎え，私は亡くなった息子に手紙を書きました。息子が亡くなって初めて書いた手紙です。

けい君へ

けい君，もうあなたが亡くなって2018年10月で12年目を迎えます。あなたは今年26歳になりますね。

今，どうしていますか？　元気に暮らしていますか？　病気はしていないですか？　友達は？　おばあちゃんに会えましたか？　寂しい思いをしていませんか？

あなたと違う世界に暮らしながらも，あなたに尋ねたいことも，あなたが今でも私の子供だと思えることも，話をせずとも，あなたに会いたいと思っています。

私はあなたが亡くなって全てが嫌になりました。死にたいとも思いました。生きることもなぜ生きるのかとも考えました。悲しみのなかにも生きる光もあり，共に悲しみ，共に歩める友もでき，今の自分を大切にしながら生きています。

ただ，今でもあなたと同じ苦しみで亡くなる子供たちが後を絶ちません。どうか，あなたの笑顔でたくさんの子供たちに寄り添ってほしいと願っています。

いつか私もあなたの元に行く時があるでしょう。その時にあなたに，生まれてきてくれてありがとう，母にしてくれてありがとう，出逢ってくれてありがとう，と伝えたいと願っています。その日まで，またね。

母より

第 12 章

# 性の多様性をめぐる学校・教師の課題

● ● ● 学びのポイント ● ● ●

- 教師に求められる基礎的な資質・能力を理解するために，子どもたち・私たちの存在がいかに多様であるかということを学ぶ。
- 性的マイノリティとされる子どもたちが直面する困難から学校・教師の課題を学ぶ。
- 子どもの多様性を前提とした学校・教育をどのようにつくっていくかを学ぶ。

第Ⅲ部　専門職としての教職

##  私たちがもつ思い込み

　次の(1)〜(6)の文章を，意味がつながるように並べ替え，登場人物の関係を説明してみましょう。
(1)路上で交通事故がありました。
(2)外科医は「息子！　これは私の息子！」とおののきながら叫びました。
(3)重傷の息子の身元を，病院の外科医が確認しました。
(4)父は軽傷です。
(5)息子は入院しました。
(6)タンクローリーが，ある男性と，その息子をひきました。
(　　)→(　　)→(　　)→(　　)→(　　)→(　　)

登場人物の関係

---

出所：グラハム・パイク，デイヴィッド・セルビー，中川喜代子（監修），阿久澤真理子（訳）『地球市民を育む学習——Global Teacher, Global Leaner』明石書店，1997年を改変。

① 個々人で考えてみましょう（3分）。

② グループに分かれて話し合いましょう（20分）。
　・個々人で考えたものを出し合い，気づいたことを話し合ってみましょう。
　・その他の考え方についても話し合っていましょう。
　・私たちの「思い込み」がどこからくるのか話し合ってみましょう。

第 12 章　性の多様性をめぐる学校・教師の課題

● 導　入 ●

　ある高校で，クラスメイトの女子同士が手をつないでトイレに行こうとしたところ，通りがかった男性教師が「そういうの気持ち悪いからやめろよ」と笑いながら注意をしました。それをそばで聞いていたある女子生徒は，次のように感じたと，私に話してくれました。「腹が立つというよりは，悲しかった。その先生も身近に本当に（レズビアンが）いるなんて思ってないんだと思う」。彼女は，自分が女性として女性が好きなレズビアンだと認識していますが，自分のセクシュアリティが「気持ち悪い」ものとして認識され，「笑い」のネタにされてしまっているということを，目の当たりにしています。たとえその「笑い」が自分に直接向けられたものではなくても，その言葉に心が砕かれます。

　文部科学省は2010年および2015年に，性同一性障害のある子どもや性的マイノリティの子どもへの配慮や支援，および人権教育を求める通知を出し，また，「自殺総合対策大綱」（2012年），「いじめ防止基本計画」（2017年改定）においても，性的マイノリティについての教職員の理解促進が明記されました。

　本章では，こういった施策が始まってきたなか，まだ性をめぐる差別構造を再生産している学校という場を問い直し，その場を子どもたちと共につくっている教師の課題について考えていきます。そのうえで，私たちの多様性を前提とした教育とは何かということを考えます。

# 1　性の多様な発達

## 1　性自認をめぐる多様性

　私たちの多くは，幼児期に自己や他者の性別を気にし始めます。「僕は男の子だから，こっちのおもちゃがいい」とか，「あの子，女の子なのに男みたい」「俺は男だから泣かない」といった声が聞こえるようになってきます。このように，自分の性別と社会的な性別役割とを重ね合わせ，いろいろなものを選択し，判断するようになってきます。これは，それまで周囲の人々（家族・保護者，教師，友達，メディアなど）が声をかけ，育ててきたこと，つまり言動その

ものを,「女らしさ」や「男らしさ」といった「社会的規範」として子どもたちが学んでいったものでもあります。

なかには,「私は女の子のはずなのに,何でみんな男の子扱いするんだろう」とか,「自分は男の子のはずなのに,何でおちんちんがないんだろう。そのうち生えてくるのかな」といった思いをもつ子どもたちもいます。また,「男らしさ」「女らしさ」といった枠組みから外れた言動をする子どもたちは,「お前,男／女なのに」とか,「おとこおんな／おんなおとこ」「オカマ」などといった揶揄する言葉を周囲から投げかけられることもあります。

私たちの性は,まず,自己の性をどのように認識しているかの総体である「性自認[*1]」と,身体の性（出生時に判定され戸籍に割り当てられた性）を分けて考えることができます。性自認から見て,出生時に割り当てられた性に違和感がなく,その性のまま生きることを「シスジェンダー」と言い,性自認から見て,出生時に割り当てられた性に違和感をもったりして,それとは異なる性を生きることを「トランスジェンダー[*2]」と言います。

トランスジェンダーである子どもたちは,自分の性別ではない振る舞いを求められるため,自身の身体への違和感だけではなく,周囲の無理解や差別的反応といった困難に直面します。もちろん,社会的な規範となっている「らしさ」から外れた言動は,シスジェンダーの子どもにも見られます。「らしさ」から外れた言動をする子どもがすべてトランスジェンダーというわけではありません。

トランスジェンダーの多くの人たちは,小学校入学前から自身の身体への違和感を抱きはじめます[*3]（表12-1）。多くの子どもたちが性別を気にし始める時

---

[*1]　「gender identity」は「性同一性」と訳され,性別についての「過去・現在・未来という時間軸と対他者・対社会という社会軸での統一性,一貫性,持続性」の感覚であり,「性自認の省察の連続体」とされる（佐々木掌子『トランスジェンダーの心理学——多様な性同一性の発達メカニズムと形成』晃洋書房,2017年,pp. 8-9）。その意味では「性自認」は「性同一性」よりも限定された意味合いとなるが,本章では自己のジェンダーに関する認識の総体として現在広く用いられている「性自認」を用いることとする。

[*2]　トランスジェンダーのうち,身体の性別を性自認に合わせる性別適合手術など,医療支援を必要とする場合に診断される名称を「性同一性障害」と言う。トランスジェンダーのすべての人がこの診断を必要とするわけではない。また2018年には世界保健機関（WHO）は,「性同一性障害」を疾病分類における「障害」から外し,「性別不合」という「状態」として位置づける方針を決めた。日本もその方針に沿う議論が進められている。

表12-1　性別違和感を自覚し始めた時期

|  | 全体<br>(1,167人) | MTF 当事者<br>(431人) | FTM 当事者<br>(736人) |
| --- | --- | --- | --- |
| 小学入学以前 | 660 (56.6%) | 145 (33.6%) | 515 (70.0%) |
| 小学低学年 | 158 (13.5%) | 67 (15.5%) | 91 (12.4%) |
| 小学高学年 | 115 ( 9.9%) | 56 (13.0%) | 59 ( 8.0%) |
| 中学生 | 113 ( 9.7%) | 74 (17.2%) | 39 ( 5.3%) |
| 高校生以降 | 92 ( 7.9%) | 77 (17.9%) | 15 ( 2.0%) |
| 不　明 | 29 ( 2.5%) | 12 ( 2.8%) | 17 ( 2.3%) |

注：FTM（Female To Male）：出生時は女性の性別をあてがわれたが男性として生きる人。トランスジェンダー男性。
　　MTF（Male To Female）：出生時は男性の性別をあてがわれたが女性として生きる人。トランスジェンダー女性。
出所：中塚（2017），p. 50をもとに筆者作成。

期と重なります。

　もちろん，違和感への気づきや，それが身体の性別に対する違和感だと自覚する時期には個人差があります。「トランスジェンダー」や「性同一性障害」という言葉を知ることによって，それまで抱いてきたモヤモヤ感がそれだと認識することもあります。性自認が「女性」と「男性」のどちらでもない「Xジェンダー」という言葉に自分がぴったりと当てはまるという人もいます。

　しかし学校に入学すると，様々なもの（制服，名簿，並び順，頭髪の規則，持ち物の色や柄，その他の指導）が男女で二分され，教師やクラスメイトからも性別に沿った振る舞いへの期待がかけられます。性別に違和感をもっている子どもたちにしてみれば，自分の性別ではないものが強制されるということになります。自分の性別ではないかたちで成長していく身体への焦りや嫌悪感だけではなく，そういった学校文化に乗ることができなくなった結果，不登校や引きこもり，自傷や自殺未遂，うつ病などの精神科合併症やパニック障害などの罹患も見られます[*4]（表12-2）。

---

\*3　中塚幹也『封じ込められた子ども，その心を聴く──性同一性障害の生徒に向き合う』ふくろう出版，2017年，p. 50．本章で紹介する調査のいくつかはクリニックやインターネットでの調査であるため，その母集団に偏りがあることに留意しなければならない。しかし，性的マイノリティをめぐる調査は社会状況を勘案すると非常に困難な状況にある。そのなかで現実の一端を把握するものとしてこれらを採用する。

\*4　同上書（\*3），p. 52．

表12-2 ジェンダークリニック受診前の性同一性障害当事者の経験

|  | 全体 | MTF当事者 | FTM当事者 |
|---|---|---|---|
| 自殺念慮 | 58.6% (676/1,154) | 63.2% (268/424) | 55.9% (408/730) |
| 自傷・自殺未遂 | 28.4% (327/1,153) | 31.4% (133/423) | 26.6% (194/730) |
| 不登校 | 29.4% (341/1,158) | 30.8% (131/425) | 28.6% (210/733) |
| 精神科合併症 | 16.5% (189/1,148) | 25.1% (106/422) | 11.4% (83/726) |

注：（ ）内は人数。
出所：中塚（2017），p. 52。

## 2 性的指向をめぐる多様性

　私たちの多くは、思春期になると、他者への性的欲求や恋愛感情を抱くようになります。その感情は様々な性別に向きます。それを大まかに分けてみると、自分の性自認から見て異性に向く場合を「異性愛（ヘテロセクシュアル）」、同性に向く場合を「同性愛（ホモセクシュアル）」（特に女性同性愛者を「レズビアン」、男性同性愛者を「ゲイ」）、男女共に感情が向く場合を「両性愛（バイセクシュアル）」、「両性」や「シス／トランス」といった概念も窮屈に感じ、性別を問わずに性的欲求や恋愛感情が向く場合を「全性愛（パンセクシュアル）」、そういった感情をもたない場合を「無性愛（アセクシュアル／エイセクシュアル）」と言います。

　性的指向が異性に向く場合、自分が「異性愛者」であるとは考えたことがないほどに、その感情を「自然」と受け止めているでしょう。一方で、性的指向が同性に向いた場合、自分が「同性愛者」もしくは「両性愛者」であるということを、学校や家庭、友達や教師、家族、メディアとの相互関係のなかなど、あらゆる場面で意識化させられます。しかもそれは、私たちの価値観など社会的な状況を反映した嫌悪感や拒否感、不安感を伴ったものとして意識化され、内面化してしまうことがあります。

　その結果、ゲイ・バイセクシュアル男性の65.9％が自殺を考えたことがあり、14.0％の人が自殺未遂を経験しており、特に未遂に至る割合は若年層ほど高いといった調査報告もあります[*5]（図12-1）。厚生労働省による「平成23年度自殺対策に関する意識調査」で、「自殺をしたいと思ったことがある」と回答した人は23.6％であったのと比較すると、前述のトランスジェンダーの人およびゲ

第12章　性の多様性をめぐる学校・教師の課題

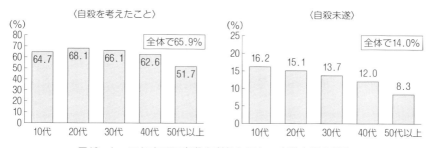

図12-1　これまでに自殺を考えたこと・自殺未遂の割合
注：有効回答数5,731人。p＜.001。
出所：日高・木村・市川（2007）。

イ・バイセクシュアル男性における自殺念慮率はかなり高いものと考えられます。

### 3　性表現をめぐる多様性

　先述の通り，私たちは「女らしさ」と「男らしさ」といった「社会的規範」が強く求められる社会のなかで生きています。「女らしくない」「男らしくない」ということで，からかいや差別の対象となったり，「女らしくしなさい」「男らしくしなさい」としつけられることが多々あります。しかしこのことは，私たちは女であるならば自然に「女らしく」なり，男であるならば自然に「男らしく」なるという存在ではないことの証左でもあります。また，何を「女らしさ」「男らしさ」とするのかは文化によって異なったり，時代によって変化したり，個々人によっても異なります。

　つまり，私たちが言う「女らしさ」「男らしさ」にはその本質は存在せず，そもそも私たちは「らしさ」にとらわれない多様な存在であるということです。
　すべてのトランスジェンダー女性（男性）が「女らしさ（男らしさ）」を求め，表現するわけではありません。ゲイ（レズビアン）の人は「女性的（男性的）」

---

＊5　日高庸晴・木村博和・市川誠一「厚生労働科学研究費補助金エイズ対策研究推進事業　ゲイ・バイセクシュアル男性の健康レポート2　厚生労働省エイズ対策研究事業『男性同性間のHIV感染対策とその評価に関する研究』成果報告」2007年　http://www.j-msm.com/report/report02/（2018年6月30日閲覧）。

であるといった思い込みも，性別と性表現，および異性愛を性別二元論のなかで強く結びつけたことから発生するものと考えられます。

私たちが日々様々に表出する言動を，性別二元論に基づく「らしさ」で理解し評価しようとすること自体が問題となります。

## 4 不可視化された性的マイノリティ

これまで見てきたように，性自認と身体の性の関係，性的指向，及び性表現のありようは多様です。それらの組み合わせも，多くの人は，シスジェンダーかつ異性愛ですが，シスジェンダーで同性愛，トランスジェンダーで異性愛，トランスジェンダーで同性愛，Xジェンダーで両性愛など，非常に多様に考えられることがわかるでしょう。それぞれに「女らしさ」「男らしさ」に合致する／合致しない表現をし，それも時や場によって個人のなかで表現が変化したり，他者からの「らしさ」の評価も変化したりします。

もちろん，こういった性別二元論をもとにした枠組みでは自分を説明できない，説明したくないと思う人もいます。また，人によってはこういった性のありよう（セクシュアリティ）が揺れたり，変化したりすることもあります。特に子どもの場合は，トランスジェンダーと同性愛の違いの認識も曖昧で，自分の感情を言語化することも難しく，自身で感じていた性別違和感が，発達のなかではっきり自覚されたり，または解消したりする場合もあります。

こういった多様な存在のなかで，多数派であるシスジェンダーかつ異性愛以外の人は，少数派であるため，「性的マイノリティ（セクシュアル・マイノリティ）[*6]」

---

\*6 レズビアン，ゲイ，バイセクシュアル，トランスジェンダーの頭文字をとって，LGBTと表現したり，セクシュアリティが不明であったり特定しないクエスチョニングや，「変態」「オカマ」などを意味し差別的に使われてきた「クィア」をあえて積極的に使う「Q」を加えたLGBTQという語が使われることがある。社会問題を語る際，「性的マイノリティの課題」や「LGBTQの課題」と表現したときに，「あの人たちの課題」「マジョリティがマイノリティを理解してあげること」というように，課題が他者化されたり個人化されたりすることがある。マジョリティを含むすべての人々の課題として捉えるために，近年「SOGI（Sexual Orientation and Gender Identity：性的指向と性自認）」やGender Expression（性表現）を加えた「SOGIE」，Sex Characteristics（身体の性的特徴）も加えた「SOGIESC」という語も国内外で使われている。

と言われることがあります。全人口における性的マイノリティの割合については，様々な調査がありますが，約2～5％や10％などと言われています[*7]。おおむね5％と仮定しても，40人学級に2人は存在することとなります。

「今まで私は性的マイノリティの人に会ったことがありません」という人がいますが，「会ったことがない」のではなく，「会ったことがある」ことに気づかなかっただけで，いま目の前にもいるのだと考える必要があります。冒頭の「WORK　私たちがもつ思い込み」でも確認した通り，私たちは「外科医は男性である」とか「父親が2人出てくるのはおかしい」といったジェンダーバイアスと異性愛中心主義的な「思い込み」（偏見）をもって多くのことを判断してしまっています。そのような社会のなかでは，「自分はみんなとは違うかもしれない」と思い始めた子どもたちは，セクシュアリティについては誰にも言ってはいけない（誰も真剣に聞いてくれない）と思い，必死に隠し，自分一人で抱え込んでしまうことが多々あります。つまり，自ら"見えない存在"になることを選ぶのです。シスジェンダーかつ異性愛の人々が，自身のセクシュアリティの名を知らなくても生きていけるほどに「普通」で「自然」だと位置づけられているこの社会では，性的マイノリティは不可視化されているのです。

## 5　いじめの実態

性的マイノリティが自ら"見えない存在"となることの理由の一つに，いじめという差別への恐怖があります。性的マイノリティの人々が学校で経験したいじめについての調査[*8]では，回答者の68％が小学生から高校生の間に「身体的

---

[*7]　人口における割合については，釜野さおり・石田仁・風間孝・吉仲崇・河口和也『性的マイノリティについての意識——2015年全国調査報告書』（日本学術振興会科学研究費助成事業「日本におけるクィア・スタディーズの構築」研究グループ：研究代表者　広島修道大学河口和也）2016年，p. 207を参照のこと　http://alpha.shudo-u.ac.jp/~kawaguch/chousa2015.pdf（2018年6月30日閲覧）。

[*8]　いのちリスペクト。ホワイトリボン・キャンペーン「LGBTの学校生活に関する実態調査（2013）結果報告書」2014年　http://endomameta.com/schoolreport.pdf（2018年6月30日閲覧）。また，遠藤まめた「LGBTの子どもたちと学校——調査結果から見えてきたもの」（『季刊セクシュアリティ』68，エイデル研究所，2014年）も参照のこと。

表12-3　いじめや暴力を受けた経験（複数回答）

|  | 性別違和の<br>ある男子 | 非異性愛<br>の男子 | 性別違和の<br>ある女子 | 非異性愛<br>の女子 |
|---|---|---|---|---|
| 身体的な暴力 | 48% | 23% | 19% | 10% |
| 言葉による暴力 | 78% | 53% | 54% | 45% |
| 性的な暴力 | 23% | 12% | 12% | 7% |
| 無視・仲間はずれ | 55% | 34% | 51% | 57% |
| 経験なし | 18% | 35% | 30% | 36% |

出所：いのちリスペクト。ホワイトリボン・キャンペーン（2014）。

暴力」「言葉による暴力」「性的な暴力」「無視・仲間はずれ」のいずれかを経験していることがわかりました。特に「性別違和のある男子」にいじめ被害の経験が多く見られました（表12-3）。これらのいじめは，小学校1年生の段階でいずれのグループも20％前後の経験率があり，中学2年生でピークを迎えています。また，被害経験者のうち28％が1年以内の被害でしたが，72％の人が複数学年にわたって被害を経験しており，なかでも，5年以上にわたって被害を経験した率が高いのは「性別違和のある男子」でした。

これらから，いじめは小学校低学年からあり，特に「性別違和のある男子」がより深刻で長期的ないじめや暴力の被害に遭っていることがわかります。つまり，男子の集団において「男らしさ」から外れることが仲間集団からの排除の要因として大きいということが考えられます。こういったいじめは，被害者のセクシュアリティを周囲がはっきり認識していなかったり，マジョリティに位置づくセクシュアリティの子どもであっても，「男らしくない」ということだけで「ホモ」「オカマ」などとレッテルを貼られ，暴力被害を受けるターゲットとなるので，自分は「ホモやオカマなんかではない」ということを必死にアピールして自己を守ります。しかしそれが同時に差別構造の再生産となっていきます。

子どもたちは，「性的マイノリティ」について何も知らない「無垢」な存在ではなく，「おかしなもの」や「笑い」の対象としてすでに知っている存在だということを前提にしなければなりません。したがって，子どもたちの発達段階に合わせて教育内容を考えていくのであれば，幼少期から性の多様性（家族

第 12 章　性の多様性をめぐる学校・教師の課題

の多様性，性別役割の問い直し，性自認，性的指向の多様性など）についての学習が必要となるということが導き出されます。[*9]

## 2　学校・教師のこれからの課題

### 1　学校全体での課題

　まずトランスジェンダーの子どもにとっては，学校における様々な男女二分的な制度や活動が困難の元となります。文部科学省は，2015年通知で表12-4のような配慮事例を提示しています。[*10]

　こういった配慮をすることで安心する子どもたちももちろんいます。しかしここで再考しなければならないのは，これらの「配慮」や「支援」を必要とさせる男女二分論をもとにした規則の正当性や，それを再生産する学校システムそのものです。

　たとえば髪型について，男子は耳にかからないように切り，女子は肩につく場合は結ぶといった，男女で異なる規定（校則）が多くの学校にあります。文部科学省通知では，トランスジェンダーの場合は性自認に合わせるかたちで配慮する事例となっているため，男女二分的な規則そのものについては不問のままです。しかし問題の根本は，なぜ男子だけが耳の上で髪を切らなければならないのか，その正当な理由は果たしてあるのかということです。男子であっても女子であっても性別問わずに，自分の好みの長さではなぜいけないのかということを考えなければなりません。

　混合名簿を使用している学校でも，全校集会等で会場に整列する際は，男女別の背の順で並ばせているところが多くあります。しかしここで男女別に並ば

---

[*9]　ユネスコ「国際セクシュアリティ教育ガイダンス」では，「多様性は，セクシュアリティの基本である」と位置づけ，5歳からのセクシュアリティ教育の指針を出している。ユネスコ（編），浅井春夫・艮香織・田代美江子・渡辺大輔（訳）『国際セクシュアリティ教育ガイダンス——教育・福祉・医療・保健現場で活かすために』明石書店，2017年。
[*10]　文部科学省初等中等教育局児童生徒課長通知「性同一性障害に係る児童生徒に対するきめ細かな対応の実施等について」（2015年4月30日付　27文科初児生第3号）。

表12-4　性同一性障害に係る児童生徒に対する学校における支援の事例

| 項　目 | 学校における支援の事例 |
|---|---|
| 服　装 | 自認する性別の制服・衣服や，体操着の着用を認める。 |
| 髪　型 | 標準より長い髪型を一定の範囲で認める（戸籍上男性）。 |
| 更衣室 | 保健室・多目的トイレ等の利用を認める。 |
| トイレ | 職員トイレ・多目的トイレの利用を認める。 |
| 呼称の工夫 | 校内文書（通知表を含む。）を児童生徒が希望する呼称で記す。<br>自認する性別として名簿上扱う。 |
| 授　業 | 体育又は保健体育において別メニューを設定する。 |
| 水　泳 | 上半身が隠れる水着の着用を認める（戸籍上男性）。<br>補習として別日に実施，又はレポート提出で代替する。 |
| 運動部の活動 | 自認する性別に係る活動への参加を認める。 |
| 修学旅行等 | 1人部屋の使用を認める。入浴時間をずらす。 |

出所：文部科学省（2015）。

せる理由は何かということを考えてみましょう。きっと多くの教師はそのことを考えたことがないのではないでしょうか。これまでの自分の学校経験でもそのようにやってきて，そこに何も疑問をもたなかったため，それが「普通」だと思い込み，そのまま再生産しているだけかもしれません。

近年は制服も性別を問わずにいくつかのパターンから選択できるようにした学校も出てきました[*11]。小学生が被る通学帽も男子と女子で形が違うものをあてがっている学校もあるでしょう。ある学校では，トランスジェンダーの子どもに「配慮」するかたちで，すべて同型の通学帽に統一する方策を採りました[*12]。

しかしこれには私たちが考えなければいけないもう一つの大きな問題が残されています。通学帽を同じ形に統一すれば確かにいじめなどの暴力は起こらないかもしれませんが，それは，他者と違うものを選択した場合はいじめられるといった構図を覆い隠しただけにすぎないという問題です。ここで重要になるのは，性自認に合わせたものを学校が「認める」かどうかといったことではなく，多くの選択肢から，子どもたちが自分自身で選ぶ力，他者とは違う選択を

---

[*11] 「制服，性別関係なく選べます　千葉・柏の市立中学校」『朝日新聞』2018年2月19日付　https://www.asahi.com/articles/ASL2F4GBKL2FUDCB013.html（2018年6月30日閲覧）。
[*12] 「小1の黄色い帽子，男女統一　性同一性障害に配慮　福岡」『朝日新聞』2015年1月15日付。

尊重できる関係性を育むことです。

　修学旅行やトイレの使用等についても、はじめから子どもたちが性の多様性を尊重し、それを土台にクラスメイトと関係性を築いていれば、一人特別な配慮をされることなく、楽しく安心して共同生活を送れる機会をつくることも可能となるでしょう。性的マイノリティの子どもの存在が可視化されてから取り組むのではなく、すでに常に存在しているという前提で環境を整えておくことが、学校に求められることでしょう。

　一方、性的指向にかかわる課題としては、学校全体における教育課程において、教材を含む、子どもたちが学習する内容が、異性愛が前提とされていないかどうかを問うことが課題となります。たとえば「保健体育」の教科書には、「思春期に入り、生殖機能が成熟してくると、自然に異性への関心が高まり、友情とは違う感情が生じてきます[*13]」と記載されています。これを性的マイノリティの子どもが読むと、「同性に関心が高まる自分は不自然な存在なのかもしれない」と自己を否定するかたちで読んでしまう可能性があります。同時にマジョリティに位置づく子どもたちも同様に読み取り、性的マイノリティを排除する根拠としてしまうかもしれません。同様のことは家庭科における家族やパートナーシップについての学習でも起こり得るでしょう。こういった点を洗い出し、様々な性的指向の子どもたちが安心して自分自身について学習できるようにつくり変えていく必要があります。また、たとえば理科で生物の多様性に触れたり、英語で性的マイノリティの人権運動の英文の記事を教材にしてみたりといったように、様々な教科、科目においても学びの機会を創出することが求められます[*14]。それが可能となるような教師同士の連携、教材研究のための時間の確保などの学校運営が重要となります。

---

＊13　東京書籍『新しい保健体育』（中学校保健体育科用 文部科学省検定済み教科書 2 東書 保体 721）p. 14。
＊14　"人間と性"教育研究所『同性愛・多様なセクシュアリティ——人権と共生を学ぶ授業』子どもの未来社、2002年などを参照のこと。

第Ⅲ部 専門職としての教職

## 2 教師の課題

①教師自身の日常の言動を問う

本章の冒頭で述べたように，教師による言動が，子どもたちの学びにつながっていきます。教師が「ホモネタ」「オカマネタ」で笑いをとれば，そういった差別が子どもたちに肯定的に学びとられてしまいます。性的マイノリティの子どもたちにとっては自己を否定されることとなります。また，子どもたち同士でのそういった笑いを聞き流してしまえば，それは教師がその差別を肯定したこととして，学びとられます。

したがって，もし子どもたちからそういった言葉が発せられたときには，それを聞き取り，学習課題として位置づけ，子どもたちと共に考えるものに変えられるように，子どもたちに声をかけられるかどうかが，教師の大きな責務となります。

②教師自身のジェンダーバイアスを問う

また，常日頃から，「男らしさ」や「女らしさ」を前提とした言動をしていないか，重い荷物を運ぶのは男子，ケア的な役割は女子といったような，子どもたちを既存の性別役割意識に基づいて活動させていないか，つまり教師自身がジェンダーバイアスをもっていないか，といったことを改めて問い直す必要があります。私たちは，性別の違い以上に非常に個性的な存在です。同じ性別でも個々人で大きな違いをたくさんもっています。そういった違いを尊重した関係づくりを行えているかどうか，問わなければなりません。

③他者を差異化する権力に気づく

もし，人権教育の授業等でこのテーマを扱うときに，指導目標に「性的マイノリティを理解する」ことを掲げ，授業冒頭に，「今日は性的マイノリティについて勉強します」と発言したとします。このことが孕む問題にも敏感でなければなりません。ここでは，性的マイノリティを理解するマジョリティである「私たち」と，理解してもらう「あの人たち」といった権力構造が再生産されてしまっています。「あの人たち」である性的マイノリティを説明項にすることにより，「私たち」は「普通」「自然」のまま問われないものとして位置づけ

続けます。人権教育とは本来，そういった「普通」をつくり続けてきた権力構造こそを問い，それを「多様性」のなかに同等に位置づけ直すことが求められる教育です。したがって，目標に掲げるべきことは，「私たちの性がいかに多様かということを理解する」ということです。そういった学びを通して，自分自身や他者について考え，様々な差異をもった人々と共同生活をしていく学校という場を，これからどうやって私たちの手でつくっていくかということを，みんなで考え実践していくことが求められます。

④教師自身の人権意識を高める

こういった問題を意識化し，「多様性」を前提とした人権教育をつくりあげるには，教師一人ひとりの人権意識が問われます。「私の周りには性的マイノリティはいません」といってきていた自分自身の言動を振り返る必要があります。そうすることによって，自分が発する一言一言が変化し，それに伴って，教室や職員室，保護者，家族，友人にいた性的マイノリティの姿が見えるようになってくるかもしれません。それと同時に，自分自身をも縛っていた「普通」や「当たり前」「らしさ」の鎖が解かれ，自分自身の生きる幅が広がるかもしれません。そういった経験を，子どもたちと共に積み重ねられるような，その土台となる人権意識をもつことが，教師一人ひとりに求められます。

## 3 複合的な「私」と「多様性」

私たちのセクシュアリティは，「私」を構成する要素の単なる一つですが，大切で尊重されたい一つでもあります。「私」とは，様々な要素によって構成される総体でもあります。

教室にいる性的マイノリティの子どもたちのなかには，外国籍の子どももいます。障害のある子どももいます。様々な宗教を信じています。人種や民族も，家庭の経済環境も様々です。つまり，「私」という存在は，人種・国籍・民族・性別・年齢・出身地・宗教・学歴・障害の有無・性的指向と性自認などの多くの要素を併せもった複合的な存在であるということです。

しかも時と場合，他者との関係性によって，それらの要素のうち，ある要素

が自分のなかで大きく意識化されたり,時には気にもならないほどに小さくなったり,その要素自体も新たなものが加わったり,変化したり,揺れ動いたりします。それによって相互的に意識化される「自分らしさ」も変容します。

他者から「私はゲイです」とカミングアウトを受けると,そのセクシュアリティという要素のみでその人を見てしまうことがあります。または,自分が性的マイノリティだと気づいたときにも,自分自身をそのように見てしまうこともあります。しかし,私たちは非常な複合的な存在で,私を構成する要素を考えれば考えるほど,私は他者とは共通する部分ももちつつ,大きく異なった存在となっていきます。それは子どもたちも,教師も同様です。

そういった多様な私たちが集う「学校」を,多様な立場にいる私たちが安心して意見を出し合いながら,共につくっていくという「実践」そのものが,多様性を前提とした教育として,いま切実に必要とされています。

 **まとめ**

私たちの性は非常に多様です。それにもかかわらず,学校を含むこの社会は,シスジェンダーかつ異性愛を前提として形成されています。それによって,性的マイノリティとされる子どもたちは,自分が何者であるかということを学ぶ機会もなく,様々な関係性から排除されてしまうことも生じています。その構造の再生産に教師も意識的/無意識的に荷担しています。教師にはその構造を構築し直す責務があります。

日本国憲法,教育基本法,及び子どもの権利条約[*15]には,すべての子どもたちが平等に教育への権利をもち,それが保障されるべきであると記されています。私たちは,あらゆるセクシュアリティの子どもたちが,自己や他者の性について学ぶといった教育への権利が保障された学校をつくらなければなりません。それは,これまでの構造に性的マイノリティを「付け加える」ということではありません。性的マイノリティを周縁化してきた学校の仕組みそのものを問い,多様なセクシュアリティが対等・平等に存在しているということを土台に,様々な多様性をもつ子どもたちと教師が共に,学校をつくり直すということです。

---

*15 **子どもの権利条約**:子どもの基本的人権を国際的に保障するために定められた条約。18歳未満の子どもを,権利をもつ主体と定めている。1990年に発効し,日本は1994年に批准した。そして,子どもの権利条約委員会は,性的指向や性自認の違いにかかわらず,教育の内容,及び教育の機会を含む教育環境全体における平等の保障の必要性を求めている(CRC/GC/2003/4)。

第 12 章　性の多様性をめぐる学校・教師の課題

 さらに学びたい人のために

○石田仁『はじめて学ぶLGBT――基礎からトレンドまで』ナツメ社，2019年。
　「性の多様性」に関する用語や概念の説明のほか，学校や健康・医療，法律，制度的施策，ビジネス，カルチャーなどを，様々な研究データ等に基づいて解説しています。

○遠藤まめた『先生と親のためのLGBTガイド――もしもあなたがカミングアウトされたなら』合同出版，2016年。
　トランスジェンダーであり，長年，性的マイノリティの子どもたちの支援にかかわってきた著者が，支援やアドバイスの方法，考慮すべきポイントなどを，保護者や教師に向けてわかりやすく解説しています。

○森山至貴『LGBTを読みとく――クィア・スタディーズ入門』筑摩書房，2017年。
　セクシュアリティをめぐる差別はどのような構造になっているのか，それに抵抗するためにはどのような「知識」が必要なのかということを，日常的な出来事とも重ね合わせて丁寧に解説しています。

○渡辺大輔（監修）『いろいろな性，いろいろな生きかた（全3巻）』ポプラ社，2016年。
　巻頭のマンガを含め，様々なセクシュアリティ，バックグラウンドをもつ人々が登場します。子どもと共に読んでほしい絵本です。第2巻は「だれもが楽しくすごせる学校」をテーマにしています。

## コラム⑤
## 教員志望のトランスジェンダー当事者から，あなたへ

　みなさんは公立／私立校，共学／男子／女子校どちらの出身でしょうか。教職課程を履修していると，グループディスカッション等の際に自身の経験と照らし合わせた議論を求められる機会もあることかと思います。こうした状況は平凡な授業風景のように思われるかもしれませんが，私にとってはいつもいたたまれない状況でした。

　というのも，私自身の経歴が少し複雑なためです。現在は戸籍上も社会生活上も女性として生きている半面，出生時は健康な男児として生まれ，高校は大学附属の男子校に通っていました。いわゆる「トランスジェンダー」（以下，TG）の当事者ですが，戸籍の変更まで終えている私の昔の性別を知っているクラスメイトはほとんどいません。そのため，出身校の話題になると必ず「女子校と共学のどちらのご出身ですか？」と聞かれます。受験経験の話題になると話はより複雑になります。女子校や共学に通っていたと吹聴して嘘の体験談を教員志望の学生に参考にしてもらうわけにもいかず，とはいえ議論中に「実は男子校に通っていたんだ」とカミングアウトをするのも不本意なので，不自然にならないように誤魔化したり，他の方の体験談を引き出して広げたりと四苦八苦しています。

　さて，そんな私がTGであることを周囲の親しい友人らに告白をすると，有難いことに「何か力になれることはないか」と言っていただいたり，「LGBTについて詳しくないので，失礼なことを言ったり聞いてしまわないか心配だ」などと配慮いただく機会がとても多いです。また，教職課程生や現職教職員の先生方からは「当事者に具体的にどのような対応をしたらよいのか」といった質問もいただきます。

　私個人としては，これらの質問や配慮に対する返答として，普遍的で一般化された当事者の統一見解は存在しないと思っています。同じTGの当事者でも，どのようなことに苦痛や違和感を抱き，どのような困難を抱え，どのようなことがその助けとなるのか，人によってまったく異なるためです。

　ここでは，上記の問いの答えを見つけ出すためのヒントとして「大切なのは知識や理解ではなく，相手の尊厳を重んじようとする気持ちである」という主張を展開してみたいと思います。机上の綺麗ごとのように聞こえるかもしれませんが，なぜ私がそう思うに至ったのか，私の体験談を紹介します。

　まずはTGについての「知識」を簡単に確認してみましょう。TGとは体の性別と心の性別が異なる状態にある人のことであり，多くの場合，当事者は二次性徴以後の体の変化に強い違和を覚え，体の性別に即した扱いを受けることへの苦痛や違和も強い。人によって程度の差はあるが，心の性別に即した生き方の実現のため，身体的な治

## コラム⑤ 教員志望のトランスジェンダー当事者から，あなたへ

療や社会的な手続きによって違和の解消が求められる。

大枠はおおむねこの通りですが，しかし私は「多くの場合」に該当しないケースがあることを，身をもって知っています。以下の2つの体験について，私が当時どのように感じたのかを想像しながら見比べてみてください。

【体験A】男性から女性に戸籍の変更を済ませた状態で参加した成人式の際に，かつてクラスメイトだったらしい名前も知らない同窓生が「こいつのこと，これからは女として扱おうぜ」と周囲の友人たちに言った。

【体験B】高校時代，ある出来事をきっかけにTGであることを担任にカミングアウトし，職員会議で全教職員にそのことが共有された。その直後から，それまであまり授業外での会話をする機会がなかった地学の先生が，私のことを苗字ではなく名前（当時の戸籍名である男性名）で呼ぶようになり，頻繁に声をかけられるようになった。

いかがでしょうか。「当事者は心の性別で扱われることを望み，当事者の多くは体の性別に即した名前で呼ばれることに苦痛を感じる」という前提知識と照らし合わせると，体験Aの同窓生の発言が規範的で，体験Bの教員の言動は適切ではないように思えます。

しかし実際には，Aの同窓生の発言にこそ私は悲しく嫌な思いをさせられ，Bの教員の言動は学校生活のなかで苦しんでいた私に勇気を与えてくれるものでした。Aの同窓生とは過去に一度も会話をしたことがなく，今後も彼が

私を何らかのかたちで「扱う」ことがないことは明白でした。彼の発言は周囲に自分がLGBTに対する理解があることをアピールしていただけのように私には思えたのです。一方Bの先生は，私が何か思い悩んでいないかと気にかけ，距離を縮めようとして呼び名を苗字から名前に変えてくださっていたのが伝わってきました。私も男性名への違和感は強いほうでしたが，「学校の中に私を気にかけてくれる方が1人でもいる」と思えることは，当時の私にとっては名前を呼ばれる違和感をはるかに上回るほどに有難いことでした。

教員を目指しているみなさんは，LGBTに限らず生徒の多様性について様々なことを勉強していることと思います。学んだ知識や深めた理解はきっと，教育現場に立った際の糧となってくれることでしょう。

しかし，それらの知識や理解は，必ずしもすべての場合に適合する絶対的なものではないはずです。知識不足で傷つけてしまうかもと怯えることなく，また，知識があるからその通りにすればよいと驕ることなく，まずは一人ひとりの生徒と向き合い，「多くの当事者の一人」ではない「目の前のただ一人だけのその生徒」が今何を求めているのか，じっと耳をすませてみてはいかがでしょうか。

自分に何ができるのかを一緒に考え，相手の尊厳を重んじる気持ちで接してあげられる，そんな教師にみなさんがなられたら，これからのすべての生徒たちにとってきっと大きな助けになることだろうと思っています。

終　章

# 「教える」ということの意味

●　●　●　学びのポイント　●　●　●

- 「資質・能力」とは何かについて考える。
- 「教える」ということが，具体的にどのような行為として考えられてきたかを理解する。

終　章　「教える」ということの意味

● 導　入 ●

　本章は，本書『現代の教師論』の最終章なので，本来なら，全体を総括した「結論」となるような議論を提供すべきかもしれませんが，残念ながら，そういう話にはなっておりません。むしろ，教師の専門職としての「教える」ということについて，原点から問い直すことへいざなうのです。
　私たちは，「教える」ということを，「能力を習得させる」こと，あるいは「能力を育む」ことだと考えがちですが，この「習得させる」ことと「育む」ことは，まったく異なる（相容れない）教育観が背後にあります。「習得させる」というのは，「望ましい」能力をイメージして，それを身につけさせるという「手細工モデル」の教育観ですし，「育む」というのは，どのように成長するかは学び手が自ら「よくなろう」とするなかで顕れることを大切にするという「農耕モデル」の教育観です。この2つをどのように関連づけるかについては，OECDの「キー・コンピテンシー」の考え方を深めることで明らかになります。

## 1　「教える」という言葉

　みなさんは，教師なら「教えること」の専門家だとお思いでしょう。でも，驚かれるかもしれませんが，文部科学省の新しい小学校学習指導要領には，[*1]「教える」という言葉は全然出てきません。そのかわり，「育む」という言葉は20回出てきます。さらに，「育成する」とか「育成を目指す」という言い方で使われる「育成」は78回出てきます。さらに，「習得させる」とか「習得を図る」という言い方での「習得」は11回出てきます。[*2]そうなると，指導要領で「教える」という言葉を避けて，あえて「習得」とか「育成」という言葉を使っていることには，それなりの意図があると考えざるを得ません。「育む（育成する）」も「習得させる」も，広い意味での「教える」ということですが，どこか違った意味が含まれているように思われるので，以下でその違いを考え

---

＊1　以下，本章では，特に断りがないかぎり，「学習指導要領」はすべて，小学校学習指導要領を指す。
＊2　新しい中学校学習指導要領では，「育む」は43回，「育成」は177回，「習得」は24回出てくる。

ていきたいと思います。

### 1 習得・育成・涵養

「学習指導要領」第1章「総則」第1の3では，

(1)知識及び技能が習得されるようにすること。
(2)思考力，判断力，表現力等を育成すること。
(3)学びに向かう力，人間性等を涵養かんすること。

とあり，「習得」は知識・技能に，「育成」は思考力・判断力・表現力に，「涵養」は学びに向かう力・人間性に，と使い分けていることがわかります。

　そこで「習得」「育成」「涵養」という言葉の意味を考えてみますと，それらの言葉の背後には，「教えるということ」についての考え方の違いがあるのではないでしょうか。

　村井[3]によると，過去の様々な教育思想は大きく分けると「手細工モデル（粘土モデル）」と「農耕モデル（作物モデル）」に分けられるとのことです。「手細工モデル」というのは，「あらかじめその『できあがり』の形をイメージに描き，それに向かって子どもを形づくることが教育だ」（村井，1987，p. 57）とする考え方です。「農耕モデル」というのは，村井によると「『ブドウのツルは，本来，種から芽を出して自分で伸びていく力を持っている。それをはたから世話してやるのが園長の役目である。教育もまた同じである。子どもをブドウのようにすくすくと伸ばすために，はたから世話をしてやる——それが教育というものである』というルソーの言葉に代表されるような考え方」（村井，1987，pp. 62-63）だとしています。

---

＊3　村井実「『手細工モデル』と『農耕モデル』」『教育の再興（村井実著作集2）』小学館，1987年，pp. 56-71。

## 2　教え3項目の意味

そこで，先の「学習指導要領」第1章「総則」第1の3で示された3つの項目に戻って考えてみましょう。

まず「(1)知識及び技能が習得されるようにすること」というのは，「知識や技能」については「手細工モデル」の教育観に基づいて，「習得すべき知識・技能」があらかじめイメージされ，それに向かって子どもが「かたちづくられる」ということが教師に求められていることがわかります。

次に「(2)思考力，判断力，表現力等を育成すること」というのは，確かに，「思考力・判断力・表現力」という場合，それらを「習得すべきこと」としてあらかじめイメージすることは難しいでしょう。そこで，「農耕モデル」の教育観に基づいて，一人ひとりの子どもの「育とうとすること」を守り，励まし，周辺から支援する（育つ環境を整えたり，育つべき状況をつくったりする）ことが教師に求められていると解釈できるでしょう。

さて，「(3)学びに向かう力，人間性等を涵養する」というときに使われている「涵養」という言葉は，村井の「モデル」論には含まれていません。「涵養」というのは，『広辞苑（第7版）』によると「自然に水がしみこむように徐々に養い育てること」とされており，これはもう，教師が意図的にどうこうできる話ではないことは明らかです。社会や文化に「なじむ」ことが求められており，教師にできることといえば，まさに社会や文化と関わらせ（相互交流させて），それぞれの子どもが社会・文化的実践に参加することを大切にする，ということと解釈できるでしょう。これは，「学習」を「文化的実践共同体への参加」と定義したレイヴとウェンガーの「正統的周辺参加論」[*4]の「参加」を意味しているようでもあります。つまり，人は何らかの文化的・社会的な実践共同体の実践に参加しているうちに，様々な知識・技能が自然に（まさに，染みこむように）身についてきて，いつの間にかより十全的な（共同体の実践に重要な役割を果たす）参加者になっている，ということが「学習」なのだというのがレイヴ

---

＊4　レイヴ，J. & ウェンガー，E.，佐伯胖（訳）『状況に埋め込まれた学習——正統的周辺参加』産業図書，1993年．

とウェンガーの「正統的周辺参加」という考え方です。まさに，学習の「涵養」説と見ることができるでしょう。ここではそれを「参加モデル」としておきます。

　ただ，この「文化的実践への参加」というのは，大変新鮮かつ重要な考え方なのですが，学習指導要領のなかで「涵養」という言葉が使われているのは，第1章「総則」第1の2の(2)で「道徳教育や体験活動，多様な表現や鑑賞の活動等を通して，**豊かな心や創造性の涵養**を目指した教育の充実に努めること」という表現，あるいは，第6章「特別活動」第2の「学校行事」の2の(3)「健康安全・体育的行事」の説明で，「**責任感や連帯感の涵養**，体力の向上などに資するようにすること」とされているだけですので，これでは「正統的周辺参加論」に基づく学習観（それを支える教育観）を文部科学省が取り入れたとは到底言えないでしょう。

## 2　「資質・能力」という言葉の不思議

　新しい学習指導要領で，「教える」というきわめてありふれた言葉は1回も使われていないことがわかりました。ところが，ありふれていないどころか，一般の人たちにはおそらく「新奇な」言葉である「資質・能力」という言葉を検索にかけると，なんと75件もヒットします。しかも，その言葉につけられる動詞はほとんど「育む」か「育成する」になっているので，文部科学省はいよいよ「農耕モデル」の教育観に方向転換したのか，そうだとしたら，「資質・能力」の説明に，そのような説明があるだろうと期待するところですが，指導要領の全文のどこを調べても，そのような説明はまったくありません。ただ，新しい学習指導要領についての内容を審議した中央教育審議会（中教審）の答申「幼稚園，小学校，中学校，高等学校及び特別支援学校の学習指導要領等の改善及び必要な方策等について」（2016年）という文書の脚注42には，以下の説明があります。

　「資質」「能力」という言葉については，例えば，教育基本法第5条第2項に

おいて，義務教育の目的として「各個人の有する能力を伸ばしつつ社会において自立的に生きる基礎を培い，また，国家及び社会の形成者として必要とされる基本的な資質を養うこと」とされている。ここで「資質」については，「教育は，先天的な資質を更に向上させることと，一定の資質を後天的に身に付けさせるという両方の観点をもつものである」とされている（田中壮一郎監修「逐条解説改正教育基本法」（2007年）参照）。

　なお，現行学習指導要領では，例えば総合的な学習の時間の目標として，「自ら課題を見付け，自ら学び，自ら考え，主体的に判断し，よりよく問題を解決する資質や能力を育成する」こととされている。こうしたことも踏まえ，本答申では，資質と能力を分けて定義せず，「資質・能力」として一体的に捉えた用語として用いることとしている。

　ここで注意したいのは，「教育は，先天的な資質を更に向上させることと，一定の資質を後天的に身に付けさせるという両方の観点をもつものである」という一文をもとに，「資質」も「能力」も，共に，「後天的に身に付けさせる」という「習得」の対象になるとしていることです。これは，「育む」という「農耕モデル」の言葉を，「手細工モデル」の教育観の「習得させる」こととして捉えているわけで，それを「一体的に捉える」ことだとしていいのでしょうか。

　『広辞苑（第7版）』によると，「資質」とは「うまれつきの性質や才能。資性。天性」とあります。確かに，幼少の頃に芽生えた音楽の才能，スポーツの才能，将棋の才能なども，「育て方」しだいでどんどん「伸びて」，世にいう「天才」と称賛されるようになるという話もあるので，後天的に（より優れた資質に）育て上げられる可能性がないわけではないでしょう。しかし，そのような「才能教育」というのは，まずもって，「この子には特別な資質（才能）がある」と的確に発掘され認められること，さらに本人がその資質（才能）を伸ばすことを強く願い，そのためには並外れた努力を惜しまないこと，また，優れた指導者と巡り会うことなど，まさに「特別なケース」に当てはまることであって，「教育」の一般的定義に含まれるべきことではないでしょう。これを学校教育

ですべての子どもに身につけさせるべき「能力」と同じに扱うわけにはいかないはずです。

　ちなみに，後段であげられている「総合的な学習の時間」というのは，子ども一人ひとりが，自分の資質を発見したり，何かにのめり込んで，資質を「伸ばす」可能性を教師が大切に「育む」という実践事例もたくさんあるので，そこでは「資質の育成」が見られる可能性はあるでしょうが，残念ながら，現行カリキュラムでは，「総合的な学習の時間」はまさに「特別な」（むしろ，「例外的な」）扱いとなっています。

　また，「資質・能力」という言葉の「由来」については，先の「中教審答申」の脚注43では以下のような記述があります。

　　資質・能力の在り方については，OECDにおけるキーコンピテンシーの議論や，問題発見・解決能力，21世紀型スキルなど，これまでも多くの提言が国内外でなされてきた。これらは全て，社会において自立的に生きるために必要とされる力とは何かを具体的に特定し，学校教育の成果をそうした力の育成につなげていこうとする試みである。（…中略…）そこでは，教育の目標や内容の在り方について，①問題解決能力や論理的思考力，メタ認知など，教科等を横断して育成されるもの，②各教科等で育成されるもの（教科等ならではの見方・考え方など教科等の本質に関わるものや，教科等固有の個別の知識やスキルに関するもの）といった視点で，相互に関連付けながら位置付けなおしたり明確にしたりすることが提言された。

　ところで不思議なことに，この新学習指導要領についての市販の雑誌や書籍を読むと，多くの場合，「資質・能力」と「コンピテンシー」を同じ意味として捉え，「資質・能力（コンピテンシー）」としたり，「コンピテンシー（資質・能力）」としており，「コンピテンシー」と「資質・能力」を同じ意味と解釈しています。[*5]

　ここで「資質・能力」なる言葉についての謎をまとめるとこうなります。

---

＊5　奈須正裕『資質・能力と学びのメカニズム』東洋館出版社，2017年；石井英真『中教審「答申」を読み解く』日本標準，2017年，など。

① なぜ，これまでふつうに使われてきた「能力」に，突然「資質」なる言葉を「・」で付け加えて「資質・能力」になったのでしょうか。
② なぜ，文部科学省の中教審答申の脚注で「OECD のキーコンピテンシー」なる言葉が1回出てくる以外に「コンピテンシー」という言葉はどこにも（学習指導要領でも）使われていないのに，新学習指導要領についての市販の解説本では，多くの場合，「資質・能力」と「コンピテンシー」を同義語とみなしているのでしょうか。

以下は，これらの謎を解くべく私なりに格闘してきた結果の報告です。それは，はからずも，「教える」ということについての考え方の変遷をたどることになりました。

## 3 「資質・能力」とは何か

文部科学省が学習指導要領の改訂の準備にとりかかった2012年に，「育成すべき資質・能力を踏まえた教育目標・内容と評価の在り方に関する検討会」を立ち上げていますが，その段階で，新しい学習指導要領のキーワードとして「育成すべき資質・能力」ということが中心に据えられたとのことです（奈須, 2017, pp. 1-3）[*6]。

奈須によると，育成すべき資質・能力というのは2015年の「論点整理」[*7]で

ⅰ）「何を知っているか，何ができるか（個別の知識・技能）」
ⅱ）「知っていること・できることをどう使うか（思考力・判断力・表現力等）」
ⅲ）「どのように社会・世界と関わり・よりよい人生を送るか（学びに向かう力，人間性等）」

とされていましたが，その後，様々な各教科部会やワーキンググループでの審

---

\*6 奈須正裕『資質・能力と学びのメカニズム』東洋館出版社，2017年。
\*7 中央教育審議会「教育課程企画特別部会における論点整理について（報告）」2015年。

議を尽くして，2016年「答申」*8では以下にまとめられたということです（奈須，2017, pp. 40-41)。

① 「何を理解しているか，何ができるか（生きて働く「知識・技能」の習得）」
② 「理解していること・できることをどう使うか（未知の状況にも対応できる「思考力・判断力・表現力等」の育成）」
③ 「どのように社会・世界と関わり，よりよい人生を送るか（学びを人生や社会に生かそうとする「学びに向かう力・人間性等」の涵養）」

　私から見ると「論点整理」と「答申」とはほとんど同じことを言っているように見えるのですが，奈須によると，「資質・能力に対する要求度がいっそう高まった」とのことで，「『何を知っているか』から『何を理解しているか』，『個別の知識・技能』から『生きて働く「知識・技能」』への変化は決定的」（奈須，2017, p. 41）とのことです。しかし，「何を知っているか」は「理解しているか」を抜きには考えられませんし，「知識・技能」は現実場面で生かされる（つまり「生きて働く」）ものでなければ意味がないでしょう。

　そもそも，「資質」というのは，先に述べたように，「うまれつきの性質や才能。資性。天性」のことですから，それは本人に生まれつきそなわっているか否かの問題であり，そなわっていない場合は外からの働きかけでどうにかなる話ではないでしょう。それを「習得」ではなく「育む」のだと言われても，何をしてよいかまったくわかりません。一方，「能力」といえば，「能力主義」という言葉にあるように，具体的に「アレができる」とか「コレができる」とかの達成すべき行為がイメージされ，それらを「できるようにする」ことが「教える」ということだとすれば，教師にとっては非常に「わかりやすい」ことです。

　つまり，「資質」は（もしもそれが「ある」とされた場合には）大切に育む（ゆがめたり，閉じ込めたりしない）という「農耕モデル」の教育の対象ですが，「能力」は「目標として掲げられた達成されるべき行為ができるようにする」わけ

---

＊8　中央教育審議会「幼稚園，小学校，中学校，高等学校及び特別支援学校の学習指導要領等の改善及び必要な方策について（答申）」2016年。

終　章　「教える」ということの意味

ですから，その教育は「手細工モデル」の教育にならざるを得ないことなので，この2つをくっつけるのはまさに「木に竹を接ぐ」話でしょう。しかし奈須によると「教科等の本質を仲立ちとして，領域固有な内容と汎用的な資質・能力を結び付け，両者の調和的で一体的な実現を目指すことが，今後の教育に求められると考えたわけです」（奈須，2017，p. 46）と説明されている。まさに「木に竹を接ぐ」ことが「今後の教育に求められる」というわけで，「両者の調和的で一体的な実現を目指す」と言われても，現場の教師たちにとっては，とまどうばかりなのではないでしょうか。[*9]

## 4　「コンピテンシー」とは何か

意味がよくわからない「資質・能力」なる言葉に，さらにわからないカタカナ語の「コンピテンシー」が括弧付きで付け加えられていることから，どうやら「資質・能力」は「コンピテンシー」を日本語に翻訳したものとも考えられます。そこで，「答申」の脚注43で参照されている OECD の「キーコンピテンシー」を知るべく調べていくと，以下のことがわかりました。

OECD は「コンピテンシーの定義と抽出：その理論的かつ概念的基盤（Definition and Selection of Competencies: Theoretical and Conceptual Foundations）：通称 DeSeCo」という研究プロジェクトを1997年に立ち上げ，その最終報告（Final Report）を2003年に提出しています。それはかなり大部のもののようですが，幸い，そのエッセンス，「キー・コンピテンシーの定義と抽出：業務執行向け要約（The Definition and Selection of Key Competencies: Executive Summary）[*10]」が報告されていたので読むことにしました。

---

[*9] ちなみに，本文でも述べたように，新学習指導要領では「資質・能力」という言葉に対しては，全文検索で75件ヒットするが，あとに続く動詞はほとんどの場合，「育む」か「育成」となっている。しかし，その「資質・能力」の内容説明のなかには「知識・技能の習得」が入り込んでおり，その「知識・技能」に対してだけは一貫して「習得」が使われている。さらに，「育む」や「育成」とは相容れないはずの「指導」という言葉で新学習指導要領全文を検索する（ただし「指導要領」は除外）と，何と593件ヒットする。本文でも述べたが「涵養」は全文で3件のみ。

[*10] https://www.oecd.org/pisa/35070367.pdf（2019年1月8日閲覧）。

この文書を読み始めて，はっきりとわかったことは，これらの文書のなかで論じられている「コンピテンシー」というのは，個人だけでなく「社会」を含めて当てはめようとしている言葉だということです。それは冒頭に投げかけられている次の問いで明らかでしょう。

　　What competencies do we need for a successful life and well-functioning society ?
　　　（人が成功者として人生を送ること，また，社会が適正に機能することのためには，どのようなコンピテンシーが必要なのでしょうか？）

　これは「資質」とか「能力」といった言葉とは，まさに，「次元が違う」というべきでしょう。
　そもそも，「コンピテンシー（competency）」は，「コンピテント（competent）」という形容詞の名詞形です。"competent"を辞書で調べれば，「有能な」という言葉が出てきます。ですから，「コンピテンシー」を日本語にするなら，「有能さ」に当たるのではないでしょうか。
　ただ，「有能さ」というと，日本人は「有能ならしめているモト」である「能力」（それを「可能」ならしめる「力（チカラ）」）を考えてしまうかもしれませんが，この「能力」の「力（チカラ）」は英訳できないのです。「能力」を辞書でみると「ability」と出ますが，このabilityというのは「able（可能である）」の名詞形で，「可能性」のことであって，「可能ならしめる原因としてのチカラ」の話ではないのです。
　「コンピテンシー（有能さ）」も同様に，「有能だ」と認められる様相をまとめたものであり，それをもたらすモト（原因）としての「力（ちから）」は想定されていません。
　たとえば，キー・コンピテンシーの一つとして，
　　"The ability to use language, symbols and text interactively."
というのがありますが，それを「言語，シンボル，テキストを相互作用的に活用する能力」という訳をつけると，「そういう能力をつけるには（教育的には）どうすればいいのか」という疑問が生まれますが（どう答えてよいか，途方にく

れてしまいますが），「言語，シンボル，テキストを様々な状況にあわせて，相互に関係づけて活用できる可能性」と訳せば，それは確かに「有能さ（コンピテンシー）」の指標の一つとされることに異論はないでしょう。それを「（育成されるべき）能力」と解釈するのは，はっきり誤解だと言わねばなりません。

ただ，ability とか competency を「有能なパフォーマンスを可能ならしめる原因（チカラ）」とみなす考え方は，英語圏の人たちも陥りがちのことのようで，その誤りを指摘したのは認識論哲学で著名なギルバート・ライル（Ryle, G.）です。

ライル（1987）[*11] は，「心」という概念について論じているのですが，人が「知的である」ということについて，「みごとな判断」「冷徹な思考」などという「知的ふるまい」を可能にしているその人の「心」を想定することを批判するのです。それは「かしこく振る舞う機械」の内部に「心」なる原因があって，それが「かしこい振る舞い」を生み出していると考えてしまうのであり，そのようなカンチガイを「機械の中の幽霊」のドグマ（the dogma of the Ghost in the Machine）として批判しています（ライル，1987, p. 11）。これは，私たちが「思考力」「判断力」「表現力」といって，すべて「かしこい（まさに「有能な」）振る舞い」の背後の「力（チカラ）」を想定することに対応しています。ライルは，「みごとな判断」「冷徹な思考」「いきいきとした表現」というような「知的振る舞い」は，人が示している多様な行動には特定の傾向性（「知的である」という観察特性）があるということであり，それ以上でも以下でもないとしています。つまり，「心」というのは，人々の行動が特定の様相を示す可能性（ライルのいう「傾向性（disposition）[*12]」）をまとめたものだとしているのです。

OECD の DeCeCo は「有能さ」（すなわち，本来の「コンピテンシー」）をどのようにして抽出したかといえば，様々な国の様々な組織でリーダーとなっている人，様々な組織で優れた活動をしている人たち，さらにはそのようなグループや活動体について，それぞれの「有能さ（コンピテンシー）」の顕れ（様相）

---

*11 ギルバート・ライル，坂本百大ほか（訳）『心の概念』みすず書房，1987年。
*12 ライルの「傾向性（disposition）」については，『心の概念』（みすず書房，1987年）の第2章で導入され，第5章で詳しく論じられている。

がどのようなものかについて詳細に調べたのです。

たとえば,「あの人は"有能"(コンピテント)だ」と誰もが言う人,「あのグループは"有能(コンピテント)な活動をしている"」と誰もが言うグループについて,そこでいう「有能さ(コンピテンシー)」とは,「どんな振る舞い,どんなパフォーマンスができているのでしょうか」と問う。そういう問いに対し,「こういうことができる」とか,「こういう側面が見られる」という具体的なありようや姿(様相)を,「有能さ」の事例として集めました。それらが一通り集まった段階で,あらためて,そのような様々な「様相」を示す可能性(傾向性)を「キー・コンピテンシー」と名づけました。つまり,OECD の DeSeCo が「コンピテンシー」としてあげている項目は,有能な人,有能な組織,有能な社会の有能な特性を抽出(selection)する(選び出す)ための「指標」であって,達成させるべき(育成されるべき)能力リストではありません[*13]。しかし,それらは抽出の「指標」ですから,見方を変えれば「評価項目」だと見ることもできるでしょう。しかしここで,「評価」という概念については,注意しなければならないことがあります。

## 5 評価観の転換

松下(2002)[*14]は,学習を評価する際の評価観には2種類があるとしています。その第一は「目標準拠型評価」で,学習の目標が学習共同体の外部から設定され,学習の結果がその目標に到達したか否かが評価されるという評価方式です。第二は「鑑識眼にもとづく評価」で,学習の目標が学習共同体の外部から与えられていません。学習過程は,学習者もしくは共同体内の同僚や周縁の評価者の鑑識眼によるものです。松下によると,鑑識眼にもとづく評価は,多様な側

---

*13 「有能さ(コンピテンシー)」は,特定の資質(才能)が発揮されている場合もあるし,別段「資質(才能)」に由来するとは限らない場合もある。何に由来したものかは問題ではなく,「有能さ」は「発掘」され,「抽出(selection)」されるべきもので,まさに,それは社会として(文化として)「大切に」すべきこととされる。

*14 松下良平「教育的鑑識眼研究序説――自律的な学びのために」天野正輝(編)『教育評価論の歴史と現代的課題』晃洋書房,2002年,pp. 212-228。

終　章　「教える」ということの意味

面に光をあて，それらの関係にも目配りしつつ，全体的な評価をするもので，肯定／否定の両面をもっているとしています。欠点が長所であったり，失敗が実は成功だったり，ということも起こり得ます。

　コンピテンシーの評価は，松下のいう「鑑識眼にもとづく評価」となるべきでしょう。ただ，松下の説明で若干ひっかかるのは，評価者が共同体の外部（「目標準拠型」の場合）か内部（「鑑識眼にもとづく評価」の場合）かで峻別している点です。評価者が共同体の内部でも，何らかの固定した評価基準をあらかじめ設定して，それに準拠して評価する場合は「目標準拠型」ですし，共同体の外部でも，評価基準はあらかじめ設定しないで，学習結果を多様な観点から見て，新しい価値を発見しつつ評価する場合は「鑑識眼にもとづく評価」と言えるでしょう。つまり，「目標準拠型」というのは，まさに「目標」を事前に設定し，その目標が達成されたか否かを評定するという評価ですが，「鑑識眼にもとづく評価」と言うのは，評価基準が固定的に決められておらず，結果を見て，「そういうのもアリだな」とか，「こういう見方からすると……」というように，対象を多面的に見る場合です。私はそのような評価は，評価というより鑑賞 (appreciation) と呼びたいところです。

　ここで，松下 (2002) では言及しておりませんが，私として是非付け加えたいのは，「鑑識眼にもとづく評価（鑑賞）」での評価（鑑賞）は，行為の結果に対する省察（リフレクション）による，ということです。つまり，あらためて「それって，どういうことなのか」を問い直すことです[*15]。当然，そこでは，「当初想定していたこと」とのずれ，違いに気づきますが，それは修正されるべきこととしてではなく，新たな意味，新たな価値の発見として評価（鑑賞）されることになります[*16]。

　ところで，コンピテンシーについて，さきの DeSeCo は，Definition and

---

*15　ただし，別の論文であるが，松下 (2000) は，「自生する学び」（動機づけを必要とせず，自ら主体的・自発的に学ぶこと）に必要なこととして，「実践について反省すること」を取り上げ，そのなかで，「すぐれた鑑識眼をもつこと」を論じている。いわば，「実践についての反省（省察）」に伴うこととして「鑑識眼をもつこと」をあげている。
　　松下良平「自生する学び――動機づけを必要としないカリキュラム」グループディダクティカ（編）『学びのためのカリキュラム論』勁草書房，2000年，pp. 236-255。
*16　省察（リフレクション）については，本書第9章の第2節に詳しい。

Selection of Compitencies としており，それは，「コンピテンシーの定義（明確化）と抽出」ということです。この Selection（抽出）というのは，「あらためて注目して，そこに焦点を当てること（そのうえで，それを鑑賞（appreciate）すること）」を意味しています。つまり，コンピテンシーは，注意深く注目して「抽出（selection）」しましょう，という注目する観点，指標を意味していると解釈すべきなのではないでしょうか。

　もともとが，「社会の多様性」をちゃんと評価（むしろ鑑賞）しましょうとして生まれたのが DeSeCo ですから，あらゆる子どもに「平等に」それを「育成」しようという話ではないのです。「こういう"よさ"があるかもしれない」，あるいは，「一見"失敗"とか"はずれ"とされていることに，これまで想定されていなかった"よさ"があるかもしれない」ということを，見落とすことなく抽出して，あらためて評価（鑑賞）しましょう，ということです。これは明らかに「評価観」の転換を意味しています。

　このように考えると，「コンピテンシー」は「教科の枠」などと関係なく，結果として「教科横断的な」知にならざるを得ないでしょう。それを奈須は「教科を横断する汎用的なスキル」（奈須，2017，p. 39）としていますが，それを（スキルの一種とみなして）従来型の目標準拠型の評価観や学習方式に当てはめようとしても，どうにもならないでしょう。

　しかし，そのためには，「能力」という，ライルのいう「機械の中の幽霊」にとりつかれてきた教育観を，人間が様々な人々の社会的活動に触発されて顕す（発揮する）「有能さ」を発掘して味わい，互いに賞賛し合うようになることを目指す教育観に転換しなければならない，ということです。それは当然，「指導」とか「習得させる」という言葉は到底当てはまらないはずです。[*17]

　では，このような本来の意味の「コンピテンシー」を理解していると思われる論者（研究者）は一人でもいるのでしょうかと問われれば，私は岩川直樹を

---

[*17] その点でいえば，新学習指導要領で「コンピテンシー」の訳語（？）としての「資質・能力」に対して「育む」「育成」という言葉をつけていることは，言葉の使い方としては正しい。ただ本当は，DeSeCo の Competencies に対して動詞形をつなぐとしたら，「育む」よりは「涵養する」あるいは「適切な実践に参加する（させる）」というのがふさわしいと考える。

数少ない「コンピテンシー理解者」の一人としてあげたいと思います。もっとも，以下で紹介する岩川の論文には，「コンピテンシー」の「コ」の字も出てきませんので，彼自身，別段「コンピテンシー理解者」とは思ってもおらず，そのようなラベルづけは「迷惑だ！」と言われるかもしれません。ただ，私が以下で紹介する岩川（2008）の「コミュニケーション教育」批判の文を読んだとき，「彼が言いたいことはまさしく（本来の）コンピテンシーのことだ」，と痛感した次第です。

## 6 本来の「コンピテンシー」とは

以下で紹介する岩川論文は，2008年に雑誌『教育』に掲載された「コミュニケーションと教育──〈からだ・場・社会関係の織物〉の編み直しへ」と題する論文です。

岩川は，いわゆる「コミュニケーション教育」について，次のように批判します。

> 「コミュニケーション教育」という言葉を発した瞬間，ほとんど自動的に作動しはじめてしまう一連の教育システムがある。個々のプログラムの名称はともあれ，そのシステムはおよそ次のような「問題・目的・方法・評価」をそなえたシステムだと言えるだろう。
>
> まず，このシステムは，現在の子どもたちの「コミュニケーション能力」が低下したという認識と，現代社会においては多様な「コミュニケーション能力」が必要になるという認識の二つを，その暗黙の，あるいは公然とした問題設定にして導入される。そこから，「話す能力」や「聞く能力」をはじめとした各種の「コミュニケーション能力」を身に付けさせることが現在の教育の主要目的のひとつとして掲げられ，この目的を実現する方法として開

---

*18 現場の教育実践者のなかには，ここで紹介する岩川と思いを共にする人たちは数多くいると思われる。
*19 岩川直樹「コミュニケーションと教育──〈からだ・場・社会関係の織物〉の編み直しへ」『教育』58(7)，2008年，pp. 4-11.

発普及される「コミュニケーション・スキル」の訓練プログラムがカリキュラムのなかに組み込まれ，最後に，もっぱらそこで教えられた「スキル」がどれだけ身についたかという観点から，個々の子どもの「コミュニケーション能力」の評価が行われるようになる。

【佐伯の解説】
　ここで，岩川が問題にしていることは，多様な状況のなかで「コミュニケーションがみごとにできる」という本来のコンピテンシーが，一人ひとりの子どものなかの（あたかも「機械の中の幽霊」のような）「コミュニケーション能力」という「力」によるものとして，それを「身につけさせよう」という，まさに「木に竹を接ぐ」ことを要求していることとして批判するのです。

　そこで岩川は，〈からだ・場・社会関係の織物〉の編み直しこそが教育実践だとします。

　　健太という子どもがキレやすいのは健太の〈からだ〉が傷ついているからにほかならない。健太の〈からだ〉の傷つきは，健太の内面にのみ還元される問題ではなく，健太が生きる家庭や地域や教室といった〈場〉の傷つきの問題と密接に結びついている。そして，いま，それらの〈場〉のいずれもが疲弊しきっているのだとすれば，それは私たちが織りなす〈社会関係の織物〉そのものが深く傷ついていることを意味している。生きた〈社会関係の織物〉が寸断され，それぞれの持ち場で孤立した個人が不安と焦燥にさいなまれながら，それぞれの苦悩や葛藤を分かち合う時空も共通世界のあり方を問い返し合う意味も見失ってしまう社会。そういう〈からだ・場・社会関係の織物〉の傷つきに，私たちの教育と社会の問題の深層構造を見出すとき，「コミュニケーション」の問題はたんなる個人の「能力」の有無にではなく，むしろ，一人ひとりの〈からだ〉の変容がそれぞれの〈場〉の変容につながり，それぞれの〈場〉の編み直しが私たちの〈社会関係の織物〉の編み直しにつらなるような，教育実践のあり方そのものを探求することに見定められるはずだ。

終　章　「教える」ということの意味

【佐伯の解説】
　ここで，岩川は「コミュニケーション教育（コミュニケーション・スキルの訓練）」ではなく，真に，コミュニケーションが相互に，有効に機能し合うという「社会関係の織物の編み直し」という変革（それを岩川は「コミュニケーションとしての教育」という）を目指すべきだとするのですが，それは OECD が「コンピテンシー」のねらいを，「社会を有能にする（異質で階層の対立する社会を，民主的で持続可能な，互いを気遣い合う社会にする）ためにどのような社会関係の有能さが求められるか」を問い，それに参加できる個人の有能さがどういうものかを明らかにしようとして，それこそが本来の「コンピテンシー」研究だとしていることに相通じているでしょう。


　ここで，岩川は以下で彼の論を締めくくっています。

　　ここでは私が立ち会ってきた授業のなかから，二つの教室の風景と声を紹介することをとおして，この小論のおわりにかえたい。
　　ひとつは，ある中学校の戦争体験の聴き取りの場面。あらかじめインタヴューの「スキル」を学んだ生徒たちが，いくつかのグループに分かれて地域のお年寄りのお話を聴きはじめた。それぞれにかけがえのないその語りが熱を帯びはじめるとき，生徒のからだは自ずと目の前の相手に正対してゆく。しかし，「メモをとる」という「スキル」が頭にある生徒は，そのたびに相手とのはりつめた糸から離れざるをえない。それがもどかしそうだった。あらかじめ用意した複数の質問を尋ねるための「話題を転換する」という「スキル」を実行しようにも，目の前で熱心に語りつづける相手に，「召集令状の話はよくわかりました，それでは次に」と切り出すこともままならない生徒もいる。その授業で，私がもっとも衝撃を受けたのは，生徒たちの感想が，「きょうはインタヴューがうまくできなかった」とか「うまくできた」という反省に終始し，それぞれの戦争体験そのものをどう受けとめたかということばがほとんど聴かれなかったことだった。「すみません。きょうはインタヴューの仕方の授業だったのですね。私たちには伝えたい思いがいっぱいあ

って，つい勢い込んで話してしまいました」。かつて教師をしていたというひとりのお年寄りがそう語った。いまも突き刺さるようにここにあるその声をこの状況に投げ返したい。

　もうひとつは，外国人留学生を招いた英語の授業場面。その教師は，英語のテクストも生きた他者のことばだということを重視し，たんなる単語や文法の学習だけではなく，それぞれの英語をとおして語り手のものの見方や考え方や生活背景に思いを馳せ合う授業を積み重ねていた。いくつかのグループに分かれて留学生と英語でやりとりをするその日の授業で，はじめのうちこそ緊張や興奮を隠しきれない様子だった生徒たちも，見知らぬその留学生が自分と同じ野球が好きだと知って安堵したり，どんな思いで日本に来ているのかを知って憧憬を抱いたりしてゆく。たとえ，英語はつたなく，文法的には破格のことばが混じっていたとしても，そこには，ほかならぬその生徒とほかならぬその留学生とのあいだのいくつもの生きた接触が生まれていた。この授業の感想を語り合う場面で，自分の英語の出来を気にするクラスメートの発言に，ひとりの生徒がさわやかに宣言するようにこう応えた。「コミュニケーションには失敗なんかない。ぼくはこの授業でそれを学んだ」。そうだ，ほんとうに君の言うとおりだ。「成功」か「失敗」か，「うまくできたか」か「できなかったか」か，そんなことよりもっと大切なことがコミュニケーションにはうずまいている。深い共感とともに君のあの声をこの状況に届けたい。

【佐伯の解説】
　OECDのDeSeCoプロジェクトの人たちがこの論文を読んだなら，「はじめの事例は，まさに，コンピテンシーの欠落の事例であり，次の事例こそが，まさしくコンピテンシー（このクラス全体の有能な機能が働いており，生徒各自がコミュニケーションそのものの「有能さ」を発揮している）の事例だ！」と歓喜して喜ぶでしょう。

終　章　「教える」ということの意味

## 7　「教える」とはどういうことか

　さて，本書を通して読まれてきた読者のみなさんは，その最終章としての本章を読んで「頭がでんぐり返ってしまった」かもしれません。何しろ金科玉条のように大切に扱うべき「学習指導要領」が，実は矛盾や意味の混乱に溢れていたとか，常套句のように使われている「資質・能力（コンピテンシー）」にも深刻な誤解や誤用があるのだとか。「いったい何を信じてよいのかわからなくたった」と言われてしまいそうですね。

　ただ，私としては，教師が「教える」という尊い使命を果たすためには，「ねばならぬ・べきである」がどしゃぶりの雨のように降りかかることにきちんと応えていかねばならないという考えは，きっぱり捨て去ってほしいと願う次第です。[20]

　じゃあ，どう考えればいいのか。

　それに対しては，本章でごちゃごちゃ，あれこれ論じましたが，それらを一言でまとめると，「子どもを人間としてみる」ということに尽きます。[21]

　ここでいう「人間」とは，根源的に「よくなろう」という傾向性（広い意味での「コンピテンシー」）をもっている存在です。教師は，どんな子どもにもその傾向性があると信じて，それが，それぞれ「その子なりのやり方」で現れ出る機会を待ち望み，それが現れ出てきたときはゼッタイに見逃すまいと，腹をくくって，目を配るのです。さらに，それは「子どもたち同士では，当たり前にできている」ことも信じましょう。そう考えると，子どもたちから学べることはいっぱいあるのです。子どもたちからいっぱい学べる「教師」って，ありがたいですね。教職って，「うれしい」職業ですね。

---

[20]　新学習指導要領で，「……ること。」という文言（「すべきである。」の言い換え）を検索すると全文（170頁）で1,343件ヒットする。
[21]　子どもと保育総合研究所（編）『子どもを「人間としてみる」ということ──子どもとともにある保育の原点』ミネルヴァ書房，2013年。

さらに学びたい人のために

○子どもと保育総合研究所（編）『子どもを「人間としてみる」ということ――子どもとともにある保育の原点』ミネルヴァ書房，2013年。

　子どもを「人間としてみる」なんて，当たり前だとお思いでしょう。しかし，実は「人間としてみない」見方が「当たり前」とされてきているのです。それを根源から問い直し，子どもを，「人間として」捉え，「人間として」関わることを本書は訴えています。

○ギルバート・ライル，坂本百大ほか（訳）『心の概念』みすず書房，1987年。

　本章で出てきた「機械の中の幽霊」，「傾向性（disposition）」，……なんだかわかるようで，わからない言葉ですよね。こうした言葉をきっちりわかるには，この本を読むしかありません。この本は決して読みやすい本ではありませんが，この本を読む前と読んだあとでは，「人間が変わる」といっても過言ではないでしょう。私たちがこれまで「何気なく」考えていたことには，様々な「落とし穴」があり，「考え違い」があることに気づくのです。それは，霧に覆われていたことに気づかなかったことが，霧が晴れてみてはじめて，世界はこれほどくっきりと見えるものなのだということがわかるのです。

《監修者紹介》

汐見稔幸（しおみ　としゆき）
　　現　在　東京大学名誉教授。

奈須正裕（なす　まさひろ）
　　現　在　上智大学教授。

《執筆者紹介》（執筆順，担当章）

佐久間亜紀（さくま　あき）はじめに，序章，第3章，第4章
　　編著者紹介参照。

渡邉英則（わたなべ　ひでのり）第1章第1節
　　現　在　ゆうゆうのもり幼保園園長，港北幼稚園園長。
　　主　著　『子どもを「人間としてみる」ということ』（共著）ミネルヴァ書房，2013年。
　　　　　　『保育原理（新しい保育講座）』（共編著）ミネルヴァ書房，2018年。

谷保裕子（たにほ　ひろこ）第1章第2節
　　現　在　福井県公立小学校教諭。
　　主　著　『いのち輝く』（共著）ルック，2008年。
　　　　　　『希望をつむぐ教育』（共著）生活ジャーナル，2018年。

原　奈良子（はら　なおこ）第2章第1節
　　現　在　千葉県公立中学校教諭。

池田考司（いけだ　こうじ）第2章第2節
　　現　在　札幌学院大学教授。
　　主　著　『子どもの生活世界と子ども理解』（共著）かもがわ出版，2013年。
　　　　　　『18歳選挙権時代の主権者教育を創る』（共著）新日本出版社，2016年。

大澤茉実（おおさわ　まみ）コラム①
　　現　在　会社員。
　　主　著　『18歳からの民主主義』（共著）岩波書店，2016年。
　　　　　　『徹底検証　安倍政治』（共著）岩波書店，2016年。

髙橋　哲（たかはし　さとし）第5章，第6章
　　現　在　大阪大学准教授。
　　主　著　『現代米国の教員団体と教育労働法制改革』（単著）風間書房，2011年。
　　　　　　『聖職と労働のあいだ――「教員の働き方改革」への法理論』（単著）岩波書店，2022年。

**黒田友紀**（くろだ　ゆき）第7章
　　現　在　日本大学准教授。
　　主　著　『教師の声を聴く』（共著）学文社，2016年。
　　　　　　『教育の今とこれからを読み解く57の視点』（共編著）教育出版，2016。

**紅林伸幸**（くればやし　のぶゆき）第8章
　　現　在　常葉大学教職大学院教授。
　　主　著　『《教師》という仕事＝ワーク』（共著）学文社，2000年。
　　　　　　『教師という仕事』（共著）日本図書センター，2009年。

**佐伯　胖**（さえき　ゆたか）第9章，コラム②，コラム③，終章
　　編著者紹介参照。

**制野俊弘**（せいの　としひろ）第10章
　　現　在　和光大学教授。
　　主　著　『命と向きあう教室』（単著）ポプラ社，2016年。
　　　　　　『子どもの言葉が教えてくれる』（単著）新日本出版社，2021年。

**北村年子**（きたむら　としこ）第11章
　　現　在　ノンフィクション作家，自己尊重ラボ Love Myself 代表，ホームレス問題の授業
　　　　　　づくり全国ネット代表理事，立教大学コミュニティ福祉学部講師。
　　主　著　『おかあさんがもっと自分を好きになる本』（単著）学陽書房，2006年。
　　　　　　『「ホームレス襲撃事件」と子どもたち』（単著）太郎次郎社エディタス，2009年。

**森　美加**（もり　みか）コラム④
　　現　在　NPO法人暮らしのグリーフサポートみなと代表理事。
　　主　著　『啓祐，君を忘れない』（共著）大月書店，2008年。

**渡辺大輔**（わたなべ　だいすけ）第12章
　　現　在　埼玉大学准教授。
　　主　著　『セクシュアルマイノリティをめぐる学校教育と支援（増補版）』（共編著）開成
　　　　　　出版，2012年。
　　　　　　『性の多様性ってなんだろう？』（単著）平凡社，2018年。

**根本未知子**（ねもと　みちこ）コラム⑤
　　現　在　教職課程生。

《編著者紹介》

佐久間亜紀（さくま　あき）
　現　在　慶應義塾大学教授。
　主　著　『教員不足――誰が子どもを支えるのか』岩波新書，2024年。
　　　　　『アメリカ教師教育史』（単著）東京大学出版会，2017年。

佐伯　胖（さえき　ゆたか）
　現　在　東京大学，青山学院大学名誉教授。
　主　著　『子どもを「人間としてみる」ということ』（共著）ミネルヴァ書房，2013年。
　　　　　『「子どもがケアする世界」をケアする』（編著）ミネルヴァ書房，2017年。


アクティベート教育学②
現代の教師論

| 2019年4月30日　初版第1刷発行 | 〈検印省略〉 |
| 2025年2月20日　初版第8刷発行 | |
| | 定価はカバーに表示しています |

|監修者|汐見稔幸|
||奈須正裕|
|編著者|佐久間亜紀|
||佐伯　胖|
|発行者|杉田啓三|
|印刷者|江戸孝典|

発行所　株式会社　ミネルヴァ書房
607-8494　京都市山科区日ノ岡堤谷町1
電話代表　(075)581-5191
振替口座　01020-0-8076

© 佐久間・佐伯ほか，2019　　共同印刷工業・新生製本

ISBN978-4-623-08536-1
Printed in Japan

## アクティベート教育学

汐見稔幸・奈須正裕　監修

Ａ５判／美装カバー

1. 教育原理
   木村　元・汐見稔幸 編著
   本体2000円

2. 現代の教師論
   佐久間亜紀・佐伯　胖 編著
   本体2000円

3. 現代社会と教育
   酒井　朗 編著
   本体2000円

4. 教育経営
   天笠　茂 編著

5. 教育制度を支える教育行政
   青木栄一 編著
   本体2000円

6. 発達と学習の心理学
   松木健一・奈須正裕 編著

7. 特別支援教育
   廣瀬由美子・石塚謙二 編著
   本体2000円

8. 教育課程論
   澤田　稔 編著

9. 道徳教育の理論と実践
   上地完治 編著
   本体2000円

10. 総合的な学習の時間
    奈須正裕・田村　学 編著

11. 特別活動の理論と実践
    上岡　学・林　尚示 編著
    本体2000円

12. 教育の方法と技術
    江間史明・黒上晴夫・奈須正裕 編著
    本体2000円

13. 教育相談
    家近早苗・田村修一・石隈利紀 編著

14. 生徒指導・キャリア教育
    八並光俊・藤田晃之・石隈利紀 編著

15. 教職のための憲法
    斎藤一久・城野一憲 編著
    本体2000円

## アクティベート保育学

汐見稔幸・大豆生田啓友　監修

Ａ５判／美装カバー

1. 保育原理　汐見稔幸・無藤隆・大豆生田啓友 編著
2. 保育者論　大豆生田啓友・秋田喜代美・汐見稔幸 編著
3. 子ども理解と援助
   　大豆生田啓友・久保山茂樹・渡邉英則 編著
4. 保育・教育課程論
   　神長美津子・戸田雅美・三谷大紀 編著
5. 保育方法・指導法
   　北野幸子・那須信敬・大豆生田啓友 編著
6. 保育内容総論　大豆生田啓友・北野幸子・砂上史子 編著
7. 保育内容「健康」河邉貴子・中村和彦・三谷大紀 編著
8. 保育内容「人間関係」
   　大豆生田啓友・岩田恵子・久保健太 編著
9. 保育内容「環境」
   　秋田喜代美・佐々木正人・大豆生田啓友 編著
10. 保育内容「言葉」汐見稔幸・松井智子・三谷大紀 編著
11. 保育内容「表現」岡本拡子・花原幹夫・汐見稔幸 編著
12. 保育・教育実習　矢藤誠慈郎・高嶋景子・久保健太 編著
13. 乳児保育　遠藤利彦・髙嶋景子・汐見稔幸 編著
14. 障害児保育　榊原洋一・市川奈緒子・渡邉英則 編著

(2019年春より順次刊行)

ミネルヴァ書房

https://www.minervashobo.co.jp/